Bernd W. Klöckner
und Werner Dütting

Die Rentenlüge

Bernd W. Klöckner gilt wohl als der Renten- und Finanzexperte. Seit über 23 Jahren ist der Finanzprofi in der Geldbranche tätig. Heute als einer der bestbezahlten internationalen Top-Trainer in mehreren Ländern. Seine Themen: Verkauf, Kommunikation, Verkaufstherapie®. Er ist Begründer der Klöckner-Methode, eines heute legendären Intervall-Trainings für Finanzdienstleister. Über 55 Millionen Zuschauer sahen seine TV-Auftritte u.a. ARD: Anne Will, Sabine Christiansen, Menschen bei Maischberger, Hart aber fair, ZDF: Maybrit Illner, Frontal 21, Johannes B. Kerner, BR: Münchner Runde. Der Autor von über 40 Büchern, darunter diverse Bestseller, legt wie kein Anderer seit Jahren die Finger in die Wunden der gesetzlichen Sozialsysteme.

Er bohrt nach, wo andere schweigen und vertuschen. Sein Schwerpunkt ist die gesetzliche Rente.

Werner Dütting ist Diplom-Betriebswirt (FH) und als wissenschaftlicher Mitarbeiter bei einem Verlag für die Bereiche Finanzmathematik und Produktentwicklung zuständig. Neben seiner Tätigkeit für den Verlag arbeitet Dütting als freier Finanzjournalist und Analyst für Finanzprodukte und wird regelmäßig in Fachzeitschriften zitiert. Mit seinem Mentor Bernd W. Klöckner schrieb er zahlreiche Fachbücher, darunter den Bestseller »Rechentraining für Finanzdienstleister«.

Bernd W. Klöckner
und Werner Dütting

Die Rentenlüge 2.0

Entkommen Sie der Armutsfalle

2. erweiterte und aktualisierte Auflage 2009

WILEY-VCH
WILEY-VCH Verlag GmbH & Co. KGaA

2. erweiterte und aktualisierte Auflage 2009

Bibliografische Information Der Deutschen Bibliothek
Die Deutsche Bibliothek verzeichnet diese Publikation in der Deutschen Nationalbibliografie; detaillierte bibliografische Daten sind im Internet über http://dnb.ddb.de abrufbar.

Printed in the Federal Republic of Germany

Gedruckt auf säurefreiem Papier

Satz Mitterweger & Partner, Kommunikationsgesellschaft mbH, Plankstadt

Druck und Bindung CPI – Ebner & Spiegel, Ulm

Umschlaggestaltung init GmbH, Bielefeld

ISBN 978-3-527-50411-4

Inhaltsverzeichnis

Die Rentenlüge. Bernd W. Klöckner und Werner Dütting

ISBN 978-3-527-50411-4

Widmung

Dieses Buch ist allen gewidmet, die sich ernsthaft mit den Themen Vermögensaufbau und Zukunftsvorsorge beschäftigen: Verbrauchern und Geldanlegern, die GeldverANTWORTung zeigen, also aktiv dazu beitragen, dass sie ihre Finanzen im Griff haben. Ebenso ist dieses Buch den vielen zehntausend engagierten und qualifizierten Finanzdienstleistern gewidmet, die Tag für Tag durch hochwertige Beratung gemeinsam mit ihren Kunden daran arbeiten, das Finanzplanung Lebensplanung ist. Außerdem ist dieses Buch den vielen zehntausend treuen Fans und Freunden der heute in der Finanzbranche legendären, weil überaus erfolgreichen Klöckner Methode gewidmet. Sie alle haben die Klöckner Methode und den Finanztaschenrechner BWK Business® zu einer einzigartigen Erfolgsstory gemacht!

Die Rentenlüge. Bernd W. Klöckner und Werner Dütting

ISBN 978-3-527-50411-4

Einleitung

Ein Optimist ist in der Regel ein Zeitgenosse, der ungenügend informiert ist.

John B. Priestley,
engl. Schriftsteller 1894 – 1984

Dieses Buch beschäftigt sich mit einem einzigen Thema: Der drohenden Altersarmut von Millionen von Bundesbürgern. Denn ein »Alter in Armut« ist längst kein irreales Schreckensszenario mehr: Es wird in den kommenden Jahrzehnten für viele Menschen zur bitteren Realität werden.

In diesem Buch geht es darum, dass die Renten immer unsicherer werden, weil in der Zukunft immer mehr alte von immer weniger jungen Menschen unterstützt werden müssen. Auf der Grundlage der aktuellen Entwicklung und der aktuell verfügbaren Daten haben wir die Auswirkungen der Demografie auf die sozialen Sicherungssysteme kritisch unter die Lupe genommen. Es geht hier allerdings *nicht* um die Frage, welche Auswirkung diese sogenannte Verschiebung der Alterspyramide auf den künftigen Wohlstand in diesem Land haben wird. Hier gilt: Selbst wenn die Prognosen, Hochrechnungen und Modellrechnungen Wirklichkeit werden, heißt das nicht, dass zwangsläufig auch ein grundsätzlicher Wohlstandsverlust die Folge sein muss. Der Kollaps der sozialen Sicherungssysteme kann durchaus mit weiter steigendem Wohlstand eines Teils der Bevölkerung einhergehen. Die Alterung der Gesellschaft kann also nicht mit Wohlstandsverlust unmittelbar gleichgesetzt werden.

Die Frage, die uns in diesem Buch beschäftigt, dreht sich allein um die zukünftigen Renten, um Ihre persönliche Rente und alles, was damit zu tun hat. Nicht ohne Grund lautet der Titel dieses Buches deshalb *Die Rentenlüge*. Unserer Ansicht nach belügen, tricksen, beruhigen und beschwichtigen die meisten Politiker das Volk seit Jahren. »Nach mir die Sintflut« scheint das Motto der politischen Klasse zu sein.

Die Rentenlüge. Bernd W. Klöckner und Werner Dütting

ISBN 978-3-527-50411-4

Auf den folgenden Seiten werden Sie in sorgfältig recherchierten Details die Begründung für die erschreckende Tatsache finden, wieso ein »Alter in Armut« quasi vor der Tür der breiten Masse steht. Nach über zwei Jahrzehnten Praxiserfahrung in der Finanzbranche, nach 15 Jahren erfolgreicher Autorentätigkeit zu aktuellen Wirtschafts- und Sozialthemen und nach zahlreichen TV-Auftritten als geladener Studiogast rund um die Themen Vorsorge, Rente, Generationengerechtigkeit und ähnliches möchten wir all diejenigen ansprechen, die noch immer denken »Der Staat wird mich schon nicht verhungern lassen« oder »Altersarmut – damit meinen die wohl die anderen, doch nicht mich«.

Anhand konkreter Beispiele werden Sie nachlesen können, dass nahezu jeder Arbeiter und jeder Angestellte in diesem Land in die Armutsfalle läuft. Ob Single, ob verheiratet, ob mit Kindern oder ohne Kinder, ob schlecht, mittel oder gut verdienend, ob älter oder jünger: Die Masse der künftigen Rentner wird mit einer schmalen Rente zwischen 200 und 500 Euro heutiger Kaufkraft auskommen müssen.

So und nicht anders lautet unsere Prognose. Die Details und Fakten, die in diesem Buch genannt werden, weisen in dieselbe Richtung. Nur einen Ausweg könnte es geben: Sollte es zu einem neuen Wirtschaftswunder kommen, dann – und nur dann – würden die hier aufgeführten realistischen Schreckensszenarien nicht mehr zutreffen. Die Menschen, die nun bis zu diesem – theoretisch denkbaren Wirtschaftswunder – einige Jahre oder Jahrzehnte gespart und sinnvoll investiert haben, weil sie ihr Alter nicht in Armut verbringen wollten, werden dann einige zehntausend oder gar einige hunderttausend Euro an Vermögen zu viel auf dem Konto haben.

Wenn Sie unseren Ratschlägen in diesem Buch folgen, so wäre dies das einzige Risiko, das Sie eingehen: Sie würden schlussendlich zu viel Geld auf dem Konto haben! Sollte es also zu diesem positiven Szenario und einem neuen, dauerhaften Wirtschaftswunder, einem damit verbundenem Wohlstand und sicheren Renten für alle kommen, entschuldigen wir uns bereits heute bei Ihnen, dass Sie dann wegen dieses Buches und Ihrem dadurch (hoffentlich) sehr, sehr schnell einsetzendem Engagement im Hinblick auf Spar- und Investitionsprozesse zu viel Geld auf dem

Konto haben werden. Wir bitten Sie bereits heute um Verzeihung, wenn Sie dann Schwierigkeiten haben werden, Ihre finanziellen Überschüsse ausgeben zu können.

Weitaus wahrscheinlicher wird es jedoch sein, dass sich unsere Prognosen bewahrheiten und wir Recht behalten. Wir würden uns sehr freuen, wenn wir mit diesem Buch und den darin gesammelten Fakten dazu beitragen können, dass Sie und Ihre Familie der drohenden Altersarmut der breiten Masse entgehen. Wenn Sie wirklich vorsorgen wollen, müssen Sie heute wissen: Sparen allein genügt nicht mehr! Jeder von uns muss zu seinem eigenen Vermögensplaner werden! Sonst geht es schief!

Damit Ihre Vermögensplanung schließlich gelingt, finden Sie im zweiten Teil des Buches neben den Praxisbeispielen von vielen Menschen aus allen Altersklassen und mit unterschiedlich hohen Einkommen auch geeignete Lösungsansätze für Ihre Rente, die mein Kollege Dr. Claus Kriebel gemeinsam mit uns erstellt haben. Sie werden erste Lösungsvorschläge für Ihre Altersvorsorge finden, und eine Idee von Ihrer privaten Vermögensplanung bekommen. Denn Lösungen im Rahmen eines solchen Buches können nur Lösungen dem Grundsatz nach sein. Finanzberatung ist und bleibt eine individuelle Beratung. Daher weisen wir Sie schon hier darauf hin, dass Sie in jedem Fall persönliche Besonderheiten mit einem Berater Ihres Vertrauens besprechen sollten.

Bevor Sie nun einsteigen, hier noch ein letzter Hinweis: Beim Lesen dieses Buches werden Sie immer wieder Dinge denken oder gar sagen »Das kann doch nicht wahr sein!« oder »So schlimm wird es wohl nicht kommen« oder »Das kann ich mir nicht vorstellen«. Wenn Sie sich mit den Kapiteln und Details dieses Buches intensiv beschäftigen, wird das unweigerlich der Fall sein. Tatsache ist – und wir werden noch ausführlich darauf zu sprechen kommen – dass der Ablauf der kommenden Jahre und Jahrzehnte hinsichtlich der demografischen Entwicklung nahezu vorprogrammiert ist. Gewöhnen Sie sich deshalb besser an den Gedanken, dass Sie, die heute lebenden Generationen mehr als je zuvor in Sachen Altersvorsorge und Rentenvorsorge Verantwortung übernehmen müssen. Und denken Sie auch daran: Wer zu lange zögert, verliert! Daher wollen wir Ihnen eines ganz besonders empfehlen: Handeln Sie. Das ist alles. Sie müssen handeln, und zwar sehr, sehr schnell. Sie müssen sehr, sehr bald überprüfen, wie Ihre finanzielle Zukunft und Ihre finanzielle Situation im Alter aussehen werden. Übernehmen Sie die Verantwortung für Ihre Vermögensplanung! Andernfalls riskieren Sie, Ihr Alter in Armut verbringen zu müssen, mit allen damit zusammenhängenden Folgen. Denken Sie immer daran: Bis heute konnten Sie womöglich noch sagen »Das habe ich alles so nicht gewusst!« Das kann sein. Mit dem Lesen dieses Buches werden Sie genauer wissen, was Sie wirklich erwartet.

Wir wünschen Ihnen deshalb von Herzen, dass Sie die Botschaft dieses Buches ernst nehmen, und womöglich dieses Buch an Freunde und Bekannte verschenken. Gut! Diese Menschen werden Ihnen eines Tages dafür danken, dass Sie auf die Rentenlüge und alle damit verbundenen, negativen Konsequenzen hingewiesen und sie gewarnt haben.

Dennoch: Auch wenn dieser Rentenorkan gerade auf uns zurast, bin ich sicher, dass auch diese Jahre für die betroffenen Generationen etwas Gutes haben. Sie kennen womöglich das chinesische Sprichwort »Es gibt kein Problem, das nicht auch ein Geschenk für dich in den Händen trüge. Wir suchen Probleme, weil wir ihre Geschenke brauchen.« Wir meinen: Die nahezu unabänderliche, drohende Altersarmut der breiten Bevölkerung gibt uns, gibt Ihnen wie uns die Chance, mehr Verantwortung in unserem Leben zu übernehmen. Übernehmen wir also Verantwortung. Übernehmen Sie Verantwortung. Übernehmen Sie finanzielle Verantwortung. Das bedeutet: Sie müssen eine Antwort auf die Frage haben, ob Ihre persönliche Finanzstrategie ausreichend ist oder nicht. Sie allein müssen wissen, wie Ihre Rentenwirklichkeit einmal aussehen wird. Sie alleine müssen, wenn es heute schon absehbar ist, dass es schlecht aussieht, für Lösungen sorgen. Nutzen Sie die Anregungen in diesem Buch und bringen Sie Ihre Finanzen in Ordnung! Wir versprechen Ihnen: Wenn Sie das tun, werden Sie ein gutes Gefühl haben, weil Ihre Zukunft gesichert ist. Sorgen Sie für eine sichere Vermögensplanung! Sofort!

Übrigens: Dieses Buch ist bei aller Deutlichkeit keine Anklageschrift gegen einzelne Parteien, bestimmte Politiker oder anderweitig in diesem Land Verantwortliche. Dieses Buch übt Kritik an allen! An Parteien, Regierenden, Politikern, die seit Jahren und Jahrzehnten die bereits seit langem bekannten Konsequenzen der demografischen Entwicklung entweder verschweigen oder herunterspielen. Wir möchten Parteien, Regierende und Politiker kritisieren, die noch immer verschweigen, dass die gesetzliche Rentenversicherung und die jetzige Struktur der sozialen Sicherung am Ende sind. Auf dem Gebiet der grundlegenden Neuordnung der sozialen Sicherungssysteme sehen wir, dass es offensichtlich ein Kartell des Schweigens, des Verleugnens gibt, ganz gleich welche Unstimmigkeiten sonst zwischen den einzelnen Parteien auftreten. Hier scheinen Parteien, Regierende und Politiker nur in dem Maße die Wahrheit zu sagen, wie es den eigenen wahltaktischen und politischen Zielen dient.

Das vorliegende Buch möchte auch diesbezüglich die Wahrheit auf den Punkt bringen. Manche Fakten werden Sie kennen. Viele Details werden Ihnen neu sein. Insbesondere unsere Überlegungen zur Renteninformation des Deutsche Rentenversicherung Bund, kurz DRV genannt, werden Sie aufhorchen lassen. Diese Überlegungen zur gesetzlichen Rentenversicherung sind somit auch wesentlicher Bestandteil dieses Buches.

Immer wieder leugnen Parteien, Verantwortliche und Politiker, dass die künftige Altersarmut breite Bevölkerungsschichten ergreifen wird. In den zahlreichen TV-Diskussionen und Talkshows, in denen ich, Bernd W. Klöckner, dabei sein durfte, hieß und heißt es immer wieder »Das sind Einzelfälle«. Dieses Argument der angeblichen Einzelfälle wird auf den folgenden Seiten, insbesondere im zweiten Teil des Buches mit den ausgewählten Praxisbeispielen von Menschen in diesem Land, erstmals deutlich widerlegt.

In den kommenden Jahrzehnten werden wir, bevor die demografische Entwicklung wieder für neue Konstellationen sorgt, einen bislang beispiellosen Zusammenbruch der Sozialsysteme erleben, ganz gleich ob es um Krankenversicherung, Pflegeversicherung und/oder um die in diesem Buch beschriebene gesetzliche Rentenversicherung geht. Wir werden erleben, wie viele zehntausend, viele hunderttausend Menschen mit der mageren bis mickrigen Rente auskommen müssen, wie es in diesem Buch anhand der Praxisbeispiele dokumentiert wird. Sie werden erleben, wie

Freunde, Verwandte und Bekannte, wie Ihnen lieb gewordene Menschen plötzlich mit Armut konfrontiert werden. Sie werden erleben, wie diese Armut ganze Lebensplanungen vernichtet.

Unser größter Wunsch ist es, dass jede Leserin und jeder Leser dieses Buch aufmerksam liest und auf sich wirken lässt. Denn wir möchten Ihnen zeigen, dass jeder reagieren kann, indem er oder sie rechtzeitig die Weichen für eine ausreichende, persönliche Altersversorgung stellt. Nutzen Sie deshalb die Zeit, die Ihnen noch für die Vermögensplanung bleibt. Zu Vermögen gibt es nur einen Weg, nur eine einzige Formel: Zeit mal Geld. Deshalb raten wir Ihnen: Nutzen Sie die Zeit! Nutzen Sie das Geld, das Ihnen zur Verfügung steht. Planen Sie sehr, sehr sorgfältig Ihre künftige Vermögenssituation. Wer rechtzeitig handelt, hat eine Chance.

Berlin-Wannsee, im August 2008 *Ihr Bernd W. Klöckner*
Shenzhen/China, im August 2008 *Ihr Werner Dütting*

Wichtiger Hinweis
Insbesondere bei den Berechnungen des tatsächlichen Rentenanspruchs in den Praxisbeispielen bleibt das Thema Besteuerung der Renten ausgespart. Lediglich zum Ende eines jeden Einzelfalls finden Sie bei der von den Autoren vorgeschlagenen Lösung die steuerliche Variante berücksichtigt. Selbst wenn Ihnen die ohne Berücksichtigung von Steuern berechneten, tatsächlichen Rentenansprüche schon unglaublich niedrig erscheinen: Wenn Sie im Alter außerdem Steuern zahlen müssen, werden die Zahlen nochmals um einiges schlechter ausfallen! – In jedem Fall gilt: Allgemeine Aussagen vermeintlicher Geld- oder Finanzgurus sind wenig hilfreich. Lassen Sie sich im Zweifel individuell, qualifiziert und detailliert von einem Finanzdienstleister oder einem Vermögensberater Ihrer Wahl beraten. Das gilt auch für erste steuerliche Tipps in Sachen sinnvoller Finanzplanung. Weitere steuerliche Belange besprechen Sie mit einem Steuerprofi ihrer Wahl.

Teil 1

Die Rentenlüge. Bernd W. Klöckner und Werner Dütting

ISBN 978-3-527-50411-4

1.
Bevölkerungsvorausschätzungen – Erschreckende Fakten

Tatsachen hören nicht auf zu bestehen, weil sie unbeachtet bleiben.

Aldous Huxley

Die Fakten und Details zur künftigen Bevölkerungsentwicklung sind eindeutig: Der demografische Wandel in Deutschland hin zu einer sinkenden Bevölkerungszahl hat bereits begonnen. Er wird sich bis 2020 langsam, danach rapide beschleunigen. Die Probleme der sozialen Sicherungssysteme sind eng mit dieser demografischen Entwicklung verbunden.

Wie wird sich Deutschland in den kommenden Jahren demografisch verändern? Beginnen wir mit Überlegungen und Fakten, die andere bereits einmal sorgfältig recherchiert und publiziert haben.

Jan Boris Wintzenberg schrieb so im *Stern* (4. September 2003) über die »vergreiste Republik«:

> »Deutschland vergreist! (...)! Jede Frau bringt weiterhin im Durchschnitt 1,4 Kinder zur Welt – wie in den vergangenen 25 Jahren. Die Lebenserwartung steigt weiter gleichmäßig um zwei bis drei Monate pro Jahr. Die Zahl der Zuwanderer bleibt bei knapp 200000 pro Jahr – wie im Durchschnitt der vergangenen 50 Jahre. Nur wenn wir an einem oder mehreren dieser Faktoren etwas verändern, wird auch die Zusammensetzung oder die Zahl der Einwohner unseres Landes in der Zukunft anders aussehen.«

Die Konsequenz dieser Entwicklung sieht Wintzenberg so: »Ändert sich an den Zahlen nichts, ist Deutschland, so wie wir es heute kennen, schlicht nicht überlebensfähig.«

Natürlich könnten wir hier zu bedenken geben, um allen Kritikern zuvorzukommen, dass ein Land streng genommen selbst dann »überlebensfähig« wäre, wenn es nur noch zwei Menschen unterschiedlichen Geschlechts gäbe. Insoweit ist »nicht über-

Die Rentenlüge. Bernd W. Klöckner und Werner Dütting

ISBN 978-3-527-50411-4

lebensfähig« faktisch falsch, wobei Wintzenberg das Richtige meint.

»Ändert sich an den Zahlen nichts, ist Deutschland, so wie wir es heute kennen, schlicht nicht überlebensfähig.«
Jan Boris Wintzenberg, September 2003, *Stern*

Die dramatischen Veränderungen, die sich für die Lebenserwartung der Menschen im 20. Jahrhundert ergaben, beschreibt Laura Carstensen, Professorin für Psychologie an der amerikanischen Stanford-Universität, im *Tagesspiegel*:

»Für einen Großteil der menschlichen Geschichte betrug die Lebenserwartung höchstens 27 Jahre, gerade genug, um das Überleben der Spezies zu sichern. Doch verlängerte sich die Lebenserwartung allmählich und zu Beginn des 18. Jahrhunderts erreichte sie bereits 37 Jahre. Zu Beginn des 20. Jahrhunderts lag die durchschnittliche Lebenserwartung bereits bei 47 Jahren. Und dann geschah etwas Dramatisches: Innerhalb eines einzigen Jahrhunderts steigerte sich die Lebenserwartung in den Industrienationen auf sage und schreibe 77 Jahre.«[1]

»Zu Beginn des 20. Jahrhunderts lag die durchschnittliche Lebenserwartung bereits bei 47 Jahren. Und dann geschah etwas Dramatisches: Innerhalb eines einzigen Jahrhunderts steigerte sich die Lebenserwartung in den Industrienationen auf sage und schreibe 77 Jahre.« *Laura Carstensen*

Abbildung 1.1 Bild-Zeitung vom 31.03.2007

Welche Quellen wir auch immer lassen, welche Wissenschaftler wir auch immer dazu befragten, das Problem der tickenden demografischen Zeitbombe ist seit Jahren bekannt. Dennoch wird unserer Ansicht nach von Politik und Behörden wenig oder gar keine Aufklärungsarbeit geleistet. Man könnte fast sagen, dass von höchster Stelle – obwohl das demografische Problem dort bekannt ist – immer wieder bewusst getrickst und geschummelt und letztlich den Bürgern Sand in die Augen gestreut wird. Sehr aufschlussreich war für uns zu diesem Thema ein Vortrag von Professor Herwig Birg in Stade am 18. Juni 2003. Daraus lesen Sie nun einige Auszüge, die alle, die dies noch nicht glauben wollen, eines Besseren belehren.

> »In seiner 1994 publizierten so genannten ›8. koordinierten Bevölkerungsvorausberechnung‹ war das Statistische Bundesamt zum Beispiel noch von der wahrscheinlich politisch motivierten, fachlich völlig unrealistischen Annahme ausgegangen, dass sich die Lebenserwartung in Deutschland (im Gegensatz zum Rest der Welt) ab 1. Januar 2000 nicht mehr erhöht und konstant bleibt.«

ALTERN

Der Jahrhundertmensch

Abbildung 1.2 Der Spiegel 12/2007

Herwig Birg sagt, wie es ist: Die steigende Lebenserwartung scheint beinahe als politischer Störfaktor angesehen zu werden. Die Folge davon ist offensichtlich, dass das Statistische Bundesamt Zahlen veröffentlicht, die eine beruhigende Vorausschätzung gewährleisten. Das Statistische Bundesamt hat es dabei jedoch nicht bewenden lassen, wie Herwig in seinem Vortrag weiter beschreibt:

> »In der ›9. koordinierten Bevölkerungsvorausschätzung‹ wurde diese unrealistische Annahme revidiert und ein Anstieg der Lebenserwartung bis 2035 um 4 Jahre zu Grunde gelegt. In seiner am 7. Juni 2003 vorgestellten ›10. koordinierten Bevölkerungsvorausberechnung‹ wurde ein Anstieg um – je nach Variante – 5 beziehungsweise 6 beziehungsweise 7,5 Jahre angenommen.

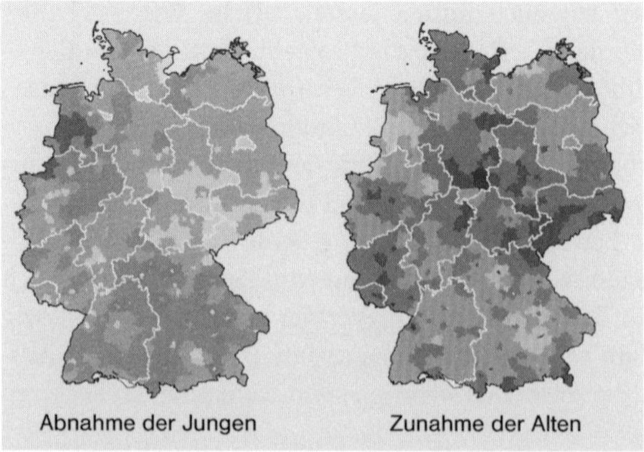

Abbildung 1.3 Die Anzahl der unter Zwanzigjährigen und der über 60-Jährigen in Prozent (2000). Copyright BBR 2006[2]

Die Vorausberechnungen des Verfassers liegen ebenfalls in mehreren Varianten vor.«

Die 11. koordinierte Bevölkerungsvorausschätzung, die im November 2006 veröffentlicht wurde, unterscheidet sich in folgenden Punkten von der 10. Bevölkerungsvorausschätzung:

1. Unterschiedliche Annahmen der Fertilität von Frauen. Je nach Variante wurde mit 1,2 Kindern je Frau, 1,4 und 1,6 gerechnet.
2. Die Zuwanderung wird im wahrscheinlichsten Fall mit 100 000 Zuwanderern jährlich angenommen und nicht mit 200 000.
3. Die geschätzte Lebenserwartung im Jahr 2050 wurde bei Männern um weitere 2,4 Jahre auf 83,5 Jahre und bei Frauen um weitere 1,4 Jahre auf 88 Jahre erhöht.

Um sage und schreibe rund 16 Millionen wird die Zahl der Menschen in der beitragsrelevanten Altersgruppe 20 bis 60 schrumpfen. An für sich schon schlimm genug, wird jedoch die Altersgruppe der Menschen über 60 um geschätzte 10 Millionen wachsen.

Die Folgen einer steigenden Lebenserwartung liegen auf der Hand: Sie gefährden die Sicherheit der sozialen Systeme. Wie dies im Einzelnen aussieht, möchte ich Ihnen nun erläutern, denn

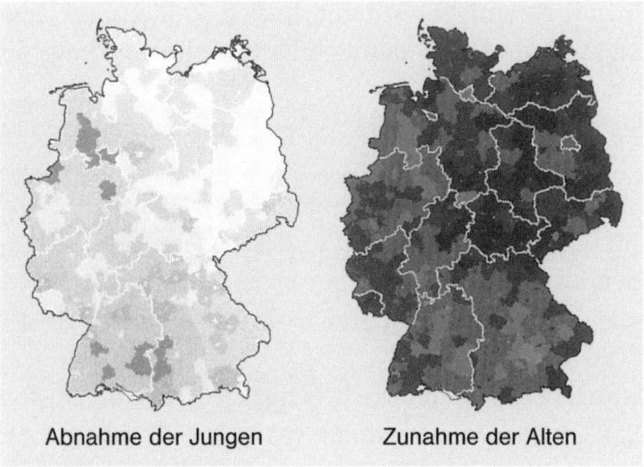

Abbildung 1.4 Die Anzahl der unter Zwanzigjährigen und der über 60-Jährigen in Prozent (2020). Copyright BBR 2006[3]

Herwig Birgs Ausführungen lassen sich noch weiterführen: Bei einer solchen Bevölkerungsentwicklung wird die Zahl der Menschen in der beitragsrelevanten Altersgruppe 20 bis 60 Jahre um sage und schreibe rund 16 Millionen schrumpfen. Wäre dies nicht an und für sich schon schlimm genug, wird außerdem die Altersgruppe der Menschen über 60 um geschätzte 10 Millionen wachsen. Aus dem Verhältnis dieser beiden Personengruppen ergibt sich der so genannte Altenquotient. Er beschreibt die Anzahl der 60-Jährigen und Älteren in Prozent im Verhältnis zu der Anzahl der 20- bis 60-Jährigen. Und immerhin: Dieser Altenquotient steigt in den Jahren 1998 bis 2050 von 38,6 Prozent auf schließlich 91,4 Prozent. Sie haben richtig gelesen! Das bedeutet vor allem auch, dass die so genannte Versorgungslast pro Kopf bei den 20- bis 60-Jährigen in den kommenden Jahren und Jahrzehnten extrem zunehmen wird. In der Spitze um den Faktor 2,4. Logisch betrachtet, käme dann Folgendes auf uns zu: Bleibt Deutschland beim umlagefinanzierten Rentensystem, so muss sich der Beitragssatz zur Rentenversicherung um eben diesen Faktor 2,4 erhöhen, wenn das über viele Jahre propagierte Versorgungsniveau von rund 70 Prozent des letzten Nettoeinkommens gehalten werden soll. Und das ist noch nicht alles: Der steigende Altenquotient betrifft in seinen Auswirkungen natürlich auch die Kranken- und Pflegeversicherung.

Kommen wir nun zu einigen weiteren Fakten, Zahlen und Zitaten zur Demografie und der demografischen Entwicklung in Deutschland:

Betrachten Sie zunächst einmal die beiden Deutschlandkarten in Abbildung 1.3. Die linke Karte zeigt die Gruppe der unter Zwanzigjährigen. Die rechte zeigt die Gruppe der über 60-Jährigen. Für beide Karten gilt: Je dunkler die Farbe ist, desto mehr unter Zwanzigjährige beziehungsweise desto mehr über 60-Jährige gibt es. Im Vergleich der beiden Abbildungen 1.3 und 1.4 zeigt sich die drastische Entwicklung.

Tatsache ist nun, rein demografisch betrachtet: Es wird in den kommenden Jahren weiter zu einem massiven Bevölkerungsschwund kommen. Denn da schon heute weniger Kinder geboren werden, fehlen damit die zukünftigen Eltern, insbesondere die zukünftigen Mütter. Denn jedes nicht geborene Mädchen kann eben keine Kinder bekommen. Diese Situation wird sich angesichts sinkender Geburtenraten noch weiter verschlechtern. In jedem Fall wird eines in den kommenden Jahren und Jahrzehnten spürbar geschehen: Deutschland wird überaltern.

Wenn wir diese Behauptung bringen, wird immer wieder das Argument angeführt, ein alterndes Deutschland würde zumindest eine sinkende Arbeitslosenzahl bedeuten. Das ist meiner Ansicht nach nicht zutreffend. Wir geben hierzu Folgendes zu bedenken: Wenn sich immer mehr alte Menschen aus dem aktiven Berufsleben zurückziehen, werden auch immer mehr ältere Selbstständige ihre Betriebe und Unternehmen schließen. Ein alterndes Deutsch-

Abbildung 1.5 Bild-Zeitung vom 06.01.2007

> Was die meisten Menschen wiederum vergessen, ist, dass dieses Problem keineswegs nur ein Problem, ein Rentenproblem der Jungen und Mittelalten darstellt. Wer heute 60 Jahre alt ist und sich auf seinen wohl verdienten Ruhestand freut, wird womöglich ab 2020 abgestraft. Wenn die Kassen leer sind und die Einnahmen weiter sinken (sinkender Anteil der arbeitenden Bevölkerung) bleibt nur die Möglichkeit, Ausgaben zu reduzieren.

land ist somit keineswegs ein Garant für eine sinkende Arbeitslosigkeit. Im Gegenteil: Ein alterndes Deutschland kann unterm Strich sogar – wenn es keine grundlegende Änderung im Wirtschaftswachstum gibt – eine noch weiter steigende Arbeitslosigkeit bedeuten. Doch zurück zu den Abbildungen: Es werden ganze Regionen künftig vergreisen, wie Sie dort deutlich erkennen können. Als weitere fatale Folge dieser Entwicklung kommen in diesen Regionen noch die sinkenden Immobilienpreise hinzu (Preis = Angebot und Nachfrage). So mancher Reihenhausbesitzer wird sich noch wundern, wenn er eines Tages in einer dann vergreisten Region seine über Jahrzehnte abbezahlte Immobilie zu Geld machen will, um beispielsweise seine Pflegekosten aufzufangen. Das alte Kaufkriterium für Immobilien, erstens die Lage, zweitens die Lage, drittens die Lage, wird immer wichtiger. In guten Lagen werden sich weiterhin gute Preise erzielen lassen. Immobilien in vergreisenden Regionen werden dagegen ein einziges Verlustgeschäft sein. Laut den Untersuchungen des Berlin-Instituts wird sich zudem kein Landkreis dieser drohenden Entwicklung wirklich entziehen können. Lediglich die Auswirkungen können unterschiedlich sein. Aller Voraussicht nach werden sich im Jahr 2020 die jungen Regionen unter anderem in Bayern, Baden-Württemberg und in Niedersachsen befinden. Massiv altern werden dagegen das Saarland, Ostthüringen und Südwestsachsen. Dazu kommt noch, dass diese Botschaften der unterschiedlich stark vergreisenden Regionen zu einer Self-Fulfilling Prophecy werden. Dies bedeutet ganz einfach: Wenn eines Tages nur noch wenige in den stark vergreisenden Regionen leben wollen und dementsprechend diese Regionen durch Umzug verlassen, wird die Vergreisung dort noch weiter zunehmen und schließlich Auswirkungen auf die bislang verschonten Regionen haben. Lassen wir dazu die Experten der Studie des Berlin-Instituts zu Wort kommen:

> »Der Trend der Vergangenheit setzt sich ... beschleunigt fort ... Aus eigener Kraft schaffen nur noch zwölf deutsche Landkreise den Bestandserhalt. Die Mitte Deutschlands entleert sich. Von Sachsen über Thüringen bis ins Ruhrgebiet zieht sich eine regelrechte Schneise der Entleerung. Das sind jene Regionen, in denen vor nicht allzu langer Zeit die wichtigsten Industriegebiete der beiden deutschen Staaten lagen.«

Deutsche werden schneller weniger

Abbildung 1.6 Bevölkerungsrückgang

Doch die wenigsten Menschen sind sich darüber im Klaren, was in den Regionen, in denen sie derzeit leben, passiert und passieren wird. Es erscheint alles so weit weg. Doch dies ist ein gefährlicher Irrtum! Sehen Sie sich noch einmal die in Abbildung 1.4 gezeigten Deutschlandkarten an. Das Jahr 2020 ist zum Zeitpunkt, an dem dieses Buch erscheint, gerade einmal 12 Jahre entfernt. Jeder von uns weiß, wie schnell 12 Jahre vergehen. Wie schnell beispielsweise die letzten 12 Jahre vergangen sind. Noch 12-mal Geburtstag feiern. Noch 12-mal an Silvester die Raketen in den Himmel schießen. Doch sehen wir, was die Autoren der Studie des Berlin-Instituts hinsichtlich der Bevölkerungsprognose noch zu sagen haben:

> »Nach 2020 wird es kaum noch Regionen mit Zugewinnen geben. Um den dann einsetzenden, beschleunigten Schwund auszugleichen, wären deutlich höhere Zuwandererzahlen notwendig.«

> »Das Ausmaß der möglichen Belastung kommender Generationen scheint aber noch nicht voll erfasst worden zu sein.«
> *Mark Speich*

Bewiesen!
Rentner haben immer weniger Geld!

Abbildung 1.7 Bild-Zeitung vom 11.01.2008

Was die meisten Menschen vergessen, ist, dass dieses Problem keineswegs nur ein Rentenproblem für die Jungen und Mittelalten ist. Wer heute 60 Jahre alt wird und sich auf seinen wohl verdienten Ruhestand freut, wird womöglich ab 2020 abgestraft. Denn sobald die Kassen leer sind und die Einnahmen weiter sinken, weil der Anteil der arbeitenden Bevölkerung sinkt, bleibt dem Staat nur die Möglichkeit, Ausgaben zu reduzieren. Die Rente mag daher der einen oder anderen Rentnerin, dem einen oder anderen Rentner heute noch als sicher erscheinen. Fraglich ist jedoch, woher das Geld kommen soll, wenn die Kassen weiter leer sind und bleiben. Fast könnte man sich fragen, ob das Anschaffen eines Hundes daher bei regierenden Politikern derart in Mode gekommen ist. Im Mittelalter gab es das Sprichwort »Auf den Hund gekommen sein«. Auf die Böden der Schatz- und Geldtruhen war zu dieser Zeit oft ein Hund gemalt. War die Truhe nun leer und das Geld weg, war man also sprichwörtlich auf den Hund gekommen. Mark Speich, Leiter der Repräsentanz der Herbert-Quandt-Stiftung in Berlin äußert sich zu dieser Frage in *Gesellschaft ohne Zukunft? Bevölkerungsrückgang und Überalterung als politische Herausforderung:* »Das Ausmaß der möglichen Belastung kommender Generationen scheint aber noch nicht voll erfasst worden zu sein« (vgl. *Gesellschaft ohne Zukunft?* Seite 120). Und er fährt weiter fort:

»Neben die schon heute gewaltige, explizite Staatsverschuldung in Höhe von 60 Prozent des Bruttosozialprodukts tritt nämlich noch die so genannte implizite Staatsverschuldung, die sich aus Ansprüchen heutiger Generationen an kommende Generationen ergibt (Pensionen, Renten etc.) ... Es lässt sich demnach nicht ernsthaft behaupten, dass die heute erwerbstätige Generation kommenden Generationen – im Sinne einer so verstandenen Generationengerechtigkeit – die gleichen Möglichkeitsräume hinterlässt, die sie selbst vorgefunden hat.«

»Die Alterung kommt wie ein Gletscher auf uns zu: langsam, aber mit großer Macht. Wer auf der Stelle sitzen bleibt, wird keinen Bestand haben.«
Axel Börsch-Supan, *Gesellschaft ohne Zukunft?*

An dieser Stelle bringen wir deshalb einige weitere Fakten für alle diejenigen Optimisten, die immer noch meinen, es würde alles nicht so heiß gegessen wie gekocht: Bereits heute nimmt Deutschland unter 190 Nationen Platz 190 hinsichtlich der Geburtenrate ein. Hauptursache sind, neben gesamtgesellschaftlichen Erscheinungen, die lebenslang – aus welchem Grund auch immer – kinderlos bleibenden Frauen. Unter den Frauen des Geburtsjahrgangs 1940 blieben etwas über 10 Prozent ihr Leben lang kinderlos. Unter den Frauen des Geburtsjahrgangs 1964 sind es bereits über 32 Prozent. Axel Börsch-Supan bringt es unter der Überschrift »Aus der Not eine Tugend« in der oben genannten Broschüre *Gesellschaft ohne Zukunft?* auf den Punkt: »Die Alterung kommt wie ein Gletscher auf uns zu: langsam, aber mit großer Macht. Wer auf der Stelle sitzen bleibt, wird keinen Bestand haben.« Reformen sind daher dringend notwendig, auch auf anderen Gebieten. Der erhebliche Reformdruck besteht für die gesetzlichen Rentenversicherung, aber auch insbesondere für das Gesundheitswesen. Hier ist der Reformstau noch weit größer als in der gesetzlichen Rentenversicherung mit der Folge, dass die Änderungen und Ein-

»Nichtgeborene fallen 20 bis 30 Jahre später als Konsumenten aus, aber Nichtgeborene können nicht nur nichts kaufen, sie können – was viel gravierender ist – auch keine Kinder haben.«
Herwig Birg, *Gesellschaft ohne Zukunft?*

»Die hier vorgestellten demographischen Vorausberechnungen haben nichts mit Prophetie zu tun, sie sind mathematisch überprüfbare Aussagen.«

Herwig Birg, *Gesellschaft ohne Zukunft?*

schnitte noch heftiger ausfallen werden. Das Ganze ist nur eine Frage der Zeit. Lassen wir dazu weitere Fakten sprechen: Wussten Sie, dass in Deutschland seit 1972 mehr Menschen sterben als geboren werden? Dies bedeutet im Klartext: Wir sprechen über mehr als drei Jahrzehnte, in denen die fehlenden Nichtgeborenen in der folgenden Zeit auch nicht als Eltern zur Verfügung stehen. So banal dies klingen mag, umso drastischer sind die Folgen: Die nicht geborenen Kinder ab dem Jahr 1972 fallen – wie oben beschrieben – als Eltern in den kommenden Jahrzehnten aus. Die nicht geborenen Eltern sorgen für einen weiteren Geburtenrückgang. Das bedeutet wiederum, dass der Geburtenrückgang – wenn es nicht sehr schnell grundlegende Änderungen gibt – in den kommenden Jahren und Jahrzehnten drastischer ausfallen wird als gemeinhin bekannt. An dieser Stelle kommt die große Hoffnung »Zuwanderung« ins Spiel. In der Tat sorgte die Zuwanderung der letzten Jahre und Jahrzehnte dafür, dass die Bevölkerungszahl unterm Strich leicht zunahm. Betrachtet man jedoch die jährliche Geburtenzahl in Deutschland, so liegen die Zahlen hier für die achtziger Jahre bei rund 800 000 Geburten jährlich. Im Jahr 2003 waren es nur noch ein wenig mehr als 710 000 Geburten, für 2020 schätzen Experten die Zahl auf knapp 600 000 und für 2050 auf unter 440 000 Geburten pro Jahr. Herwig Birg bringt die Wahrscheinlichkeit der Entwicklungen der kommenden Jahre wie folgt auf den Punkt:

> »Die hier vorgestellten demografischen Vorausberechnungen haben nichts mit Prophetie zu tun, sie sind mathematisch überprüfbare Aussagen in Form von Wenn-Dann-Sätzen.«[4]

Angesichts dieser Fakten und Bewertungen könnten Sie zwar entgegnen: »Das kann ja alles nicht wahr sein!« oder »Prognosen sind wie das Wetter, am nächsten Tag ist alles anders.« Doch wer so

»Nehmen wir an, es würde tatsächlich gelingen: Noch vor 2010 würden die Deutschen aufwachen... in Richtung auf eine den Bestand in etwa garantierende Bevölkerung..., das wären also 2,1 Kinder pro Frau. Dann würde das zunächst einmal für die heutige Generation bis 2030 beziehungsweise 2035 eine noch größere Belastung bedeuten.«

Franz Xaver Kaufmann, 22. Sinclair-Haus-Gespräch

denkt, irrt sich! Leider haben die Bevölkerungsprognosen eine sehr hohe Trefferquote. Es finden sich nur geringe Abweichungen, vergleicht man einstige Prognosen mit den späteren tatsächlichen Bevölkerungszahlen. So haben Herwig Birg, Filip E.J. Flöthmann und Theodor Frein 1997 dokumentiert, dass beispielsweise die Prognose für alle 16 Bundesländer, mit einer minimalen Fehlerquote von rund einem Promille, genauso wie prognostiziert eintraf. Vergessen wir also die Hoffnung, die Prognosen könnten sich alle als falsch und unzutreffend erweisen.

Darüber hinaus wird sich noch ein weiteres Problem ergeben: Wir sprechen hier von dem Verteilungsproblem zwischen Jung und Alt. Schätzungen gehen davon aus, dass die Gruppe der über 60-Jährigen bis 2050 rund 40 Prozent des gesamten Volkseinkommens für sich vereinnahmen wird. Diese Entwicklung wird noch mit sinkenden Steuereinnahmen einhergehen. Denn: Demografische Veränderungen wirken sich letztlich auch auf Steuereinnahmen aus. Doch damit nicht genug: Öffentliche Einrichtungen werden teurer. Allein schon wegen der Fixkosten, die die öffentlichen Einrichtungen verschlingen. Diese Fixkosten werden bestehen bleiben, während die von den Nutzern zu zahlenden Gebühren eben wegen der schrumpfenden Bevölkerung immer geringer ausfallen werden. Lassen wir einmal an dieser Stelle Renate Schmidt zu Wort kommen. In *Gesellschaft ohne Zukunft?* äußert sie sich wie folgt:

> »Wollten wir den Altenquotienten des Jahres 2000, das heißt die Anzahl der Rentner, die auf 100 Erwerbstätige kommen, auch im Jahr 2050 aufrechterhalten, müssten nach Berechnungen der UNO 180 Millionen Menschen nach Deutschland einwandern – eine unvorstellbare, eine nicht integrierbare Zahl.«

Doch das größte Problem demografischer Entwicklungen ist der schleichende und damit gefährliche Prozess, in dem sie sich vollziehen. Man könnte sie mit einem dieser gigantischen Tanker auf hoher See vergleichen. Wenn auf einem solchen Tanker eine unmittelbare Gefahr erkannt wird, braucht der Kapitän mehrere Seemeilen, bis das Schiff schließlich zum Stillstand gebracht ist. In jedem Fall vergeht einige Zeit, bis sich ein Richtungswechsel auch als solcher bemerkbar macht. Ähnlich verhält es sich auch mit der demografischen Entwicklung. Was wir derzeit erleben, während dieses Buch entsteht, ist erst der Beginn eines gewaltigen, schleichenden Prozesses. Zunächst sieht es so aus, als wäre alles nicht so tragisch wie immer dargestellt. Wenn alle meinen, dass es irgendwie schon gut gehen wird, wird plötzlich schlagartig festgestellt werden, dass der demografische Prozess exponentiell verläuft. Die Ruhephase zu Beginn ist hier also im wahrsten Sinn die Ruhe vor dem Sturm. Die jetzige Debatte dokumentiert diesen Vorgang des schleichenden Beginns bei dann gewaltigem, exponentiellem Verlauf sehr, sehr deutlich. Bereits vor 20 bis 30 Jahren hätte eigentlich reagiert werden müssen. Doch dies unterblieb, weil die Zuwanderung uns Stabilität und Ausgleich der Demografie vorgaukelte. Sicher werden Sie sich nun die Frage stellen, was es bedeuten würde, wenn wir alle auf der Stelle »aufwachten«, diese demografische Zeitbombe mit ihren zukünftigen Auswirkungen begreifen und gegensteuern würden. Könnte es uns gelingen, den Trend aufzuhalten oder gar ins Positive umzukehren? Eine Antwort auf diese Frage gibt Franz Xaver Kaufmann. Anlässlich des 22. Sinclair-Haus-Gespräches sagte er:

> »Nehmen wir an, es würde tatsächlich gelingen: Noch vor 2010 würden die Deutschen aufwachen und es würde sich tatsächlich das generative Verhalten in Richtung auf eine den Bestand in etwa garantierende Bevölkerung verändern, das wären also 2,1 Kinder pro Frau. Dann würde das zunächst einmal für die heutige Generation bis 2030 beziehungsweise 2035 eine noch größere Belastung bedeuten.«

Unser Fazit an dieser Stelle: Wenn die heutige Generation nicht reagiert, ist der exponentielle, wuchtige Verlauf der Bevölkerungsentwicklung vorherbestimmt wie der Gang der Gestirne. In diesem Fall würde die jetzige Generation davon »profitieren«, dass sie wenig für Kinder »ausgeben« muss, also gegebenenfalls entsprechend mehr vorsorgen kann. Dies würde angesichts der mit Sicherheit kollabierenden Renten- und Gesundheitssysteme auch dringend nötig sein. Variante zwei wäre ein schnelles, in der gesamten Generation vertretenes Umdenken hin zu Familie und Kindern. In diesem Fall bleibt in den kommenden Jahren wenig zum »Weglegen«, dafür würden sich die sozialen Sicherungssysteme im Hinblick auf 2030, 2035 und weiter regenerieren und erholen können.

> »Die demografische Kurve bringt es mit sich, dass sich bereits ab dem Jahr 2010 der Kollaps der Sozialsysteme beschleunigen wird.« *Bernd W. Klöckner*

Kommen wir zu weiteren Zahlen und Fakten, die wir Ihnen in diesem Zusammenhang ebenfalls nicht vorenthalten möchten. Der demografische Wandel in Deutschland wird von immer mehr Bevölkerungsforschern mit einer Zeitbombe verglichen: »Wir leben vier Jahre länger als unsere Eltern, unsere Kinder vier Jahre länger als wir«, äußert sich Axel Börsch-Supan, als Direktor des Mannheimer Forschungsinstituts Ökonomie und demografischer Wandel immerhin ein Profi, der es wissen muss.[5] Laut der Bertelsmann Stiftung sind sich zwei Drittel der Bevölkerung dessen bewusst, dass der »demografische Wandel« zur Zeitbombe werden kann. Wir meinen dazu, dass dies leider noch lange nicht heißt, dass sie auch handeln. Aber in jedem Fall heißt dies auch, dass sich ein Drittel der Menschen in Deutschland offensichtlich noch nicht einmal mit dem Gedanken der kommenden Schrumpfung auseinandergesetzt hat. Wir möchten deshalb noch einmal wiederholen: Es wird keineswegs erst irgendwann in ferner Zukunft, also sagen wir im Jahr 2050, auf einen Schlag alles viel schlechter sein, so dass alle anderen vorher Glück gehabt haben. Die demografische Kurve bringt es mit sich, dass sich bereits ab dem Jahr 2010 der Kollaps der Sozialsysteme rapide beschleunigen wird.

Kommen wir damit zur so genannten Reproduktionsrate, die sich jeweils allein quantitativ auf die Frauen innerhalb der Bevölkerung konzentriert. Qualitative Gründe und Umstände, warum es zu dieser Entwicklung weg von Familie und weg von der Übernahme von Verantwortung für Kinder kommt, die ja auch die Männer innerhalb der Bevölkerung betrifft, werden hier nicht mit erfasst. So spricht man bei Frauen zwischen 15 und 49 Jahren von Frauen in gebärfähigem Alter. Im Jahr 2001 lag die Anzahl der Frauen in diesem Alter noch bei rund 20 Millionen. Im Jahr 2050 gehen die Schätzungen von rund 14 Millionen Frauen im gebärfähigen Alter aus. Gemessen als Anteil an der Gesamtbevölkerung waren es in 2001 rund 24 Prozent, im Jahr 2050 liegt der Anteil nur noch bei 19 Prozent. Das Ganze klingt zunächst harmlos und ist für uns wegen des zeitlich langsamen Verlaufes auch nicht wirklich fassbar. Leider ist dies aber nicht so harmlos, wie es aussieht. Auf den Punkt bringt es Dr. Albrecht Göschel, Deutsches Institut für Urbanistik, Berlin:

> »Die Entscheidung circa eines Drittels der letzten Generation, keine Kinder zu haben, wird die demografische Entwicklung dieses Landes auf mindestens 100 bis 120 Jahre prägen. Der Ausfall von circa dreißig Prozent der Frauen, also nicht geborener Mädchen, die dann offensichtlich auch keine Mütter werden können, lässt sich nicht innerhalb von zehn, fünfzehn oder zwanzig Jahren korrigieren. Und wenn die Generation der zurzeit erwachsen werdenden Frauen sich gleichfalls entscheidet – und die jungen Mädchen, die zurzeit leben machen keine Anstalten, es anders zu sehen – wieder zu einem Drittel keine Kinder zu haben, dann setzt sich das Problem nicht nur fort, sondern es verschärft sich dramatisch.«[6]

Im Einzelnen ist dieser Vorgang – die Entscheidung gegen Kinder (unabhängig von gesundheitlich nicht möglicher Empfängnis oder Zeugung von Kindern) ein durchaus nachvollziehbarer Vorgang. So mancher »Einzelne« will – auch in Anbetracht der vielleicht mühevollen Suche nach dem richtigen Lebenspartner – lieber kinderlos bleiben. So sehr dieser Schritt einzelner Menschen verständlich ist – im Kollektiv wirkt sich die Entscheidung gegen Kinder dramatisch aus – mit einer Reichweite von weit über einem

»Und wenn die Generation der zurzeit erwachsen werdenden Frauen sich gleichfalls entscheidet – und die jungen Mädchen, die zurzeit leben, machen keine Anstalten es anders zu sehen – wieder zu einem Drittel keine Kinder zu haben, dann setzt sich das Problem nicht nur fort, sondern verschärft sich dramatisch.«

Dr. Albrecht Göschel, *Deutschland schrumpft – was heißt das für die Städte und das Wohnen?*

Jahrhundert. Und sicher ist eines: Das jetzige Jahrhundert wird unweigerlich vom demografischen Wandel bestimmt sein. Der in diesem Buch mehrfach zitierte Wissenschaftler Herwig Birg stellte in diesem Zusammenhang einmal sinngemäß die Frage, ob es richtig sein könne, wenn eine Gesellschaft wissentlich Selbstmord begehe. Unserer Ansicht nach unverständlich ist und bleibt die – im Sinne von Machterhalt verständliche – Feigheit der Politik und der politisch Verantwortlichen in dieser Frage. Denn die erste Partei, die erste politische Gruppierung, die offen die auf uns zurollenden Konsequenzen der »Entleerung« des Landes ansprechen würde, würde aller Voraussicht nach erstens abgewählt und zweitens nicht wiedergewählt werden. Wobei, das darf zur Verteidigung der Politik gesagt werden, die Wähler eine nicht unerhebliche Mitschuld trifft. Wenn nur derjenige gewählt wird, der unrealistische Versprechungen abgibt und wenn derjenige abgewählt wird – was wahrscheinlich ist –, wer unbequeme Wahrheiten offen ausspricht, dann schaufeln sich die Wähler im wahrsten Sinne des Wortes das eigene Grab!

Aber die Prognosen könnten alle falsch sein ...

Wie bereits erwähnt: Immer wieder hören wir in Diskussionen, solche und andere Prognosen seien in höchstem Maße fehlerhaft. Es gäbe ja schließlich unzählige Faktoren, die jede Prognose zur Makulatur werden ließen. So oder ähnlich klingen die Argumente derjenigen, die nicht wahrhaben wollen, dass die demografische Entwicklung, wie bereits zuvor beschrieben, sehr verlässlich berechnet werden kann. Im Folgenden möchten wir Ihnen deshalb einige weitere Argumente dafür vorstellen, wieso die Aussage,

»Tatsache ist: In der demografischen Forschung fallen Prognosen bis zu 50 Jahren eben keineswegs unter »langfristig«. Nun ist es bereits heute sicher, wie viele Frauen in 20 bis 30 Jahren sozusagen gebärfähig sein werden. Von der richtigen Seite betrachtet ist die Aussicht auf diese 20 bis 30 Jahre eben KEINE Zukunftsprognose, sondern quasi Gegenwart.«

Bernd W. Klöckner

»langfristige Prognosen seien schwierig und fehlerhaft«, schlicht unzutreffend ist. Erstens möchten wir dazu einmal die Definition des Begriffs »langfristig« betrachten. Die alles entscheidende Frage lautet: Was bedeutet langfristig? Tatsache ist: In der demografischen Forschung fallen Prognosen bis zu 50 Jahren eben keineswegs unter »langfristig«. Nun steht bereits heute fest, wie viele Frauen in 20 bis 30 Jahren gebärfähig sein werden. Von der richtigen Seite betrachtet ist die Sicht auf diese 20 bis 30 Jahre deshalb eben *keine Zukunftsprognose,* sondern quasi Gegenwart. Aus diesem neuen Blickwinkel heraus sind auch 100 Jahre eine nicht allzu große Zeitspanne. In Generationen ausgedrückt sind es »pi mal Daumen« drei Generationen. An dieser Stelle kommen die Kritiker meist mit folgenden neuen Argumenten. Es wird auf die zwei letzten Weltkriege als Beispiele für Ereignisse hingewiesen, die so nicht voraussagbar gewesen seien. Hierzu ein Beispiel:

> »Noch deutlicher wird die Problematik, wenn wir annehmen, im Jahre 1900 sei eine 50-Jahres-Prognose gewagt worden. Es wären schlicht zwei Weltkriege übersehen worden!«[7]

Nimmt man eine solche Argumentation ernst, so mag es dann schon fast an Scharlatanerie grenzen, wenn die *Zeit*[8] prophezeit, die Deutschen würden »in 100 Jahren auf 25 Millionen Menschen schrumpfen ...«[9]

Diese Behauptung der Nicht-Vorhersehbarkeit solcher Kriege ist und kann nur richtig sein. Und genauso wie diese Behauptung richtig ist, so überflüssig ist sie. Denn gäbe es Kriege, würde sich die jüngere Bevölkerung noch weiter dezimieren, da sie diejenige

»... Sollten sich die Bevölkerungsprognosen für die neuen Bundesländer bestätigen, wird es das ostdeutsche Städtesystem in der gegenwärtigen Form nach 2050 nicht mehr geben.«

Dr. Albrecht Göschel, *Deutschland schrumpft – was heißt das für die Städte und das Wohnen?*

ist, die für den Kriegseinsatz tauglich wäre. Als Folge davon würde sich der demografische Trend nach unten entsprechend verstärken. Doch wie wahrscheinlich wären nun Ereignisse mit exakt umgekehrter Wirkung, sprich Bevölkerungszuwachs? Eine Variante einer Massenzuwanderung, die durch heute nicht absehbare Ereignisse ausgelöst würde, könnte ein Beispiel dafür sein. Solche Varianten erweisen sich im Zweifel jedoch nur als vage Hoffnung derjenigen, die sich nicht damit abfinden wollen, dass der demografische Schwund das wohl einzige, realistische Szenario bleibt.

Um das Szenario noch plastischer zu machen, möchten wir an dieser Stelle noch einmal Dr. Albrecht Göschel zitieren, der darüber spricht, wie sich der demografisch bedingte Bevölkerungsschwund auf die Stadtentwicklung auswirken wird.

> »Eine sehr extreme Form, über die man aber doch nachdenken muss, zumindest für einige ostdeutsche Städte, wird die Stadtauflösung sein. Sollten sich die Bevölkerungsprognosen für die neuen Bundesländer bestätigen, wird es das ostdeutsche Städtesystem in der gegenwärtigen Form nach 2050 nicht mehr geben.«

Passend zu dieser These hat das Institut der deutschen Wirtschaft in Köln eine Broschüre mit dem Titel *Deutschland altert – Die demografische Herausforderung* veröffentlicht. In der Einleitung heißt es unter anderem: »Das Dilemma der Demografie: Die Zukunft hat längst begonnen.« Auch hier wird ein erschreckendes Szenario gezeichnet:

> »... In den kommenden Jahrzehnten, so viel steht heute schon fest, wird die Bevölkerung in Deutschland drastisch schrumpfen – offen ist nur noch, ob um 8 oder sogar um 18 Millionen. Doch unabhängig davon, wie viele es genau sein werden: Der demo-

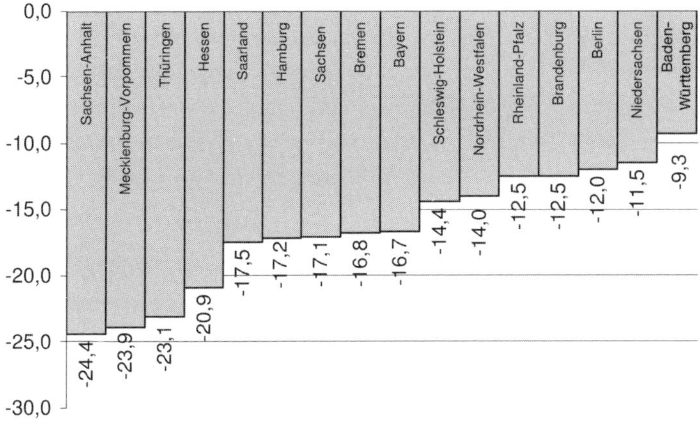

Abbildung 1.8 Bevölkerungsentwicklung bis 2050

Quelle: Institut der deutschen Wirtschaft Köln, Ursprungsdaten: Statistisches Bundesamt, © Tabelle: Bernd W. Klöckner, Verwendung in Vorträgen, Büchern oder Artikeln nur mit Genehmigung des Autors.

> grafische Wandel ist keine theoretische Frage des Jahres 2050, sondern er beschäftigt uns bereits heute ganz konkret ...«

Auch diese Studie kommt zu dem bekannten Ergebnis:

> »... eines jedoch steht felsenfest: Die demografische Entwicklung wird das Leben und Arbeiten der Deutschen radikal verändern – und zwar eher früher als später ...«

Kurzum: Uns steht ein radikaler Wandel bevor, dessen negative Ausmaße und Auswirkungen heute niemand abschätzen kann.

Ergänzend zu dem oben Gesagten möchten wir Ihnen nun, basierend auf den vom Institut der deutschen Wirtschaft ermittelten Zahlen, eine kleine Grafik zeigen, die den gewaltigen Aderlass hinsichtlich der Bevölkerungszahlen je Bundesland sehr eindrucksvoll dokumentiert.

Im Klartext bedeutet das: Kleine Städte bis hin zu kleineren Ortschaften müssten aufgelöst werden. Es sei denn, man will zu diesem Zeitpunkt noch Infrastrukturleistungen für »minimale Restbevölkerungen« vorhalten. Göschel kommentiert die Entwicklung für die deutschen Städte und Kommunen weiter:

»Fraglos wären mit einem solchen Programm zahllose Fragen aufgeworfen, zum Beispiel die nach einem ›Recht auf Heimat‹, die nach der Legalität einer Umzugsplanung oder nach einer Umzugsförderung für Restbevölkerungen, die nach der Bestimmung eines Zeitpunktes oder nach einer Größenordnung, von dem oder von der an eine Auflösungsplanung in Gang gesetzt werden dürfte usw.«

Göschel macht dabei deutlich, dass eine solche Entwicklung keineswegs etwas Neues in der Geschichte der Menschheit ist. Dies halten wir für einen wichtigen Gedanken, denn vielleicht wird der eine oder andere in diesem Land dadurch eher auf die derzeitige Lage aufmerksam. Vielleicht lassen sich doch einige mehr davon überzeugen, die Folgen der jetzigen demografischen Entwicklung richtig einzuschätzen, wenn bekannt wird, dass eine Entleerung ganzer Landstriche nichts völlig Neues ist, wie Göschel ausführt.

»Vielleicht ist es an dieser Stelle hilfreich, sich zu vergegenwärtigen, dass selbst diese Extremform der Stadtschrumpfung nichts historisch absolut Neues ist. Wir kennen alle jene italienischen Bergdörfer, sei es Kalabrien, in der Toskana oder in Ligurien, die von ihren Einwohnern mehr oder weniger verlassen sind, mit Ausnahme jener notorischen ›alten Weiblein‹, die mit einer Ziege und minimaler Rente ausharren – bis sich einige Nordeuropäer finden, die aus eben jenem ›alten Gemäuer‹ ein kleines Urlaubsparadies machen, in dem dann sogar ›Weiblein mit Ziege‹ malerisch zum Lokalkolorit beitragen.«

Süffisant und auch zu Recht stellt Göschel schließlich die Frage, ob dieser Wechsel in Urlaubsparadiese die realistische Perspektive im Falle einer deutschen Stadtschrumpfung sein könne. Immerhin ist das malerische Ambiente einer Toskana wohl in vielen deutschen Gegenden nicht unbedingt gegeben. Doch Göschel führt weiter aus, dass es in manchen Gegenden besser aussehen wird:

»Das ist sicher nicht die Perspektive Münchens oder anderer Ballungsräume, darüber sind wir uns alle im Klaren. Aber alle anderen Probleme des demografischen Wandels – Einwohnerverlust, Heterogenisierung der Bevölkerung, größere Ungleichheit, gra-

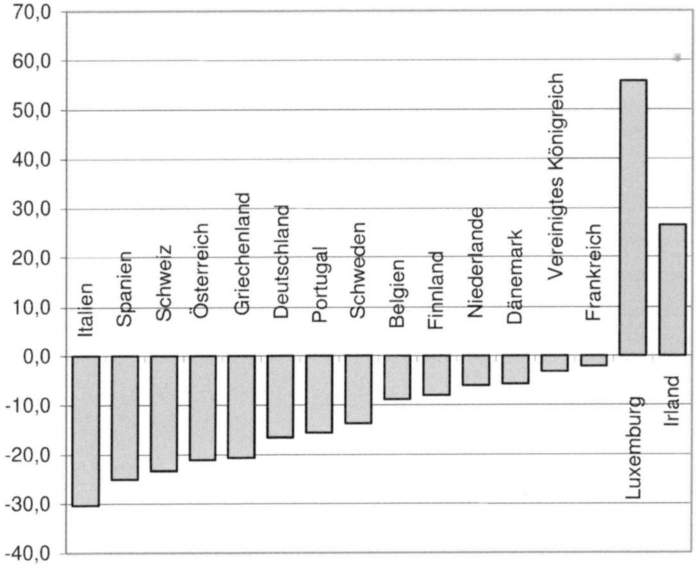

Abbildung 1.9 Bevölkerungsentwicklung in Europa

Quelle: Institut der deutschen Wirtschaft Köln, Ursprungsdaten: UN, Eurostat, © Tabelle: Bernd W. Klöckner, Verwendung in Vorträgen, Büchern oder Artikeln nur mit Genehmigung des Autors.

> vierende Segregation, Armutsprobleme, Alterung, Grenzen der Sozialstaatlichkeit usw. – werden auch die süd- und südwestdeutschen oder die norddeutschen Städte ... mit Sicherheit in den nächsten Jahren erreichen.«[10]

Doch blicken wir zum Schluss einmal über den deutschen Tellerrand! Betrachten wir einmal, wie sich die Bevölkerungszahl in Europa entwickelt. Auch hierzu hat das Institut der deutschen Wirtschaft interessante wie erschreckende Zahlen aufbereitet.

Sie können hier deutlich sehen, wie die Steuereinnahmen des Staates durch die schrumpfende Einwohnerzahl im Laufe der kommenden Jahrzehnte drastisch sinken werden. Auch hier findet sich also genügend Pulver für die ohnehin ausstehende Explosion der sozialen Sicherungssysteme. Im Kapitel »Die Rentenlüge – Armut im Alter für Millionen« werden wir Ihnen ein solches Rentenszenario im Falle einer künftigen, jährlichen Rentenkürzung vor Augen führen. Eben weil die Kasse leer ist und in den kommenden Jahren noch weiter geschröpft werden wird. Die folgende Tabelle, ebenfalls entnommen aus *Deutschland altert – Die demografische Herausforderung* zeigt den prognostizierten, recht drastischen Einbruch des Steueraufkommens für die Jahre 2010 bis 2050:

	2010	2020	2030	2040	2050
Direkte Steuern	3,0	0,5	– 7,2	– 12,1	– 18,2
Umsatzsteuer	0,7	0,3	– 2,9	– 7,4	– 13,0
Spezielle Verbrauchssteuern	0,4	– 1,2	– 5,7	– 10,9	– 16,3
Insgesamt	1,9	0,2	– 5,7	– 10,5	– 16,4

Tabelle 1.1 Steuern: Immer weniger für den Staat

Quelle: Bach (2002) / Institut der deutschen Wirtschaft Köln,
© Tabelle: Bernd W. Klöckner, Verwendung in Vorträgen, Büchern oder Artikeln nur mit Genehmigung des Autors.

Und im Gegenzug passiert außerdem Folgendes: Die öffentlichen Pensionsausgaben werden in den EU-Mitgliedstaaten sukzessive steigen. Damit steht noch weniger Geld aus den öffentlichen Kassen zur Verfügung, so dass der Niedergang der umlagefinanzierten Schneeballsysteme, zu denen das System der gesetzlichen Rentenversicherung auch gehört, noch weiter beschleunigt wird. Dann wird noch nicht einmal das Geld vorhanden sein, um aus irgendwelchen anderen Töpfen das marode Rentensystem zu stopfen. In der Tabelle unten sehen Sie dazu die Vorausschätzungen der Zahlen zur Entwicklung der öffentlichen Pensionsausgaben:

	2000	2010	2020	2030	2040	2050
B	10,0	9,9	11,4	13,3	13,7	13,3
DK	10,5	12,5	13,8	14,5	14,0	13,3
D	11,8	11,2	12,6	15,5	16,6	16,9
EL	12,6	12,6	15,4	19,6	23,8	24,8
E	9,4	8,9	9,9	12,6	16,0	17,3
F	12,1	13,1	15,0	16,0	15,8	
IRL	4,6	5,0	6,7	7,6	8,3	9,0
I	13,8	13,9	14,8	15,7	15,7	14,1
L	7,4	7,5	8,2	9,2	9,5	9,3
NL	7,9	9,1	11,1	13,1	14,1	13,6

	2000	2010	2020	2030	2040	2050
A	14,5	14,9	16,0	18,1	18,3	17,0
P	9,8	11,8	13,1	13,6	13,8	13,2
FIN	11,3	11,6	12,9	14,9	16,0	15,9
S	9,0	9,6	10,7	11,4	11,4	10,7
UK	5,5	5,1	4,9	5,2	5,0	4,4
EU	10,4	10,4	11,5	13,0	13,6	13,3

Tabelle 1.2 Öffentliche Pensionsausgaben in den EU-Mitgliedstaaten 2000 bis 2050 (vor Steuern, in Prozent des Bruttoinlandsprodukts)
Quelle: EU Wirtschaftspolitischer Ausschuss (2001); © Tabelle: Bernd W. Klöckner, Verwendung in Vorträgen, Büchern oder Artikeln nur mit Genehmigung des Autors.

Auf den Punkt gebracht

Der demografische Wandel hält, wie zu sehen war, auch europaweit gnadenlos Einzug. Positive Ausnahmen sind allein Irland und Luxemburg. Während die mit der wachsenden Zahl älterer Menschen verbundenen finanziellen Lasten für die Sozialsysteme immer schwerer wiegen, schrumpft auf der anderen Seite das Steueraufkommen. Auch hier gilt: Der Kollaps der Staatsfinanzen läuft bereits. Es ist nur eine Frage der Zeit, bis einschneidende Änderungen bei den Leistungen der sozialen Sicherungssysteme, allen voran bei den gesetzlichen Renten- und Krankenversicherungen vorgenommen werden *müssen*! Dies ist in der Tat unausweichlich! Immerhin droht nach Einschätzung der Rating-Agentur S&P – so *Die Welt* in der Samstagausgabe am 28. Mai 2005 – eine Herabstufung der Kreditwürdigkeit Deutschlands. Wenn es nicht zu drastischen Reformen der sozialen Sicherungssysteme kommt, droht statt einem AAA-Rating die Einstufung auf so genanntem Junk-Bond-Niveau (Junk = frei übersetzt »Müll, Ramsch«). Das gilt natürlich nur dann, wenn die Regierung nicht zu drastischen, einschneidenden Reformen greift. Tatsache ist also: Jede Hoffnung darauf, dass sich diese Schieflage als weit weniger schlimm herausstellen wird, wird sich als Illusion erweisen. Denn bei den in diesem Kapitel zur Bevölkerungsentwicklung genannten Zahlen und Prognosen handelt es sich, wie gesagt, um verlässliche

Daten mit einer hohen Eintrittswahrscheinlichkeit. Der Ablauf der kommenden Jahre und Jahrzehnte kann, zumindest was das Bevölkerungswachstum betrifft, mehr oder weniger sicher prognostiziert werden. Es könnte zu Situationen kommen, die den Bevölkerungsschwund weiter verstärken und die Schieflage nur noch verschärfen werden. Nie zuvor war die Gefahr einer flächendeckenden Armut im Alter so groß wie heute, und dies wird insbesondere für die Rentner der kommenden Jahre und Jahrzehnte der Fall sein. Und hier geht es wahrscheinlich auch um Ihr Leben im Alter. Deshalb möchten wir Ihnen empfehlen, dass Sie jetzt, das heißt eventuell noch rechtzeitig reagieren und privat ausreichend für das Alter vorsorgen! So werden Sie gerade noch mit einem blauen Auge davonkommen.

Im besten Fall wird alles (auch wenn die Fakten derzeit nicht dafür sprechen) besser als erwartet eintreten. Das hieße, dass ein wie auch immer geartetes Wunder geschehen müsste. Doch dass die zukünftigen Beitragszahler von fremden Sternen zu uns kommen, um unser Land zu bevölkern, damit ist wohl eher nicht zu rechnen. Was auch immer geschehen mag:

Wenn Sie zu diesem Zeitpunkt ausreichend privat vorgesorgt haben, so verfügen Sie im besten Fall einfach über mehr Geld, als Sie dann brauchen. Mit solchen »negativen« Konsequenzen könnten Sie im Falle einer positiven Entwicklung sicher leben, oder?

Kurzgefasst: Die demografischen Fakten zu missachten bedeutet mit großer Wahrscheinlichkeit Armut im Alter. Die Fakten zu beherzigen und zu handeln bedeutet im Zweifel nur, schließlich »zu viel« Geld auf dem Konto zu haben.

1 Laura Carstensen im *Tagesspiegel* zitiert nach http://www.single-generation.de/themen/thema–langlebigkeit.htm

2 Quelle: »Die BBR-Bevölkerungsprognose«. Die Autoren sind Steffen Kröhnert, Nienke van Olst, Reiner Klingholz. Die ganze Studie erschien unter dem Titel *Deutschland 2020 – Die demografische Zukunft der Nation*. An dieser Stelle ein herzliches Danke für das Recht, diese Grafiken in diesem Buch abbilden zu dürfen.

3 Quelle: »Die BBR-Bevölkerungsprognose«. Die Autoren sind Steffen Kröhnert, Nienke van Olst, Reiner Klingholz. Die ganze Studie erschien unter dem Titel *Deutschland 2020 – Die demografische Zukunft der Nation*. An dieser Stelle ein herzliches Danke für das Recht, diese Grafiken in diesem Buch abbilden zu dürfen.

4 vgl. Herwig Birg, *Gesellschaft ohne Zukunft?* Seite 12.

5 *FAZ.NET-Special*, 18. September 2003.

6 www.tu-dresden.de/phfipo/polysys/pdf/kommunal/demographie.pdf

7 Gerd Bosbach, *Demografische Entwicklung – kein Anlass zur Dramatik*, URL: www.nachdenkseiten.de/ cms/upload/pdf/gbosbach–demogr.pdf, 30.Mai 2005.

8 *Die Zeit*, 2. Januar 2003.

9 Prof. Dr. Christoph Butterwegge, *Zwischen der sozialen Wirklichkeit und ihrer öffentlichen Wahrnehmung liegen Welten.* Bemerkungen zum demografischen Wandel beziehungsweise zur Notwendigkeit seiner Entdramatisierung anlässlich einer Anhörung im Hessischen Landtag am 10. November 2004.

10 Göschel, A., *Deutschland schrumpft – was heißt das für die Städte und das Wohnen?* URL: http://www.stadtteilarbeit.de/seiten/theorie/goeschel/demografischer–wandel.htm, 8. Juli 2004.

2.
Steigende Kranken- und Pflegekosten als Liquiditätsfalle für Staat und Bürger

Die Zeit wird kommen, wo unsere Nachkommen sich wundern, dass wir so offenbare Dinge nicht gewusst haben.

Seneca

In diesem Kapitel geht es um ein Risiko, das von vielen völlig unbeachtet und unterschätzt wird: Das Risiko einer künftigen Pflegebedürftigkeit. Denn die Pflegekosten werden aufgrund der demografischen Entwicklung ansteigen. Wenn also nicht politisch schnell und umfassend gehandelt wird, droht auch der Kollaps der gesetzlichen Pflegeversicherung. Träte dieser Fall ein, so würden die Pflegekosten von den Betroffenen zunehmend wieder aus ihrer privaten Kasse getragen werden müssen. Im Hinblick auf eine drohende Armut im Alter wären die Folgen unvorstellbar.

Wer nicht vorsorgt, sieht alt aus

Abbildung 2.1 Frankfurter Allgemeine Zeitung vom 17.10.2007

»Panik machen gilt nicht«, so lauten die Einwände, die hinsichtlich der steigenden Bedeutung des Themas Pflegebedürftigkeit angeführt werden. Doch wer so argumentiert, schätzt die Realität falsch ein. Denn die Zahlen sprechen eine andere Sprache. Und noch ist eine spürbare Verbesserung im Gesundheitswesen beim Kurieren so genannter Altersleiden nicht in Sicht.

In der Literatur finden sich die verschiedensten Szenarien zur Pflegebedürftigkeit. Um Ihnen einige davon plastisch zu machen, möchten wir Ihnen im Folgenden verschiedene Zahlen vorstellen: erstens für eine konstante Lebenserwartung, zweitens für eine abgeschwächt steigende Lebenserwartung und drittens für eine konstant steigende Lebenserwartung:

Bei konstanter Lebenserwartung steigt die Anzahl der Pflegebedürftigen an:

1993: 1,52 Millionen
2010: 1,85 Millionen

Die Rentenlüge. Bernd W. Klöckner und Werner Dütting

ISBN 978-3-527-50411-4

2030: 2,16 Millionen
2040: 2,26 Millionen

Bei abgeschwächt steigender Lebenserwartung wächst die Anzahl der Pflegebedürftigen stärker:
2010: 1,87 Millionen
2030: 2,32 Millionen
2040: 2,52 Millionen

Bei konstant steigender Lebenserwartung steigert sich die Anzahl der Pflegebedürftigen entsprechend mehr:
2010: 1,90 Millionen
2030: 2,49 Millionen
2040: 2,78 Millionen[1]

Nebenbei sei angemerkt, dass schon Anfang 2007 die Zahl der Pflegebedürftigen bei über 1,9 Millionen lag. Im Jahr 2008 wird diese mit etwa 2,1 Millionen angegeben.

Das, was die Pflegeversicherung nicht abdeckt, muss die betroffene Person selbst aufbringen. Oder nahe Verwandte müssen zahlen ... Wie auch immer: Schneller als gedacht geht ein Eigenheim für die Pflegejahre drauf.

Nun muss man nur noch eins und eins addieren. Es ergibt sich ein erschreckendes Szenario: Im Jahr 2050 fehlen – je nach Art der wissenschaftlichen Berechnung – zwischen 14 und 17 Millionen Menschen in Deutschland. Gleichzeitig steigt die Zahl der Alten und Pflegebedürftigen. Frei nach dem alten volkswirtschaftlichen Prinzip »der Preis wird bestimmt durch Angebot und Nachfrage« werden die Kosten der Pflege weiter steigen. Es sei denn, es werden billige Pflegekräfte aus dem Ausland hinzugezogen, die zum Billiglohn die zunehmende Masse der siechenden Alten pflegen.

Um dies noch klarer darzustellen, habe ich für Sie die Kostensteigerung der Pflegekosten in den letzten Jahren zusammengefasst. Ich habe außerdem eine Tabelle erstellt, aus der Sie ablesen können, wie die Pflegekosten in den folgenden Jahren möglicherweise steigen könnten.

Denken Sie immer daran: Die Pflegeversicherung bietet Ihnen lediglich eine minimale Grundsicherung. Schwerpflegebedürftige (Stufe II) dürfen (Stand: Beginn 2008) für einen Heimplatz maximal 1279 Euro monatlich erwarten. In der Praxis sind jedoch zwischen 2000 und 3000 Euro nötig. Das, was die Pflegeversicherung nicht abdeckt, muss die betroffene Person selbst aufbringen. Oder nahe Verwandte müssen zahlen. Ist das auch nicht drin, zahlt das Sozialamt. Zuvor wird jedoch geprüft, ob Verwandte wenigstens Hilfe leisten können. Wenn dies der Fall ist, holt sich das Sozialamt das Geld eben wieder zurück. Wie auch immer: Schneller als gedacht geht ein ganzes Eigenheim für die Pflegejahre drauf. Hier gilt: Die meisten unterschätzen, wie viel Geld notwendig ist, um selbst wenige Pflegejahre zu finanzieren.

	Pflegekosten steigen um X Prozent pro Jahr (Annahme)			
Jahre bis zur Pflege	**3**	**4**	**5**	**6**
10	1344	1480	1629	1791
15	1558	1801	2079	2397
20	1800	2191	2600	3207
25	2093	2666	3386	4292
30	2427	3243	4321	5743
35	2813	3946	5516	7600
40	3262	4801	7039	10285
45	3781	5841	8985	13764
50	4383	7106	11467	18420
55	5000	8646	14635	24650
60	5891	10519	18679	32987
65	6829	12798	23839	44144
70	7917	15571	30426	59075

Tabelle 2.1 Entwicklung monatlicher Pflegekosten (Eigenleistung) in den nächsten Jahren (Annahme); Basis 1000 Euro heutiger Wert

... Pflegebericht der Bundesregierung aus dem Jahr 2001. Dort hieß es wörtlich, dass sich »spätestens ab dem Jahre 2003 voraussichtlich wieder Überschüsse einstellen werden«. Trotz der bereits erheblichen Defizite in 1999 und 2000 traf man diese Prognose.

Hierzu ein Beispiel: Wer heute 33 Jahre alt ist und mit 83 Jahren pflegebedürftig wird, muss bei einer Steigerung der Pflegekosten um 3 Prozent jährlich mit monatlichen Pflegekosten von rund 4400 Euro laut oben genannter Tabelle rechnen. Eine solche Steigerung ist angesichts der Fakten und Details in Kapitel 1 eher wahrscheinlich als unwahrscheinlich, denn die Steigerung der letzten Jahre lag über 4,5 Prozent. Und wenn die Pflegekosten nur minimal so steigen wie in den letzten Jahren, so können schnell über 10 000 Euro monatliche!! Pflegekosten für den heute 30-Jährigen zusammenkommen. Geht man jetzt davon aus, dass die steigenden Pflegekosten auch die gesetzliche Pflegeversicherung schröpfen werden, so ist ein weiteres Argument gegeben, warum es bei den Leistungen der sozialen Sicherungssysteme – somit auch bei der gesetzlichen Rentenversicherung –, zu Kürzungen, in diesem Fall zu Rentenkürzungen kommen muss. Dazu kommt noch, was Sie schon wissen: Die Kasse ist bereits leer! Und der demografische Winter hat erst begonnen!

Tatsache ist: Die Pflegeversicherung ist – neben der gesetzlichen Rentenversicherung – der nächste Sanierungsfall. Die Pflegeversicherung rutscht von Jahr zu Jahr immer tiefer in die Pleite. Dies muss kaum verwundern: Denn seit 1999 geben die Pflegekassen mehr Geld aus als sie einnehmen. Erstmals im Jahr 2007 konnte für 2006 ein Überschuss vermeldet werden, was jedoch nur ein Einmaleffekt war. Im Jahr 2007 wurde wiederum ein Defizit von 320 Millionen Euro verzeichnet. Die Schätzungen, wie groß der sich nach und nach auftürmende Schuldenberg letztlich sein wird, sind unterschiedlich. Eine oft genannte Zahl sind Schulden im Jahr 2010 von rund 5,7 bis 6 Milliarden Euro. Die 5,7 Milliarden Euro bestätigt sogar das Gesundheitsministerium.

In diesem Fall würde die Zahlung an rund 900 000 Menschen entfallen, die derzeit in diese Pflegestufe 1 eingruppiert sind. Ob die Angehörigen vollständig bei diesen 900 000 Menschen – zum Zeitpunkt, während dieses Buch geschrieben wird – die dann notwendige Hilfe leisten könnten, ist fraglich bis unwahrscheinlich.

Oder schauen wir einmal in den so genannten zweiten Pflegebericht der Bundesregierung aus dem Jahr 2001 hinein. Dort hieß es wörtlich, dass sich »spätestens ab dem Jahre 2003 voraussichtlich wieder Überschüsse einstellen werden«. Obwohl bereits in 1999 und 2000 erhebliche Defizite bestanden, wurde diese Prognose veröffentlicht. Weiter hieß es dann, dass sich »ab der zweiten Hälfte dieses Jahrzehnts Spielräume ergeben, um unter Beachtung des Grundsatzes der Beitragssatzstabilität Leistungen anzuheben«. Tatsache ist: Allein in 2007 fehlten rund 321 Millionen Euro in der Kasse. Fast scheint es, als wollten die Parteien und politisch Verantwortlichen ihr Verhalten bei der gesetzlichen Rentenversicherung nun auch bei der Pflegeversicherung wiederholen. Und dies, ohne Rücksicht auf die sich immer weiter erhöhenden Kosten zu nehmen.

Betrachten Sie einmal als Hintergrundinformation einige weitere Zahlen: Rund zwei Millionen Menschen erhalten derzeit monatlich Geld aus der Pflegekasse. Rund 500 000 davon leben in Pflegeheimen. Der Platz im Pflegeheim kostet dabei rund 3 000 Euro pro Monat. Was wiederum bedeutet: Immer mehr Betroffene sind bei den hohen Kosten von der Sozialhilfe abhängig. Allein bei den Bewohnern stationärer Heime sind es rund 25 Prozent. Das genau sollte die Pflegekasse vermeiden, was jedoch nicht gelingt. Im Gegenteil: Immer öfter wird versucht, Geld bei Kindern und Schwiegerkindern einzutreiben. So sind Fälle nicht selten, wo die Kinder einige 100 Euro pro Monat für den Pflegeplatz eines Elternteils bezahlen müssen. Was wäre nun, wenn eines Tages die eigene Versorgung im Alter mit immer noch anfallenden Pflegekosten für die möglicherweise hochbetagten Eltern zusammenfiele?

Die alles entscheidende Frage lautet: Wo kann sich die Pflegekasse entlasten? Angenommen, man würde die Pflegestufe 1 komplett streichen (Pflegestufe 1 = Pflegebedarf von mindestens 90 Minuten täglich). In diesem Fall würde die Zahlung an heute rund 900 000 Menschen entfallen, die derzeit in diese Pflegestufe 1 eingruppiert sind. Ob die Angehörigen bei diesen 900 000 Menschen die dann notwendige Hilfe vollständig leisten könnten, ist fraglich bis unwahrscheinlich. Mit großer Wahrscheinlichkeit müssten zahlreiche Betroffene in Heime »gesteckt« werden, was wiederum zu neuen Kosten für die Pflegekassen führen würde.

Sehen Sie sich deshalb einmal die Zahlen vom Februar 2005 zu den jeweiligen Leistungen der Pflegekasse an:

Pflege	**Pflegestufe 1**	**Pflegestufe 2**	**Pflegestufe 3**
Zu Hause durch Angehörige	215 Euro	420 Euro	675 Euro
Zu Hause durch Pflegekräfte	420 Euro	980 Euro	1470 Euro
Stationäre Pflege	1023 Euro	1279 Euro	1470 Euro

Tabelle 2.2 Das zahlt die Pflegekasse ...

Pflege	**Stationäre Pflege**
Pflegestufe I	1977 Euro
Pflegestufe II	1721 Euro
Pflegestufe III	1530 Euro

Tabelle 2.3 Persönliche Versorgungslücke im Pflegefall, ausgehend von 3000 Euro Kosten pro Monat bei stationärer Pflege ...

Die Pflegereform, die ab dem 01. Juli 2008 in Kraft trat, bringt noch in den Jahren 2010 und 2012 geringe Anhebungen in den Pflegesätzen. Jedoch werden hierfür auch die Arbeitnehmer geringfügig »bluten« müssen. Der Pflegebeitragssatz stieg von 1,7 auf 1,95 Prozent und soll noch bis 2015 reichen. Danach wird wohl wiederum eine Reform notwendig sein. Zitieren wir hier die pflegepolitische Sprecherin der Partei Bündnis 90/Die Grünen, Elisabeth Scharfenberg[2]:

»Möglicherweise verschafft die Beitragserhöhung um einen Viertelprozentpunkt ab Juli 2008 etwas Luft. Aber allerspätestens 2015 wird die Pflegeversicherung wieder tief im Minus stecken. Dann ist die nächste Reform fällig.«

Schon Anfang 2007 wurde über die anrollende Pflegereform diskutiert. Hier hieß es von der Parlamentarischen Staatssekretärin des Bundesgesundheitsministeriums, Marion Caspers-Merk, zu der Dynamisierung der Beitragssätze, dass diese »überhaupt nicht zu finanzieren« wären. Allenfalls nur dann, wenn »wir bereit sind, bei der Finanzierung etwas draufzulegen.« Was damit gemeint war, war klar. Entweder durch höhere Steuern oder, wie nun geschehen, durch steigende Beitragssätze.

Im Jahr 1970 verursachten Rentner 26 Prozent der gesamten Ausgaben der gesetzlichen Krankenkassen. Im Gegenzug brachten sie 20 Prozent der Beiträge. Heute sind die Rentner bereits für 42 !! Prozent der gesamten Ausgaben verantwortlich, steuern jedoch auf der Einnahmenseite nur einen Anteil von 19 Prozent bei.

Quelle: *Deutschland altert – Die demografische Herausforderung*

Passend zum Thema Pflegeversicherung möchte ich auch auf die Leistungen der gesetzlichen Krankenversicherung hinweisen. Vor allem die auf dem Umlageverfahren basierenden Krankenkassen stehen vor wahren Herkulesaufgaben. Immerhin sind rund 87 Prozent der gesamten Bevölkerung Mitglied in einer der gesetzlichen Krankenkassen. Hierzu ein erster Vergleich: Im Jahr 1970 verursachten Rentner 26 Prozent der gesamten Ausgaben der gesetzlichen Krankenkassen. Im Gegenzug brachten sie 20 Prozent der Beiträge. Heute sind die Rentner bereits für 42 Prozent (!) der gesamten Ausgaben verantwortlich, sie steuern jedoch auf der Einnahmeseite nur einen Anteil von 19 Prozent bei. Die logische Konsequenz daraus wären die folgenden drei Szenarien:

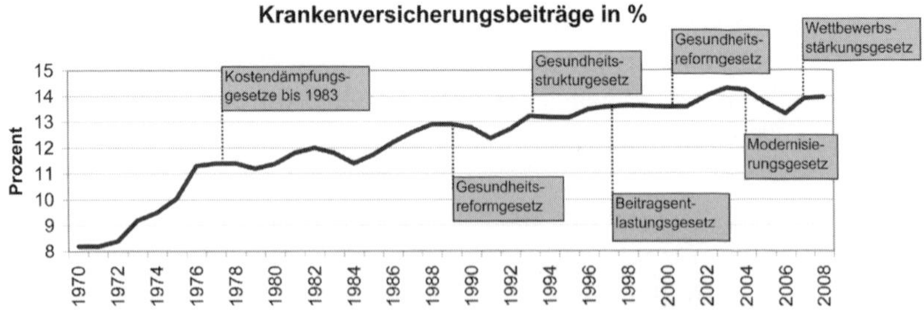

Abbildung 2.2 Krankenversicherungsbeiträge in %

Quelle: © Bernd W. Klöckner, Werner Dütting; Verwendung in Vorträgen, Büchern oder Artikeln nur mit Genehmigung der Autorrn.

- Szenario 1: Drastische Erhöhungen des Beitrags,
- Szenario 2: Einschneidende Kürzungen bei den Leistungen,
- Szenario 3: Kombination aus den Szenarien 1 und 2.

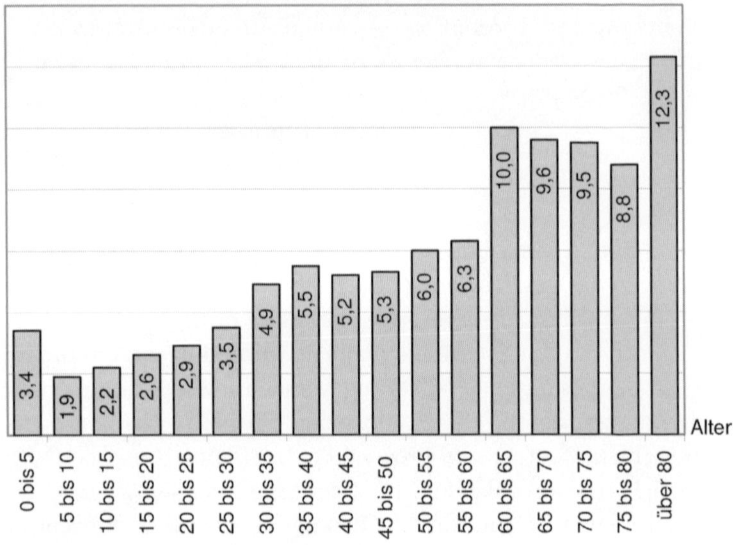

Abbildung 2.3 Ausgaben der gesetzlichen Krankenversicherung nach Lebensjahren

Quelle: Institut der deutschen Wirtschaft, Ursprungsdaten: Bundesversicherungsamt, BMGS, © Tabelle: Bernd W. Klöckner, Verwendung in Vorträgen, Büchern oder Artikeln nur mit Genehmigung des Autors.

Angesichts der Probleme der gesetzlichen Krankenkassen ist eine Beitragsexplosion sicher wie das bekannte »Amen« in der Kirche. Das Ganze ist unserer Ansicht nach nur eine Frage der Zeit und auch der Ehrlichkeit der politisch handelnden Personen. Allerdings gehen die Schätzungen für diese kommende Beitragsexplosion bereits heute von einem Beitragssatz von bis zu 30 Prozent aus. Doch aus einem bestimmten Grund kann diese Entwicklung so nicht eintreten: Das jetzige System wird die nächsten Jahrzehnte so es wie heute besteht schlichtweg nicht überstehen. Die Grafik in Abbildung 2.3 zeigt, wie sich die Ausgaben der Krankenversicherung auf die verschiedenen Altersgruppen verteilen.

Diese Grafik veranschaulicht zwar nur die eine Seite der Medaille. Es werden sich jedoch in diesem Fall beide Seiten als schlecht erweisen. Auf der anderen Seite der Medaille steht die Entwicklung der unterschiedlichen Altersgruppen. Allein die Zahl der so genannten Hochbetagten wird sich aller Voraussicht nach – betrachtet vom Jahr 1997 bis zum Jahr 2020 – schlichtweg verdoppeln. Das bedeutet: Wir sprechen hier von über 6 Millionen Hochbetagten in 2020. Diese Zahl wird bis 2050 weiter nach oben schnellen. Schätzungen gehen hier von rund 15 Prozent der dann gegebenen Gesamtbevölkerung aus, was bedeutet, dass wir es 2050 mit knapp 10 Millionen Hochbetagten zu tun haben. An dieser Stelle sei nochmals ein Argument zu der immer wieder genannten Zuwanderung genannt. So schreibt der Gesamtverband der deutschen Versicherungswirtschaft e.V. (GDV)[3]:

> »... Auch ein deutlicher Anstieg der Zuwanderung jüngerer Menschen wird den Alterungsprozess nicht aufhalten können ... [es] müssten bis zum Jahr 2050 netto rund 190 Millionen Menschen nach Deutschland zuwandern, damit der Altenquotient[4] konstant bliebe ... Insgesamt würden in Deutschland dann rund 300 Millionen Menschen leben – Dimensionen, die fernab des realistisch Vorstellbaren liegen ...«

Diese Entwicklung der Altersgruppen in Deutschland zeigt Tabelle 2.4:

Alter	2000	2010	2020	2030	2040	2050
0 bis 20 Jahre	21	18	17	15	15	14
20 bis 40 Jahre	28	24	23	20	19	20
40 bis 60 Jahre	27	31	29	26	26	25
> 60 Jahre	24	27	31	39	40	41
Summe	100	100	100	100	100	100

Tabelle 2.4 Bevölkerung in Deutschland (in Prozent)

Quelle: Die Märkte für Altersvorsorge in Deutschland, Gesamtverlag der Deutschen Versicherungswirtschaft e.V., © Tabelle: Bernd W. Klöckner, Verwendung in Vorträgen, Büchern oder Artikeln nur mit Genehmigung des Autors.

KRANKENKASSEN **Immer nur nach oben**

Trotz Aufschwungs und Spargesetzen – für 72 Millionen gesetzlich Versicherte wird **Gesundheit in den nächsten zwei Jahren teurer**

Abbildung 2.4 Focus vom 10.12.2007

Nun addiere man eins und eins: Vergleicht man die Entwicklung der genannten Altersgruppen mit der Verteilung der Ausgaben der Krankenkassen auf die unterschiedlichen Altersgruppen, ist das Ergebnis so gut wie sicher: Die finanzielle Lage der Pflege- wie auch der Krankenversicherung ist bereits heute katastrophal. Doch diese katastrophale Lage ist noch nichts gegen das heranrollende Desaster, das uns in den kommenden Jahren und Jahrzehnten erwartet. Noch ein Hinweis am Rande: Der Kollaps der Pflegeversicherung wird auch daher dramatische Auswirkungen haben, weil es gleichzeitig – wegen der fehlenden Kinder – den Trend hin zu Single-Haushalten gibt. Experten sprechen hier vom »Singularisieren«, was nichts anderes ist als die Bezeichnung für die Entwicklung hin zu Ein-Personen-Haushalten. Durch diese Entwicklung wird weiterer Sprengstoff in das Pulverfass »gesetzliche Pflegeversicherung« geschüttet. Denn dies bedeutet auch, dass die Pflegeeinrichtung »Familie« im Laufe der kommenden Jahre und Jahrzehnte nahezu komplett wegfallen wird. Mit der Konsequenz, dass all die allein gelassenen, frei von jeder sozialen, familiären Bindung lebenden Alten Pflegeleistungen bei professionellen Anbietern einkaufen müssen. Die Nachfrage nach Pflegeleistungen wird damit steigen. Ein Preis wiederum richtet sich nach Angebot und Nachfrage. Und das bedeutet: Die Preise für Pflegeleistungen werden vermutlich ebenfalls steigen.

Kinder haften für ihre Eltern

Hässlicher Familienzwist, komplizierte Berechnungen, bitteres Ende:
Wenn der Sozialstaat bei den Nachkommen klingelt, wird es richtig teuer.

Abbildung 2.5 Focus vom 12.02.2007

Auf den Punkt gebracht

Auch die bereits heute desolate Situation der Pflegeversicherung wie die der gesetzlichen Krankenversicherung wird ihren Teil dazu beitragen, die Schieflage des gesamten derzeitigen Sozialsystems weiter zu gefährden. Die Kasse ist bereits leer und wird aller Voraussicht nach weiter leer bleiben. Je weniger Geld sich grundsätzlich in den Kassen der sozialen Sicherungssysteme befindet, desto weniger werden große Versprechen wie die beispielsweise laut Renteninformation vorgegaukelten Rentensteigerungen zu realisieren sein. Letztlich hängt alles miteinander zusammen. Und einem nackten Mann lässt sich bekanntlich nicht in die Tasche greifen. Doch wie sehen die Folgen aus? Wenn die Kassen bereits leer sind und dennoch weiter geschröpft werden, wird das Ergebnis unserer Ansicht nach schlichtweg die weitere Kürzung sozialer Leistungen sein! Und dazu gehören auch Kürzungen bei der gesetzlichen Rentenversicherung, worauf wir in den folgenden Kapiteln noch ausführlicher eingehen werden.

Für alle wahltaktisch geprägten, politischen Daueroptimisten und Schönredner und für alle Sonstigen, die alle bislang genannten Fakten nicht wahrnehmen wollen, noch ein Vergleich. Immer wieder hören wir Dinge wie: »Die künftigen Lohnsteigerungen werden solche Steigerungen ja wieder wett machen.« So oder so ähnlich. Wer so redet, irrt. Irrt gewaltig! Nehmen wir das Beispiel auf Seite 43. Tatsache ist: Die Pflegekosten stiegen in den letzten 15 Jahren um 4 bis 5 Prozent pro Jahr. Nehmen wir an, die Lohnsteigerungen und damit die Rentensteigerungen lägen künftig bei den immer wieder prognostizierten 1,5 Prozent (woher diese Steigerung angesichts leerer Kassen auch immer kommen soll), die Pflegekosten steigen jedoch weiter um 4 bis 5 Prozent. Das bedeutet schlichtweg, dass auch der Ausgleich künftig steigender Preise einerseits durch Lohnsteigerungen andererseits kaum erfolgen wird. Hier gilt: Fragt man x Wissenschaftler und Fachleute, wird man x wissenschaftliche Gutachten und Stellungnahmen bekommen. Wir vertreten in diesem Buch unsere Meinung aufgrund der uns bekannten Fakten, Details und Berechnungen.

1 http://www.geroweb.de/altenbericht/3_1_4_2_pflegebedarf.html.

2 http://www.elisabeth-scharfenberg.de/presse.php?topic=berlin&year=2008&id=080327

3 Schriftenreihe des GDV, *Die Märkte für Altersvorsorge in Deutschland – Eine Analyse der Märkte bis 2020*, Schriftenreihe 23

4 Anmerkung des Autors: Hier laut GDV definiert als das Verhältnis der mindestens 60-Jährigen zur Bevölkerung im Alter zwischen 20 und 59 Jahren.

3. Die ›Im Alter brauche ich weniger Geld‹-Illusion

Die Menschen von heute wünschen sich das Leben von übermorgen zu den Preisen von vorgestern.

Tennessee Williams

In diesem Kapitel wird gezeigt, warum sich die Einstellung »Im Alter brauche ich weniger Geld« schnell als Illusion erweisen wird. Die schon in den vorhergehenden Kapiteln vorgestellten Zahlen sprechen deutlich dafür, dass die Menschen, die sich auf die Renteninformation verlassen und diese Einstellung haben, im Alter Schwierigkeiten bekommen werden. Im Zweifel erweist sich der in der Renteninformation genannte zu erwartende Rentenbetrag sogar als Luftschloss. Die Menschen haben weniger Geld zur Verfügung, gleichzeitig sind die Ausgaben im Alter plötzlich höher als erwartet. Das Ergebnis: Armut im Alter!

In den letzten 20 Jahren habe ich, Bernd W. Klöckner, mit Tausenden von Menschen über die Themen Altersvorsorge, Rente und Vermögensaufbau gesprochen. Viele 100 Menschen haben mich besucht, um persönlich Rat einzuholen. In allen diesen Jahren und Gesprächen sagten viele dieser Menschen angesichts der reellen, erschreckenden Zahlen »So schlimm wird es nicht kommen. Im Alter brauche ich nicht mehr so viel.« Doch diese »Im Alter brauche ich nicht mehr so viel Geld«-Einstellung ist ein gefährlicher Trugschluss. Wir werden Ihnen nun einige Zahlen dazu liefern, und Sie werden am Ende auch selbst zu dem Ergebnis gelangen, dass Senioren eher mehr als weniger Geld brauchen. Beginnen wir mit den Fakten: Im Vergleich zu den 55- bis 65-jährigen Arbeitnehmer- und Angestelltenhaushalten und deren verfügbarem Einkommen benötigte ein Rentnerhaushalt im Jahr 1998 rund 58 Prozent des verfügbaren Einkommens dieser Arbeiter- und Angestelltengruppe. Die aktuellen Schätzungen liegen für das Jahr 2010 bei benötigten rund 63 Prozent dieses Einkommens, bis 2020 steigt der Bedarf auf rund 67 Prozent und bei so genannten Neurent-

Die Rentenlüge. Bernd W. Klöckner und Werner Dütting

ISBN 978-3-527-50411-4

... benötigte ein Rentnerhaushalt im Jahr 1998 rund 58 Prozent des verfügbaren Einkommens dieser oben genannten Arbeiter- und Angestelltengruppe. Die aktuellen Schätzungen liegen für das Jahr 2010 bei benötigten rund 63 Prozent, bis 2020 steigt die Zahl auf rund 67 Prozent und so genannte Neurentner werden eines Tages bei bis zu 75 Prozent liegen. Während diese Zahlen also steigen, sinkt der Anteil, den die gesetzliche Rentenversicherung zur Versorgung im Alter beiträgt.

nern wird der Bedarf eines Tages bei bis zu 75 Prozent liegen. Während diese Zahlen also steigen, sinkt der Anteil, den die gesetzliche Rentenversicherung zur Versorgung im Alter beiträgt. Bis 2020 werden es rund 47 Prozent sein, ein weiteres Absinken auf 40 Prozent ist denkbar bis – angesichts der leeren Staatskassen – unwahrscheinlich. Richtig ist im Übrigen, dass der Aufwand für Positionen wie Kleidung, Wohnen und Energie im Alter zurückgeht. Auf der anderen Seite steigen die Ausgaben für Pflege, Gesundheit, Unterhaltung und Freizeit enorm.

BILD nennt die wahren Zahlen!
Kann man von dieser RENTE leben?

Abbildung 3.1 Bild-Zeitung vom 07.03.2007

Damit Sie genau sehen, wie unter diesen Bedingungen Ihre zukünftige Rente aussieht, möchten wir Ihnen einen weiteren Vergleich zeigen: Wenn wir die Ausgaben von Rentnern im Jahr 1998 betrachten, so gab ein durchschnittlicher Rentnerhaushalt 1 940 Euro monatlich aus[I]. Vergleichen Sie diese Ausgabenhöhe einmal mit der Rente, die den Personen in unseren 20 Musterfällen im

Teil II zustehen würde. Wird diese Rente in unseren Musterfällen nach heutiger Kaufkraft ausgerechnet, bleiben oftmals nur Beträge zwischen 200 und 400 Euro übrig. Nun die Quintessenz: Wenn 1998 ein Rentnerhaushalt rund 1940 Euro im Monat ausgab und wir diesen Wert zum Zeitpunkt dieses Buches unverändert als Durchschnittswert unterstellen, gilt für manchen künftigen Rentner, bei angenommener heutiger Kaufkraft:

Künftiger Muster-Rentner – Szenario 1

	400	Euro gesetzliche Rente
minus	1940	Euro Ausgaben/Monat
	1540	Euro Versorgungslücke

Diese kleine Vergleichsrechnung ist wie folgt zu verstehen: Wir tun hier einmal so, als ob ein 35-Jähriger heute plötzlich 65 Jahre alt und in Rente wäre. Dann gäbe es aktuell die oben ausgerechnete Versorgungslücke von rund 1540 Euro. Monat für Monat!

Der Vergleich hinkt, weil ...

In den oben genannten rund 1940 Euro Ausgaben eines Rentnerhaushalts (1998) sind für die Position »Gesundheit und Pflege« Kosten von rund 100 Euro monatlich enthalten. Die tatsächlichen Kosten für diese Position »Gesundheit und Pflege« liegen jedoch höher, nämlich bei rund 400 Euro. Damit verschiebt sich unsere Rechnung für den Muster-Rentner wie folgt:

Künftiger Muster-Rentner – Szenario 2

	400	Euro gesetzliche Rente
minus	1940	Euro Ausgaben/Monat
minus	300	Euro (zusätzliche, tatsächliche Kosten für Gesundheit und Pflege)
	1840	Euro Versorgungslücke

Im Klartext ...

Medizinische und pflegerische Leistungen werden in den kommenden Jahren und Jahrzehnten immer mehr in Anspruch genommen werden. Die Ursache dafür ist der Wunsch der Einzelnen, jedes noch irgendwie mögliche Lebensjahr zu »gewinnen«. Dazu kommen neue Behandlungsmethoden und höhere Kosten. Gerade dies wird immer wieder vergessen: Die Kosten zur Wahrung der Gesundheit steigen mit zunehmender Lebenserwartung überproportional. Es ergeben sich daraus folgende Überlegungen:

- Die steigende Lebenserwartung führt zu überproportional steigenden Gesundheitskosten. Fazit: Die verfügbare Rente sinkt.
- Die steigende Lebenserwartung und der wachsende Anteil an älteren Menschen in der Bevölkerung müssten zu einer steigenden Abgabenlast bei den Erwerbstätigen führen. Angesichts der bestehenden Abgabenlast ist das jedoch unwahrscheinlich. Fazit: Die verfügbare Rente sinkt.

Betrachten wir nun zum Ende dieses Kapitels einmal ausschließlich die Ausgaben eines Rentnerhaushalts für »Gesundheit und Pflege«. Aktuellen Schätzungen zufolge wird der durchschnittliche Rentnerhaushalt im Jahr 2010 knapp 600 Euro im Monat für Gesundheits- und Pflegeleistungen aufwenden müssen. Im Jahr 2020 gehen die Schätzungen von rund 740 Euro aus. Das entspricht einer jährlichen Steigerung von 2,12 Prozent (Achtung: Diese Steigerung ist eine andere als die zuvor genannte Steigerung der reinen Kosten für Leistungen im Pflegefall), was angesichts der Kostensteigerungen im Pflegebereich sicherlich vorsichtig geschätzt ist. Immerhin kostet ein Platz im Pflegeheim in 2005 rund 3000 Euro, vor 15 Jahren waren es noch rund 1500 Euro. Vergleichen wir diese Zahlen, erhalten wir eine Steigerung von 4,73 Prozent jährlich. Doch zurück zu den Prognosen und der oben genannten Steigerung von 2,12 Prozent. Damit Sie sich selbst ein Bild davon machen können, wie hoch die Ausgaben pro Monat hinsichtlich der Gesundheits- und Pflegekosten ungefähr sein werden, nehmen Sie Tabelle 3.1 zu Hilfe. Bei den Werten wird allerdings unterstellt, dass es bei der bisherigen Struktur des Gesundheits- und Pflegewesens bleibt.

Rentenbeginn im Jahr	Ausgaben pro Monat für Gesundheit und Pflege (in Euro)
2010	600
2020	740
2025	821
2030	912
2035	1013
2040	1125
2045	1250
2050	1388

Tabelle 3.1 Gesundheits- und Pflegekosten pro Monat. Die Angaben sind ungefähre Schätzwerte pro Monat auf Grundlage der Hochrechnung für 2010 und 2020

Die Tabelle zeigt die optimistische Variante. Das pessimistische Szenario würde sich folgendermaßen entwickeln: Zuvor wurde beschrieben, dass der durchschnittliche Rentnerhaushalt in 1998 rund 100 Euro im Monat für »Gesundheit und Pflege« ausgab, und zusätzlich pro Rentnerhaushalt rund 300 Euro zusätzlich von der Gemeinschaft bezahlt wurde. Für die in Tabelle 3.1 genannten Zahlen ab 2010 gilt nun ferner, dass der selbst zu tragende Anteil allen aktuellen Schätzungen zufolge zunehmen wird. Im Jahr 2010 liegt der Eigenanteil bei derzeit geschätzten rund 30 Prozent der insgesamt anfallenden 600 Euro, also rund 200 Euro Eigenanteil. Im Jahr 2020 liegt der selbst vom Rentnerhaushalt zu tragende Anteil bereits bei rund 42 Prozent oder umgerechnet 310 Euro Eigenanteil von gesamt 740 Euro pro Monat. Auch hier gilt: Allein der Eigenanteil eines künftigen Rentnerhaushalts bei der Position »Gesundheit und Pflege« wird weiter steigen.

Auf den Punkt gebracht

Eine verlässliche Rentenplanung und eine verlässliche Planung für die Zeit nach dem aktiven Arbeitsleben sind gerade auch deswegen notwendig, weil im Zweifel die Ausgaben im Alter weiter steigen. Wer sich hier auf die amtlichen Rentenberechnungen verlässt, steht im Alter, bei steigenden Ausgaben, aber einer weitaus geringeren Rente als ursprünglich geplant, verlassen da. Auch hier gilt: Wer jetzt nicht auf die Warnungen hört, wird es eines Tages deutlich fühlen!

1 Zu dieser Zahl kommen Meinhard Miegel, Stefanie Wahl und Peter Hefele in *Lebensstandard im Alter*, Hrsg. Deutsches Institut für Altersvorsorge.

4.
Sichere Pension vom Arbeitgeber – Hoffnung für Millionen?

Der Mensch hat dreierlei Wege klug zu handeln: erstens durch nachdenken, das ist der edelste, zweitens durch nachahmen, das ist der leichteste, und drittens durch Erfahrung, das ist der bitterste.

Konfuzius

Wer denkt: »Der drohende Kollaps der gesetzlichen Rentenversicherung ist nicht tragisch, denn ich setze auf meine betriebliche Altersversorgung«, irrt sich. Irrt sich womöglich – die kommenden Jahre werden es zeigen – gewaltig. Sie haben selbst einen Anspruch auf eine Betriebsrente? Sie fühlen sich auf diese Weise zusätzlich abgesichert? Auch hier gilt: Irrtum! Gefährlicher Irrtum! Es kann gut gehen. Es kann aber auch gewaltig schief gehen, sobald die Ihnen zustehenden Leistungen aus der Pensionsverpflichtung des Betriebes aus welchen Gründen auch immer gekürzt werden.

Die demografischen Probleme machen nicht halt, nur weil das Versorgungssystem nun »betriebliche Altersversorgung« statt »gesetzliche Rentenversicherung« heißt. Im Gegenteil: Die durch demografische Veränderungen entstehenden Probleme bei der Zahlung der einstmals versprochenen Leistungen aus der gesetzlichen Rentenversicherung werden sich ebenso auf die Pensionsverpflichtungen der Betriebe und Unternehmen auswirken.

Auch bei diesem Themenkomplex ist es für die Verbraucher wie für die Finanzdienstleister gleichermaßen wichtig, informiert zu sein! Die Informationen, sozusagen die Wahrheit über die zu erwartenden Rentenleistungen, ganz gleich ob es sich um Leistungen seitens des Gesetzgebers oder Leistungen aus Unternehmen handelt, liegen quasi auf der Strasse. Sie sind immer wieder von neuem in den Zeitungen zu lesen. Deshalb ist dies alles, was Sie tun müssen: Sie müssen lesen und die Wahrheit akzeptieren. Im Folgenden möchten wir Ihnen einige Presseauszüge nicht vorenthalten:

Die Rentenlüge. Bernd W. Klöckner und Werner Dütting

ISBN 978-3-527-50411-4

»Den meisten der 110 Unternehmen im Dax, M-Dax und Tec-Dax geht es nicht anders als DaimlerChrysler. Aufgrund der demografischen Entwicklung verschärft sich in ihren Bilanzen Jahr für Jahr das Rentenproblem. Allein die 30 Dax-Unternehmen drücken Pensionsverpflichtungen in Höhe von 194 Milliarden Euro – über ein Drittel ihres Marktwertes. Zu diesem Ergebnis kommt die Unternehmensberatung Stern & Stewart in einer aktuellen Studie ...« *Welt am Sonntag, 11. Februar 2005*[1]

Unumstößliche Tatsache ist, dass die Anzahl der Pensionäre und Rentner zunimmt. Dies hat fatale Konsequenzen, besonders dann, wenn Unternehmen in den letzten Jahren »gesund« geschrumpft sind, Mitarbeiter in den Ruhestand geschickt haben und nun eine verkleinerte Zahl von Mitarbeitern die (zunehmenden) Pensionsverpflichtungen erfüllen muss. Nochmals ein Auszug aus *Die Welt am Sonntag* gemäß oben angegebener Quelle:

»Mit 32 Milliarden Euro hat Daimler-Chrysler die mit Abstand höchsten Pensionslasten unter den Dax-Firmen aufgetürmt. Mit den Rückstellungen für die Gesundheitsvorsorge der Chrysler-Mitarbeiter drücken den Autokonzern Pensionsverpflichtungen von insgesamt 50 Milliarden Euro ...«

Begreifen Sie das! Begreifen wir das! Hier tut sich offensichtlich eine neue Rentenfalle auf! Hier wartet, je nach dem wie die künftige Entwicklung aussieht, das nächste Verlustgeschäft. Die steigende Zahl der Pensionäre und Rentner ist die eine Gefahr. Die andere Gefahr ist die gleichzeitig steigende Lebenserwartung pro Pensionär oder Rentner. Besonders schlimm wird es, wenn die Unternehmen diejenigen Faktoren vernachlässigen, die sich negativ auf die Pensionsverpflichtungen auswirken können. Hier seien beispielhaft die neuen Sterbetafeln genannt. Bezüglich der Anpassung an neue Vorschriften und Gegebenheiten ist E.ON ein guter Beispielfall. So beschreibt die *Welt am Sonntag,* wie E.ON seine Rechnungslegung auf die internationalen IFRS-Vorschriften umstellte. Gehaltssteigerungen der künftigen Pensionäre müssen nach diesen IFRS-Vorschriften in der Bilanz bis zum Rentenbeginn berücksichtigt werden. Das Ergebnis laut der oben genannten

Ausgabe der *Welt am Sonntag*: »Der Energieversorger E.ON musste beispielsweise 750 Millionen Euro nachschießen.«

Auch andere Unternehmen haben diesbezüglich Probleme, wie in einem Auszug aus *Die Welt* vom 14. Mai 2003 zu lesen ist: Unter der Schlagzeile »Pensions-Lasten verunsichern Börsianer« mit dem Untertitel: »Betriebsrenten drohen zur Zeitbombe zu werden – Experten warnen vor schwarzem Loch für Gewinne« schreibt Daniel Eckert gut recherchiert über die möglichen Risiken, die mit den Pensionsrückstellungen verbunden sind:

> »Während die Gebrüder Gottschalk der Deutschen Post derzeit ein junges flippiges Image verpassen sollen, könnten Zehntausende von Pensionären ihren früheren Arbeitgeber künftig in finanzielle Schwierigkeiten bringen. Das zumindest ist die Auffassung der Ratingagentur Standard & Poor's.«[2]

Die Post ist dabei – wie bereits oben zu lesen – nur ein Beispiel für die vielen anderen Unternehmen, die vor teils erheblichen Problemen wegen ihrer Pensionsverpflichtungen stehen. Bei vielen Gesellschaften und Unternehmen wird es am Ende darauf hinauslaufen, dass die Pensionsverpflichtungen nicht oder zumindest nicht in der Höhe, wie sie eingegangen wurden, erfüllt werden (können). Dazu nochmals ein Auszug aus *Die Welt* vom 14. Mai 2003, der auf die Hintergründe der Probleme mit den Pensionsverpflichtungen hinweist:

> »Hauptgrund ist die gestiegene Lebenserwartung und die stark in Mode gekommene Praxis der Frührente. Sie führen dazu, dass sich die Rentenzeit immer weiter verlängert und die betrieblichen Zahlungsverpflichtungen der Gesellschaften daher unaufhörlich steigen. Reichen die Reserven nicht mehr aus, müssen die Pensionen aus den regulären Einnahmen des Unternehmens (Cashflow) bezahlt werden ...«

Fakt ist: Die Forderungen aus den Pensionsverpflichtungen werden in den kommenden Jahrzehnten deutlich anwachsen. Ein Verhältnis von zwei Dritteln Rentner und Pensionäre zu einem Drittel aktiver Mitarbeiter wird es öfter geben. Im schlimmsten Fall müs-

Turbulente Zeiten für Pensionsfonds

Der Einbruch an den Finanzmärkten infolge der Subprime-Krise hat die Altersvorsorge deutscher Konzerne in Bedrängnis gebracht.

Abbildung 4.1 Handelsblatt vom 04.10.2007

sen – wie oben beschrieben – den Pensionären die Gewinne aus den Unternehmen gutgeschrieben werden, wobei die Aktionäre leer ausgehen oder einfach weniger bekommen. Betrachten wir einmal die Grafik in Abbildung 4.2, die die Pensionsverpflichtungen der verschiedenen Unternehmen zeigt.

In Worten: KarstadtQuelle hatte bereits Pensionsverpflichtungen in Höhe von sage und schreibe 225 Prozent des Börsenwerts, als dieser Beitrag in der Zeitschrift *Capital* erschien.

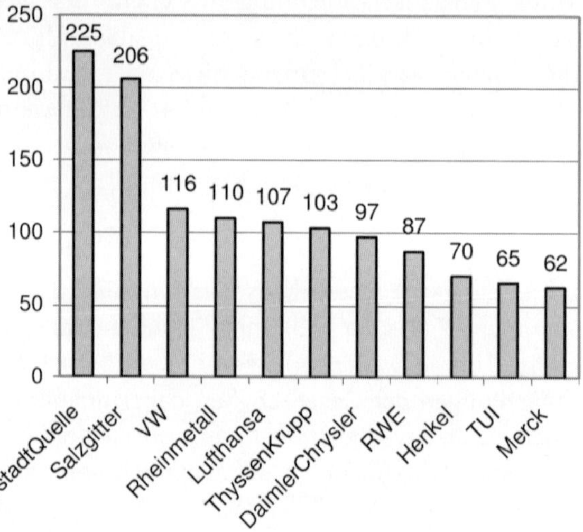

Abbildung 4.2 Pensionsverpflichtungen im Verhältnis zum Börsenwert (Angaben in Prozent)

Quelle: *Capital* 23/2004, Tabelle und Grafik
© Bernd W. Klöckner, Verwendung in Vorträgen, Büchern oder Artikeln nur mit Genehmigung des Autors.

Oder nehmen wir das Beispiel Lufthansa. Hierzu finden sich folgende Statements in den diversen Medien oder in den Nachrichten diverser Unternehmen:

> »Externe Lösung für Lufthansa-Verpflichtungen – Die Fluggesellschaft Deutsche Lufthansa will einen Teil ihrer Pensionsverpflichtungen ausgliedern und über eine externe Pensionseinrichtung finanzieren. Die Pensionsverpflichtungen der Lufthansa betragen derzeit 4,4 Milliarden Euro, davon sind 4,2 Milliarden Euro über Rückstellungen finanziert. Die restlichen 200 Millionen Euro werden über einen externen Pensionsfonds finanziert. Grund für die Ausgliederung ist, dass in 20 Jahren die Pensionsverpflichtungen die Zuführungen überschreiten würden.«[3]

Oder hier ein Auszug aus dem *Handelsblatt*:

> »Der Grund für die Entwicklung: Die Unternehmen haben während starker Wachstumsphasen in den sechziger und siebziger Jahren viele Mitarbeiter eingestellt, die nun Anspruch auf Betriebsrenten haben. Hinzu kommt bei einigen Konzernen forcierter Mitarbeiterabbau per Frühverrentung. ›Bei manchen Firmen könnte dies mittelfristig Auswirkungen auf die Liquiditätslage haben‹, sagt Sabine Mahnert, Altersvorsorge-Expertin bei Morgan Stanley. Auf manche Konzerne aus der Old Economy komme eine Bugwelle zu, der sie kaum mehr ausweichen könnten.«[4]

Ein weiterer Beitrag aus dem *Handelsblatt* skizziert die Problemlage auch recht deutlich:

> »... Die wachsenden Probleme der Wirtschaft, Verpflichtungen aus der betrieblichen Altersvorsorge zu erfüllen, spiegeln sich in den Zahlen des Pensions-Sicherungs-Vereins (PSV) wider. Der PSV springt ein, wenn Unternehmen im Insolvenzfall ihren Pflichten gegenüber den Pensionären nicht mehr nachkommen können. So wird verhindert, dass der einzelne Pensionär Schaden erleidet. In diesem Jahr steuert der PSV auf einen Rekordschaden zu: Allein im ersten Halbjahr stiegen die Schadensmeldungen auf 1,3 Milliarden Euro – mehr als doppelt so viel wie im gesamten Jahr 2001. ›Diese Zahl ist Besorgnis erregend‹, sagt Professor Wolfgang Förster.«[5]

Auch im Jahr 2008 sieht die Lage nicht besser aus. Die Pensionsverpflichtungen der 30 Dax-Unternehmen beziffern sich – laut einer Studie von Rauser Towers Perrin auf 211 Milliarden Euro. Daimler konnte aufgrund des Verkaufes von Chrysler seine Verpflichtungen um rund 19 Milliarden Euro senken.[6]
Auch die Schadensmeldungen, die beim Pensions-Sicherungs-Verein eingingen, lagen im Jahr 2007 bei 940 Millionen Euro.

Bei dem Durchführungsweg der Betrieblichen Altersvorsorgung mit Pensionskassen, die nicht durch den Pensions-Sicherungs-Verein (PSV) gesichert sind, sieht die Lage schon schlecht aus. Schauen wir uns hierzu ein Zitat aus dem Magazin Finanztest 05/2008 an:

»In den vergangenen sechs Jahren sind sechs Pensionskassen derart in finanzielle Schieflage geraten, dass es »zu verminderten Rentenauszahlungen« gekommen ist. Dies teilte die Bundesregierung auf eine parlamentarische Anfrage der FDP mit. Die von Pensionskassen zugesagten Renten müssen nicht über den PSV abgesichert sein. ...«[7]

Es liegt somit nicht in ferner Zukunft, dass einige Wege der betrieblichen Altersvorsorge Probleme bekommen. Es ist schon Realität. Sie sollten grundsätzlich bei einem Finanzfachmann Rat einholen, ob der von ihrem Arbeitgeber angebotene Durchführungsweg der betrieblichen Altersvorsorge gewissen Risiken unterliegt. Nicht alle Durchführungswege sind gut, nicht alle sind schlecht. Jedes hat Vor- und Nachteile. Das ist alles.

Auf den Punkt gebracht

Einmal mehr konnten Sie sehen, dass Sie persönlich sehr genau prüfen müssen, wie es wirklich um Ihre Altersversorgung steht. Wer sich auf die gesetzliche Rentenversicherung verlässt, ist im Zweifel verlassen. Wer sich auf die Pensionsverpflichtungen verlässt, die von seiten eines Unternehmens eingegangen wurden, ist es im Zweifel auch.

Richtig ist es, das sei an dieser Stelle ausdrücklich gesagt, jede denkbare staatliche Förderung mitzunehmen. Richtig ist es somit auch, im Rahmen der Möglichkeiten zur betrieblichen Altersversorgung alles das wahrzunehmen, was gefördert wird und dementsprechend eine gute Rendite bringt. Dabei bleibt es jedoch! Die in diesem Kapitel genannten Zahlen machen sehr, sehr deutlich, dass die demografische Entwicklung mit ihren Folgen auch nicht vor Pensionsleistungen halt macht. Betriebliche (erwartete) Pensionsleistungen können lediglich ein Baustein sein, um der Armut im Alter zu entgehen oder zumindest um die drohende Altersarmut zu mindern. Das ist alles. Nicht mehr. Nicht weniger.

1 http://www.wams.de/data/2005/02/06/459138.html, 11. Februar 2005.

2 http://www.welt.de/data/2003/05/14/94423.html, 11. Februar 2005.

3 Hervorhebungen vom Autor, Quelle: http://www.lufthansa-financials.de/servlet/PB/show/1016284_1/a_Ihir_Aktionaersinfo_Juni2004.pdf

4 Hervorhebungen vom Autor, Quelle: http://www.handelsblatt.com/hbiwwwangebot/fn/relhbi/sfn/buildhbi/cn/GoArt!200011,203671,553103/SH/0/depot/0/index.html.

5 Hervorhebungen vom Autor, Quelle: http://www.handelsblatt.com/hbiwwwangebot/fn/relhbi/sfn/buildhbi/cn/GoArt!200011,203671,553103/SH/0/depot/0/index.html.

6 Quelle: http://www.presseportal.de/pm/32201/1163208/towers–perrin, 31.03.2008

7 Quelle: http://www.test.de/themen/versicherung-vorsorge/meldung/-Pensionskassen/1669710/1669710, 05/2008

5. Amtliche Propaganda und Desinformation

Autovertreter verkaufen Autos,
Versicherungsvertreter Versicherungen.
Und Volksvertreter?

Stanislaw Jerzy Lec

In den letzten Jahren und Jahrzehnten zeichnen sich die verantwortlichen Politiker unserer Ansicht nach eher durch Desinformation aus, wenn es um die Zukunft der sozialen Sicherungssysteme geht. Was die Politik in amtlichen Broschüren dazu veröffentlicht, zeigen Ihnen die folgenden Ausführungen.

In diesem Kapitel möchten wir mit Ihnen auf die Reise gehen, und zwar auf die Reise durch das Land der politischen Propaganda und Desinformation. Sie haben Recht, wenn Sie vermuten, dass wir Ihnen jeden Glauben daran nehmen wollen, dass Sie sich auf die politischen Äußerungen zur Sicherheit der sozialen Systeme verlassen können. Die Wahrheit ist: Gegen besseres Wissen wird nach wie vor die Lage schön geredet. Der Meister darin ist in den letzten Jahrzehnten unangefochten Norbert Blüm. Wobei Verständnis angesagt ist: Norbert Blüm verteidigt, wofür er Jahre und Jahrzehnte gearbeitet hat, nicht mehr und nicht weniger. Mit der Realität hatte seine Einschätzung nicht viel zu tun, wie wir Ihnen im Folgenden zeigen werde. Doch kommen wir zunächst zu einigen ersten Bezeichnungen und Worthülsen, die von politischer Seite so im Laufe der Jahre geäußert wurden:

- Rente ... gestaltgewordene Solidarität der Generationen
- Nettorentenniveau ... etwa 70 Prozent dauerhaft ...
- ... auf unsere Rentenversicherung kann man sich verlassen ...
- Beitragseinnahmen wachsen ... ausreichende Rücklage

Wenn wir einmal einige Jahre zurückblicken und ein bisschen im Internet stöbern, erfahren wir Folgendes:

Die Rentenlüge. Bernd W. Klöckner und Werner Dütting

ISBN 978-3-527-50411-4

»Bundesarbeitsminister Norbert Blüm (CDU) wird wegen der Unsicherheiten über die Entwicklung der Rentenfinanzen im Bundestag eine Regierungserklärung über den Zustand der Rentenkassen abgeben. Damit will die Regierung einem Vorstoß der SPD-Opposition zuvorkommen, die eine aktuelle Stunde im Parlament beantragt hatte ... Blüm nannte Berichte über einen Anstieg der Beitragssätze zur Rentenversicherung bis auf 20 Prozent 1997 eine ›Schreckensmeldung‹ ... Einer Pressemitteilung zufolge ist Kanzler Kohl (CDU) entschlossen, Arbeitsminister Norbert Blüm (CDU) abzulösen, wenn diesem nicht die Stabilisierung der Rentenfinanzen gelänge. Eine drohende Beitragssteigerung 1997 auf 20 statt der bisher vorhergesagten 19,4 Prozent, wie Rentenexperten der Versicherungsträger uns aus dem Hause Blüm vorgerechnet haben, sei ›unter keinen Umständen‹ hinzunehmen. Das habe der Kanzler Blüm ›eindeutig klargemacht‹, heißt es in Regierungskreisen ...«[1]

Wie muss einem Norbert Blüm in all den Jahren zu Mute gewesen sein? Und trotz aller Reformen muss ihm auch klar gewesen sein, dass er den Menschen nicht die Wahrheit sagte. Denn andere Experten haben dies gnadenlos – trotz der großen Rentenreform – auf den Punkt gebracht. So schrieb Jürgen Forster von der *Süddeutschen Zeitung* nach der großen Rentenreform in der Amtszeit von Norbert Blüm:

»Vor dem Hintergrund der ungelösten Probleme und dem Zwang zu einer sozialen Neuorientierung des Alterssicherungssystems wird die Rentenversicherung vermutlich noch in diesem Jahrhundert einer neuen, grundsätzlichen Revision bedürfen. Dieses Vorhaben wird zu einem Kraftakt werden, der die jetzt beschlossene unpopuläre Reform als Kinderspiel erscheinen lassen dürfe ...«[2]

Deutlicher kann ein Verriss der Blüm'schen Reformbemühungen kaum ausfallen. Und offensichtlich war den unabhängigen Denkern in diesem Land auch zu dieser Zeit klar, welche große, soziale Mogelpackung hier zusammengebastelt wird. Immerhin wurde Norbert Blüm im Internet zu einem der fünf unverschämtesten Lügner im letzten Jahrhundert (Platz 5) gekrönt:

»Die Renten sind sicher.«

Norbert Blüm, Bundesminister für Arbeit und Soziales, 1998[3]

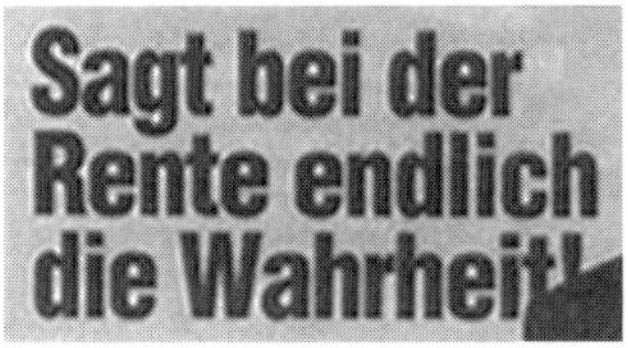
Sagt bei der Rente endlich die Wahrheit!

Abbildung 5.1 Bild-Zeitung vom 23.01.2007

Doch zurück zum Thema und der Frage: Was würde ein Unternehmen tun, wenn es sich in einer derartigen Finanzmisere befände, wie es beim »Unternehmen gesetzliche Rentenversicherung« der Fall ist? Das Unternehmen würde alles tun, um die Einnahmen zu erhöhen und/oder andererseits die Kosten zu senken. In diesem Fall wäre der Schritt, die Einnahmen zu erhöhen angesichts der bereits bestehenden Rekord-Abgabenlast eine Illusion. Bleibt die Alternative »Kosten senken«. Damit erscheint die Rentenkürzung, die in Teil II in den Beispielrechnungen von Versicherten in einem Szenario durchgespielt wird, offensichtlich als nicht ganz unrealistisch.

Sieben weit verbreitete Irrtümer über das Schweizer Rentensystem

von Joachim Mestermann[4]

Um es gleich vorwegzunehmen: Ich lebe seit über 20 Jahren als Deutscher in Genf und beziehe heute sowohl in Deutschland von der Bundesversicherungsanstalt für Angestellte (BfA) als auch in der Schweiz von der Alters- & Hinterlassenen-Versicherung (AHV) eine Rente. Ich bin also sozusagen ,BfA-positiv‘ und auch ,AHV-positiv‘ und erlebe beide Systeme am eigenen Leibe. Deshalb verfolge ich auch die unterschiedlichen Rentendiskussionen sowohl in Deutschland als auch in der Schweiz. Dabei muss ich immer wieder den Kopf schütteln, mit welcher Naivität, mit welchem Unwissen und manchmal sogar (bewusster?) Irreführung die deutsche Bevölkerung von amtierenden und von ehemaligen Politikern an der Nase herumgeführt wird. Obwohl das deutsche Rentensystem (mit seinen »zwei Säulen«) wesentlich einfacher gestaltet (nicht besser!) ist als das Schweizer System mit seinen »drei Säulen«, wird die Bevölkerung hier nicht in die Irre geführt! Und das allgemeine Verständnis der Bevölkerung für das jeweilige Rentensystem ist in der Schweiz – trotz der scheinbaren Komplexität des Systems – wesentlich besser als in Deutschland. Es gibt zwar auch in der Schweiz eine »Rentendiskussion«, aber die Schweizer Politiker missbrauchen diese so wichtige Diskussion nicht, um andere (eigene) politische Ziele durchzusetzen.

In diesem Kapitel sollen einige weit verbreitete Irrtümer über das Schweizer Rentensystem aufgeklärt werden. *Dies hilft auch deutschen zukünftigen Rentnern, ihr eigenes System besser zu verstehen und vor allem dann rechtzeitig besser für sich selbst vorzusorgen!*

Bevor Sie die folgenden Zeilen lesen, sollten Sie verstehen, dass das Schweizer Rentensystem aus »drei Säulen« besteht:

- Dem staatlichen Umlagesystem (*erste Säule*), in das alle steuerbegünstigt und ohne Beitragsbemessungsgrenze einzahlen müssen – auch Selbstständige und Einkommensmillionäre – entsprechend ihres tatsächlichen Einkommens. Diese erste Säule entspricht dem in Deutschland unter dem Namen »Generationenvertrag« bekannten Umlagesystem, obwohl es ja einen expliziten Vertrag zwischen den Generationen gar nicht gibt.
- Dem für alle Angestellten obligatorischen Ansparsystem (*zweite Säule*), im Volksmund »Firmenrente« genannt, weil Angestellte und Arbeitgeber jeweils die Hälfte beisteuern müssen. Dies ist für Angestellte ein steuerbegünstigter »Sparzwang«, für Freiberufler empfohlen, aber freiwillig. Da die erste Säule bewusst nur dazu gedacht ist, die notwendigsten Grundbedürfnisse der Rentner zu decken, ist diese zweite Säule für ein lebenswürdiges Rentnerdasein unbedingt erforderlich. Dieser Spartopf kann (von wenigen Sonderbestimmungen abgesehen) nur dann vor Eintritt des offiziellen Rentenalters ausgezahlt werden, wenn man die Schweiz definitiv verlässt oder wenn man sich selbstständig macht. Eine solche Auszahlung ist natürlich riskant, denn man muss sein eigenes Geld »sicher« anlegen, was im Normalfall kontrollierte Banken oder Firmenpensionsfonds tun.

- Zusätzlich zur ersten und zweiten Säule darf jeder so viel sparen wie er will (Wertpapiere, Lebensversicherung, Wohnungseigentum). Diese *dritte* nicht steuerbegünstigte *Säule* ist völlig freiwillig, aber empfohlen, da in der Regel die beiden ersten Säulen zum Rentenzeitpunkt nicht den gewohnten Lebensstandard garantieren. Dies ist in Deutschland nicht anders. Nur ist sich die Bevölkerung in der Schweiz eher bewusst, dass eine selbst angesparte dritte Säule ein integraler Bestandteil der Alterssicherung ist.

Das Schweizer Rentensystem steht wie ein dreibeiniger Tisch auch bei unebenem Untergrund fest auf dem Boden, ohne zu wackeln. Viele Deutsche haben nur einen ein- oder zweibeinigen Tisch für das Abendmahl der Rentner.

Irrtum 1:
Alle Schweizer beziehen eine Rente

Viele Deutsche glauben nicht nur, die meisten Schweizer seien reich, sondern sie glauben auch, alle würden hier im Rentenalter eine gute Rente beziehen. Das stimmt nur bedingt.

Ganz abgesehen davon, dass viele Schweizer tatsächlich wohlhabend sind, sollte jeder wissen, dass man in der Regel um so »reicher« ist, je besser ausgebildet und je fleißiger und sparsamer man ist. Von nichts kommt nichts – und die Schweizer sind nun mal fleißig und sparsam. Deshalb haben aber dennoch nicht alle eine ausreichende Rente, denn nicht alle haben (trotz Mindestlohn!) rechtzeitig vorgesorgt. Und die staatliche Rente (AHV), genannt erste Säule, ist so ausgelegt, dass damit nur die notwendigsten Lebensbedürfnisse gedeckt werden. Es wird davon ausgegangen, dass zusätzlich zur staatlichen Rente zumindest noch eine gesetzlich vorgeschriebene Firmenrente als zweite Säule aufgebaut wird. Aber: Wer nicht in die staatliche Rente einzahlt, weil er nicht (oder wenig) arbeitet, der erhält auch keine (oder nur eine sehr kleine) AHV-Rente. Dies kann besonders für »Hausfrauen« nach einer Scheidung sehr problematisch werden.

Nicht alle Schweizer beziehen also eine Rente ...

Irrtum 2:
Alle Schweizer beziehen eine gute Rente

Ich behaupte: Schweizer beziehen eine höhere Rente als vergleichbare Deutsche.

Warum? Erstens, weil es in der Schweiz keinen Beitragsbemessungssatz gibt, ab dem Arbeitnehmer keinen Beitrag mehr in die Rentenkasse zahlen müssen. Und zweitens, weil auch Selbstständige ohne Beitragsgrenze einen festen Satz (zzt. etwa zehn Prozent vom Nettoeinkommen) einzahlen müssen. Reiche helfen also den Ärmeren, und am Ende erhalten alle die gleiche Rente, abhängig von der Anzahl geleisteter Beitragsjahre, aber nicht abhängig vom eingezahlten Beitragsvolumen. Es fließt also »mehr« Geld pro Rentenberechtigtem in das staatliche Rentensystem als in Deutschland.

Zu glauben, dass deshalb alle Schweizer eine gute Rente beziehen, ist trotzdem ein Irrtum. Denn die staatliche AHV-Rente soll nicht die einzige Säule sein. Die Schweizer staatliche Rente allein führt also nicht zu einer »guten« Rente, denn sie alleine reicht nicht, um sorgenfrei zu leben.

Nicht alle Schweizer beziehen also eine gute Rente ...

Irrtum 3:
Die Schweizer Rente ist nur deshalb relativ hoch, weil die Besserverdienenden die Niedriglöhner subventionieren

Das stimmt nur bedingt. Denn es gibt gar nicht genug Gutverdiener und Manager, um die durchschnittliche Rente der Gesamtbevölkerung wirksam anzuheben. Dennoch kommt im Vergleich zu Deutschland mehr in die Rentenkasse (siehe oben).

Ich behaupte: Die Schweizer Rentenadministration ist effektiver als die deutsche. Dieses »Lean Management« und die Tatsache, dass die Berechnung und Administration der Schweizer Rente viel einfacher ist als die deutsche, reduziert den »Overhead« und erhöht indirekt so die Individualrente. Denn es bleibt schon wieder mehr »im Topf«. Deutschland schießt sich mit der komplizierten Rentenberechnung und mit den schier undurchschaubaren

Regeln von Anrechnungs- und Ausfallzeiten ein administratives Eigentor. Die Zeche zahlen muss wieder der Rentner ...

Gutverdiener subventionieren also in der Schweiz weniger gut Betuchte, aber das ist nicht der einzige Grund für eine relativ »gute« Rente in der Schweiz ...

Irrtum 4: Das Rentensystem ist ein Sozialsystem

Jetzt wird es »schwierig«, und ich muss an Ihre Geduld und an Ihren »gesunden Menschenverstand« appellieren. Denn wir bewegen uns auf einem schwankenden Gebiet persönlicher und politisch gefärbter Meinungen. Wir könnten endlos darüber diskutieren, was ein »gutes« Sozialsystem ist. Es besteht noch nicht einmal Einigkeit darüber, was überhaupt ein Sozialsystem ist ...

Gerade, weil sowohl in Deutschland als auch in der Schweiz in der Bevölkerung Unklarheit darüber besteht, ob das Rentensystem ein Sozialsystem ist (sein soll?) oder nicht, werde ich versuchen, an dieser Stelle einer weltanschaulichen Grundsatzdiskussion zu entgehen und hier im Rentenkontext nicht von einem Sozialsystem, sondern von einem sozialen Rentensystem reden. Nur dann entkommen wir dem Diskussionsdilemma, ob nicht diejenigen, die nie etwas in den Rententopf eingezahlt haben (wie z. B. einige Selbstständige in Deutschland), eine lebenswürdige Grundrente aus dem Rentensystem erhalten sollten oder nicht. Ich glaube: nicht. Aber das ist hier nicht der Punkt.

Ich behaupte: Das Schweizer Rentensystem ist aus zwei Gründen viel sozialer als das deutsche Rentensystem:

Erstens zahlen alle Schweizer Bürger entsprechend ihres jeweiligen Einkommens ohne Begrenzung nach oben in den Rententopf ein. Zweitens erhalten alle Schweizer entsprechend ihrer Beitragsjahre, aber unabhängig von ihren absoluten Beiträgen, die gleiche Rente.

Rentner mit einer Rente unterhalb des Existenzminimums erhalten Geld vom Staat als Sozialhilfeempfänger in der Schweiz und als Hartz IV-Empfänger in Deutschland. Das Schweizer Rentensystem ist also kein Sozialsystem, wohl aber ein sehr soziales

Rentensystem! In Deutschland vermengt man das offensichtlich alles in einen Topf. Das weicht den Gedanken eines Generationenvertrages auf, denn warum sollte die junge Generation für Rentner bezahlen, die versäumt haben, rechtzeitig in den Rententopf einzuzahlen?

Das Schweizer Rentensystem ist nicht identisch mit dem Schweizer Sozialsystem. Es ist jedoch viel sozialer als das deutsche ...

Irrtum 5:
Alle verstehen das Umlagesystem

Das staatliche Schweizer Rentensystem (die erste Säule) ist – genau wie das deutsche Rentensystem – ein Umlagesystem: Die arbeitende Bevölkerung bezahlt die Renten der Rentner. Jeden Monat nimmt die AHV-Kasse Beiträge von Angestellten und von Freiberuflern ein und zahlt davon die Renten an die Rentenberechtigten. Es wird also nichts angespart und später wieder ausgezahlt. Im Prinzip gehen die Einnahmen in die linke (Arbeiter-)Tasche hinein, und gleichzeitig gehen diese wieder aus der rechten (Rentner-)Tasche hinaus. Da die Lebenserwartung der Schweizer auch in der Schweiz steigt und die Anzahl arbeitender Menschen relativ zu den Rentnern sinkt, müssen entweder die Einnahmen der Rentenkasse erhöht, die Renten gekürzt oder das Rentenalter erhöht werden. Oder es müssen die Gehälter steigen, wenn Einnahmen und Ausgaben sich weiterhin die Waage halten sollen. In der Realität steigen die Gehälter kaum, und man diskutiert die Rente mit 67. Ein kleiner Teil der demographischen Überalterung der Bevölkerung kann durch Zuzug einer (ausländischen) arbeitenden Bevölkerung ausgeglichen werden. Aber diese werden irgendwann auch zu Rentnern ...

Nicht nur in Deutschland, auch in der Schweiz verstehen viele das Umlagesystem nicht: Das Umlagesystem kann nicht pleite gehen, aber es ist auch immer nur soviel in der virtuellen Kasse, wie die arbeitende Bevölkerung mit Beiträgen verkraften kann. Deshalb müssen sich meine Kinder und Enkel möglichst schon heute darauf einstellen, dass sie ab etwa 2020 bis 68 und ab 2030 wahrscheinlich bis 70 arbeiten müssen, bevor sie Rente beziehen.

Dennoch ist das Verständnis für den Unterschied zwischen Umlagesystem (erste Säule) und Ansparsystem (zweite und dritte Säule) hier wesentlich weiter entwickelt als in Deutschland. Deutschland hat es geschafft, mit seiner Überadministration und mit seiner »Regelvielfalt« nicht nur die Bevölkerung, sondern auch die eigenen Politiker zu verwirren ...

Irrtum 6:
Wir brauchen kein zusätzliches Ansparsystem

Niemand zwingt einen Schweizer, privat in der so genannten dritten Säule zu sparen. Viele können sich das auch gar nicht leisten. Viele glauben sogar, die zwei Säulen reichen aus, und der (warme?) Regen wird eines Tages schon aus dem Sozialsystem herabrieseln. Das ist richtig: Es wird vielleicht spärlich rieseln, aber bestimmt nicht aus vollen Eimern schütten ...

Mein eigener Fall:
Ich habe während eines halben Berufslebens entsprechend dem deutschen Höchstsatz (Beitragsbemessungsgrenze) eingezahlt und ein weiteres halbes Berufsleben als Angestellter und Selbstständiger in die Schweizer erste und zweite Säule eingezahlt. Ich habe nicht schlecht verdient in meinem Leben. Und nun: Von der ersten Säule allein (Deutschland und Schweiz zusammen) könnte ich weder leben noch sterben! Dank meiner rechtzeitig begonnenen zweiten Säule in der Schweiz komme ich über die Runden. Dank meiner eigenen dritten Säule (Wohnungseigentum) geht es mir insgesamt gut.

Brauchen wir in Deutschland für einen erträglichen – ja vielleicht sogar einen schönen – Lebensabend als Rentner ein zusätzliches Ansparsystem (dritte Säule)?

Ich glaube, diese Frage erübrigt sich, es gibt ein klares JA! Die wirkliche Frage aber ist: Wie können unsere Kinder und Enkel das erreichen (siehe unten)?

Irrtum 7: Die (Schweizer) Rente ist »sicher«

Die Aussage »die Rente ist sicher«, hat nicht nur in Deutschland Schlagzeilen gemacht und Emotionen entfacht. Und dies ist immer noch der Fall.

Was sollen wir davon halten?

Ich habe persönlich in den letzten Monaten mit großem Interesse (von Genf aus) die deutschen TV-Diskussionen über die Rente verfolgt. Das betrifft mich ja selbst!

Aber: Was ich dort sehe und höre ist – gelinde und höflich gesagt – oft bedauerlich und von Unwissenheit getrübt.

Natürlich ist die umlagefinanzierte Rente »sicher«, solange es noch genug arbeitende Leute gibt, die die (wachsende) Alterspyramide finanzieren können. Und natürlich ist die umlagefinanzierte Rente sicher, aber eben nicht ihre Höhe. Und das genau ist der Knackpunkt : Niemand hat über die Höhe der Rente geredet, wenn es um ihre Sicherheit geht. Alle haben daran gedacht, aber (wishful thinking) jeder hat es irgendwie verdrängt.

Es muss endlich mal klargestellt werden:
Die Rente ist sicher – aber eben nicht ihre Höhe!
Und nur von dieser Höhe der Rente leben die Rentner!
Liebe Politiker: Hört endlich auf, die Bevölkerung zu ...
Und liebe Bevölkerung: Hört endlich auf, Euch ... zu lassen.

Die Rente in Deutschland und in der Schweiz ist so sicher, wie es noch eine arbeitende Bevölkerung gibt. Und sie ist so sicher, wie Pensionsfonds oder investierende Selbstständige (wie ich) das Angesparte gewinnbringend investieren oder vorzeitig aufbrauchen.

Die Rente in Deutschland und in der Schweiz ist sicher.
Aber eben nicht ihre Höhe...

Zusammenfassung und abschließende Empfehlungen

Während ich die sieben Irrtümer über das Schweizer Rentensystem niedergeschrieben habe, sind mir natürlich gleichzeitig alle möglichen »Empfehlungen« an meine eigenen Kinder durch den Kopf gegangen, weil ich mir wünsche, dass sie niemals in eine Rentenlücke geraten, und weil ich hoffe, dass sie eines Tages beruhigt in Rente gehen können ... Aber das liegt in ihren eigenen Händen. Damit ihnen dieses gelingt, sollten sie ihr eigenes Rentensystem verstehen. Nur dann können sie »richtig« handeln. Und genau hier mangelt es an Verständnis bei der heutigen Jugend, die ja wirklich ganz andere Probleme hat, als ausgerechnet heute an ihre eigene Rente zu denken. Ich habe damals auch nicht an meine Rente gedacht. Aber ich bin finanziellen Themen gegenüber immer interessiert und aufgeschlossen gewesen. Dazu hatte ich noch das Glück, aus Deutschland (über die USA) in die Schweiz zu kommen, wo es das nach meiner heutigen subjektiven Meinung beste Rentensystem der Welt gibt (Best in Class).

Sollte man nicht davon lernen und dann persönlich »richtig« agieren?

Anstatt Ihnen nun »alle 137 Empfehlungen« mit auf dem Weg zu geben, die mir durch den Kopf gegangen sind, ziehe ich es vor, Ihnen hier nun meine drei Thesen für den Weg in eine »sichere« Rente zu offerieren:

1. *Wer das Umlagesystem nicht versteht, handelt sich Nachteile ein.*
   Jedes System hat Stärken und Schwächen. Nur wenn man das System, dem man ja nicht entrinnen kann, versteht, kann man auch die Schwächen umgehen und die Stärken nutzen.
2. *Wer Steuersparmodelle (wie unattraktiv und schlecht finanzierbar sie momentan auch sein mögen) nicht konsequent ausnutzt, verschenkt nicht nur Geld.*
   Rentensysteme sind praktisch immer an temporäre und länderspezifische Steueranreize gekoppelt. Diese muss man konsequent und immer ausnutzen. Selbst eine Kreditaufnahme ist meistens wirtschaftlich!

3. *Wer nicht rechtzeitig zu sparen beginnt (egal wie wenig), wird später leiden.*

Sparen muss man lernen und üben. Und Gespartes sicher anlegen und vermehren, muss man auch lernen und üben – oder man überlässt es Fachleuten. Wer rechtzeitig spart, hat es einfach leichter, auch wenn es momentan schwer fällt: Um im Alter von 65 Jahren ein Vermögen von 100 000 Euro angespart zu haben, muss man bei einem vereinfacht angenommenen Zinssatz von 3 Prozent p.a. monatlich 108 Euro sparen, wenn man im Alter von 25 Jahren beginnt. Wenn man erst im Alter von 55 Jahren zu sparen beginnt, muss man monatlich 716 € zurücklegen. Was ist wohl »leichter«?

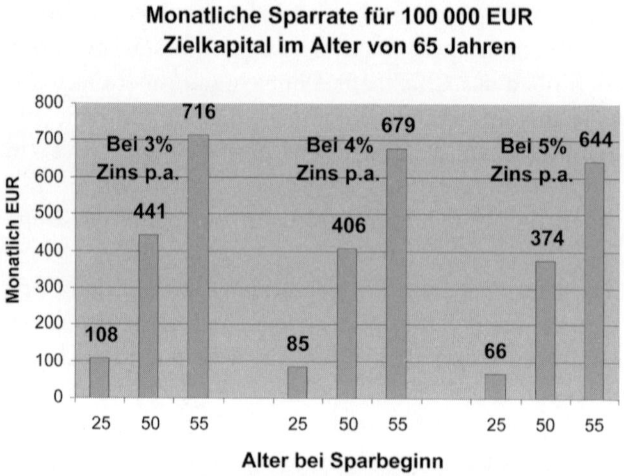

Abbildung 5.2 zeigt deutlich, dass die monatliche Sparrate wesentlich niedriger liegt, je früher man mit dem Sparen beginnt (Zinseszins!). Eine bessere Verzinsung wirkt sich umso vorteilhafter aus, je früher man zu sparen beginnt (Zinseszins-effekt auch hier!).Durch eine gut verzinste Geldanlage kann man sehr viel Geld sparen, besonders, wenn man früh beginnt.

Diese Beispiele beweisen, wie wichtig es ist, früh mit dem Sparen zu beginnen und dann auch zwischendurch keine »Pausen« zu machen. Der Zinseszins-Effekt wirkt sich überproportional aus! Das wissen wir alle schon längst, aber erst bei echt durchgerechneten Beispielen geht uns ein Licht auf …

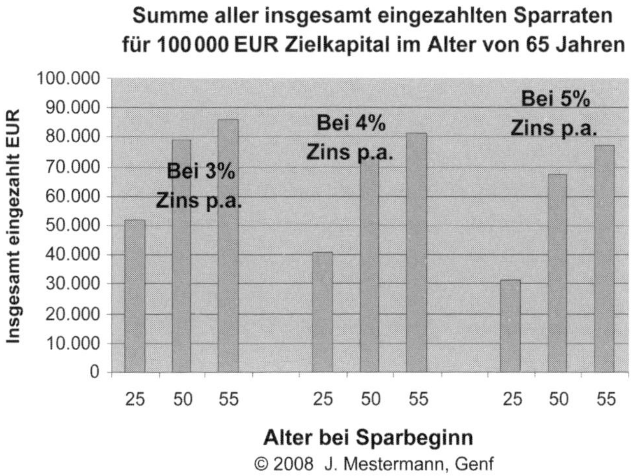

Abbildung 5.3 zeigt, wie viel der Sparer im Laufe der Jahre insgesamt eingezahlt hat. Für ein Sparziel von 100 000 EUR im Alter von 65 Jahren setzt ein im Alter von 25 Jahren beginnender Sparer bei 5% Verzinsung insgesamt netto etwa 31 000 EUR ein, also weniger als ein Drittel der schließlich vorhandenen Summe. Dagegen muss ein erst mit 55 Jahren beginnender Sparer etwa 77 000 EUR aufbringen. Von sparen kann man da kaum noch reden.

Kapitalgedeckte versus umlagefinanzierte Rente

Gehen wir erst auf die Begriffe ein:

1. Umlagefinanzierte Rente: Sie zahlen als Arbeitnehmer in einen Topf ein und das Geld bleibt nicht im Topf, sondern wird direkt wieder an andere (die Rentner) ausgezahlt. So ist das deutsche Rentenversicherungssystem unter Konrad Adenauer eingeführt worden.
2. Kapitalgedeckte Rente: Sie zahlen in einen Topf ein und das Geld bleibt im Topf und verzinst sich darüberhinaus. Der Topf selber kann ein Investmentfonds, Bankkonto, Bundeswertpapier oder eine Lebensversicherung sein. Die Rente entnehmen Sie sich dann später aus diesem Topf. Es ist also Ihr Geld, welches Sie sich auszahlen lassen.

Nun zu der Politik des Kapitaldeckungsverfahren.

Immer wieder erleben wir, wie Politiker sich gegen die kapitalgedeckte Rente sträuben. In Talkshows wird die umlagefinanzierte

Rente noch als sicherer dargestellt und die Kapitaldeckung wird beispielsweise aufgrund der zurückliegenden weltweiten Subprime-Krise als unsicher dargestellt. Sicherlich haben hierunter einige Pensionsfonds in den USA gelitten, jedoch ist die kapitalgedeckte Rente in den USA nicht mit der in Deutschland zu vergleichen. Warum das so ist, werden Sie später erfahren. Zunächst möchten wir Ihnen darstellen, dass die kapitalgedeckte Rente von Politikern eingeführt wurde. In den zurückliegenden Jahren sind durch mehrere Reformen zur Altersvorsorge die Riester-Rente, Rürup-Rente und auch die betriebliche Altersvorsorge entstanden. All diese Systeme sind dem Kapitaldeckungsverfahren zuzuordnen. Wenn Politiker also sagen, dass die gesetzliche Rente ausreichen sollte, warum wurden dann die obigen staatlich geförderten Formen eingeführt? Die Politiker scheinen uns also etwas vorzuenthalten und möchten, dass wir auch mit Kapitaldeckung sparen. Jeder Politiker, der also behauptet, dass das Kapitaldeckungsverfahren unsicher sei, schickt somit die nächste Rentenlüge an die Bürgerinnen und Bürger. So war es Norbert Blüm, der in der Sendung Johannes B. Kerner vom 30.04.2008 wieder einmal die Leute verunsicherte:

»Wenn die Kapitaldeckung zusammenbricht, kommt das Blüm'sche Umlagesystem zum Einsatz«.

Kann jedoch die Kapitaldeckung zusammenbrechen? Hierzu sollte man sich genau das Produkt anschauen, welches er bemängelte. Er ging auf die amerikanischen Pensionsfonds ein, die durch die Subprime-Krise in den USA zu leiden hatten. Hierzu sollten Sie wissen, dass die amerikanischen Pensionsfonds sehr frei die Anlegergelder investieren können – also beispielsweise 100 Prozent in Aktien, aber auch in die zusammengebrochenen Asset-Back-Securities (kurz ABS-Fonds). Auch wir haben in Deutschland Pensionsfonds als ein Durchführungsweg in der betrieblichen Altersvorsorge. Sind diese also auch im gleichen Maße unsicher? Ein klares Nein! Denn: Die deutschen Pensionsfonds müssen die eingezahlten Gelder mindestens in dessen Höhe zum Rentenbeginn sichern. Das wurde so von der deutschen Politik in Gesetz verankert. Dadurch wird von jedem Euro, der in Pensionsfonds fließt, ein Teil in sichere, festverzinsliche Anlagen investiert. Diese Anlage sichert zum Rentenbeginn die eingezahlten Beiträge. Ein weiterer Teil wird in Aktien investiert, die zur Wertsteigerung beitragen sollen. Ein solches Sicherungssystem besteht genauso für Riester- und Rürup-Sparverträge, sowie die gesamte betriebliche Altersvorsorge. Dieses vom Staat eingeführte Kapitaldeckungssystem kann also nicht zusammenbrechen: Sie können dadurch kein Geld verlieren. Wenn ein Politiker also die US-Pensionsfonds mit deutschen Pensionsfonds vergleicht, so lügt er schlichtweg.

Das sehen auch mehr Politiker ein und werben für mehr private Vorsorge – also mit Kapitaldeckung.

In einem Interview mit der *Financial Times Deutschland* sagte Horst Seehofer[5]: »Vorsorge heißt auch Kapitaldeckung.«

Auch weitere Sparer, die private Sparverträge in Aktienfonds führen, können wir beruhigen. Hierzu schauen Sie auf das von uns entworfene Anlagedreieck. Dieses spiegelt die Renditen des immerhin weltgrößten Aktienindizes »Dow Jones« wieder, wenn man monatlich in diesen investiert hätte. Sie können hier innerhalb der letzten 40 Jahre jeden Jahreszeitraum auswählen und die Rendite ermitteln. Für Sie gilt: Je dunkler die Farbe, desto höher die erzielte Rendite. Sie werden feststellen, dass die gesamte rechte, untere Ecke dunkelfarbig ist. Das bedeutet: Je länger der Anlagezeitraum, desto stabiler ist die Rendite. In den letzten 40 Jahren hat derjenige, der länger als 20 Jahre in den Dow Jones gespart hat, immer eine Rendite von mehr als 7 Prozent erzielt. Wer länger als 13 Jahre regelmäßig gespart hat, hat immer eine positive Rendite erzielt – gleich welcher Zeitraum in den letzten 40 Jahren. Wer von 1967 bis Ende 2007 in den Dow Jones monatlich investierte, hat eine durchschnittliche Rendite von 8,8 Prozent erzielt. Diese Zahlen beweisen, dass das Kapitaldeckungsverfahren in den letzten 40 Jahren sicher und ertragreicher gewesen wäre.

Nun wird es wiederum Leute geben, die sagen: »Pah...das waren die letzten 40 Jahre und ist nicht für die Zukunft anzunehmen!« Diese Leute kennen jedoch nicht das System der Börsen. Es ist zwar volatiler, jedoch wird es langfristig steigen. Wenn es sinken würde, würde es bedeuten, dass viele Unternehmen sich in wirtschaftlichen Problemen befinden. Das würde auch bedeuten, dass die Weltwirtschaft nicht mehr funktionieren würde. Das wiederum würde bedeuten, dass viele Leute arbeitslos würden. Ein solches Szenario wäre also unvorstellbar, wobei auch hier die umlagefinanzierte Rente nicht mehr funktionieren würde. Wir raten: Langfris-

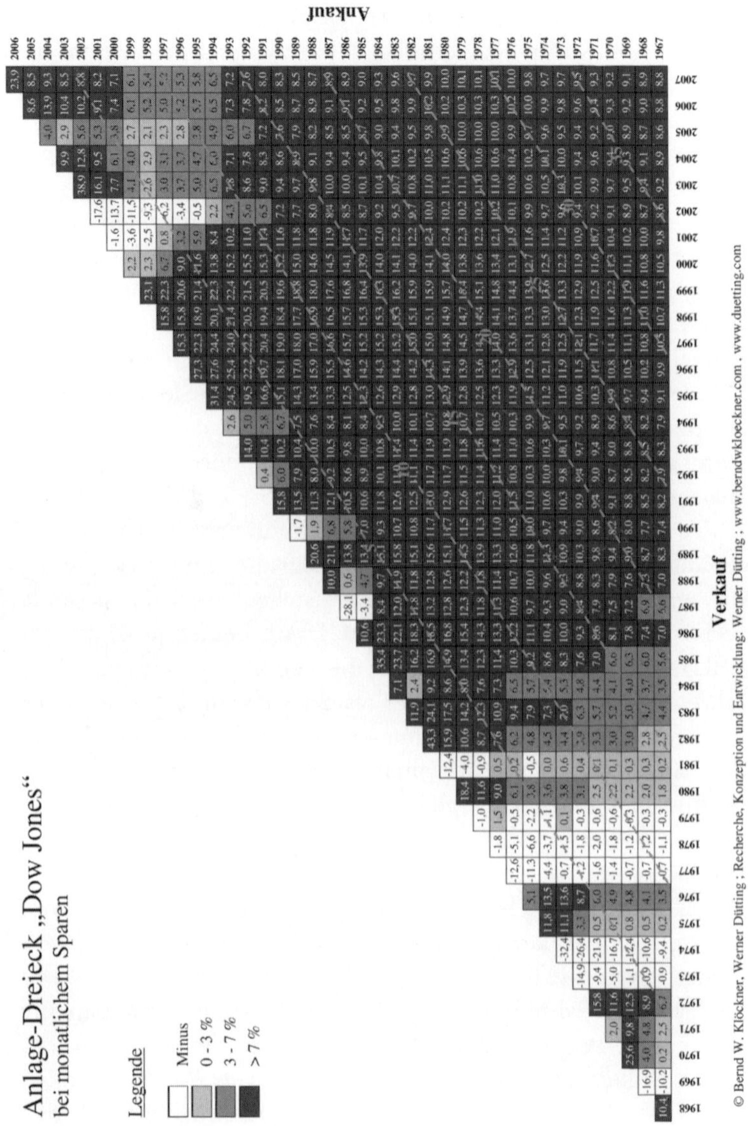

Abbildung 5.4 So lesen Sie das Dreieck: Wählen Sie rechts aus den Jahren ein Jahr, in dem Sie mit dem Sparen begonnen haben. Danach gehen Sie in der Zeile weiter nach links, in das Jahr, in dem Sie das Sparen beendet haben. In dem Feld, an dem sich beide Jahre treffen, ist die Rendite angegeben. Die Rendite ist vergleichbar mit einem Zins, den Sie bei einer Bank erhalten.

tige regelmäßige Anlagen in international anlegende Aktienfonds erwarten gute Renditen. Dazu noch die Sicherung und Förderung durch Riester-, Rürup- oder betriebliche Altersvorsorgungssysteme bringen Sicherheit und Rendite.

Lassen Sie sich nicht auf Geschwätz von Politiker wie Norbert Blüm ein, der in einem Interview mit *Spiegel-Online* am 16.05.2003 sagte:

»Gucken wir uns doch die Privatversicherungen an: An den deutschen Börsen sind in 18 Monaten 600 Milliarden Euro durch den Schornstein gejagt worden. Das ist so viel wie die gesetzliche Rentenversicherung in drei Jahren ausgibt.«

Das sind die ständigen Verunsicherungen. Denn: In den Monaten zuvor wurde mindestens genauso viel Geld an den Börsen verdient und auch innerhalb von 3 Jahren nach 2003 wurden wiederum 600 Milliarden Euro eingenommen.

Übrigens können wir Ihnen Folgendes verraten: Wir investieren genauso in Aktienfonds und freuen uns, wenn die Kurse zwischenzeitlich sinken. Durch monatliches Sparen können Aktien bei fallenden Kursen günstiger eingekauft werden. Sie erhalten dadurch also mehr Anteile an dem Unternehmen oder an einen Investmentfonds. Dadurch erzielt man wiederum bei steigenden Kursen einen zusätzlichen Bonus und die mehr eingekauften Anteile können dann für mehr Geld verkauft werden. Dieses System ist unter dem Begriff Cost Average bekannt. Freuen Sie sich also, wenn die Kurse in den Keller fallen, und sparen Sie fröhlich weiter. Vorausgesetzt, Sie haben noch einige Jahre, bis Sie in Rente gehen.

Auf den Punkt gebracht

Die entscheidende Botschaft lautet: Vergessen Sie den Wunsch, jemals wirklich unangenehme Wahrheiten von politisch Agierenden benannt zu bekommen. Das, was Ihnen in der Vergangenheit wie heute noch zu diesem Thema angeboten wurde, ist unserer Ansicht nach als Propaganda und Desinformation zu bezeichnen. Es ist politisch verantwortungslose Finanz-Kosmetik. Ihr Niveau ist allerdings unübertrefflich.

Zusammenfassung der Kapitel 1 bis Kapitel 5

Bevor es im Folgenden um das zentrale Thema des Buchs, die »Rentenlüge« geht, möchten wir Ihnen eine Zusammenfassung der bisher betrachteten Themen geben. Die Ausführungen in den ersten fünf Kapiteln dokumentieren eindrucksvoll, welche Belastungen auf die sozialen Sicherungssysteme zurollen. Wir erwarten das unmittelbare Aufkommen eines Orkans. Das, was wir derzeit erleben, sind lediglich die Vorzeichen dessen, was auf uns mit gigantischer Sprengkraft zurollt. Die sozialen Sicherungssysteme in Deutschland sind am Ende. Die Beitragsbelastung für die Erwerbstätigen befindet sich bereits an der Schmerzgrenze. Doch diese Schmerzgrenze wird weiter ausgedehnt werden (müssen). Und die den Versicherten versprochenen Leistungen aus den sozialen Sicherungssystemen werden reduziert werden (müssen). Obwohl die Zahlen und Fakten bekannt sind, führt die Politik das Volk mit realitätsfernen Renteninformationen in die Irre. Kommen wir damit zum Hauptthema dieses Buches: Der Rentenlüge und die Zahlen, Fakten und Details, wieso aus Sicht der Autoren Millionen Menschen in eine bislang beispielslose Altersarmut laufen.

1 http://www.htwm.de/sa/service/polit/Jahr1996/januar–1996.htm.

2 Jürgen Forster in der *SZ* zitiert nach Gerhard Ziegler, *Alter in Armut? Das Fiasko der staatlichen Altersversorgung*, Hamburg 1992.

3 http://www.vier-acht.de/LuEr.html, Januar 2005.

4 Dr. Joachim Mestermann ist mit seiner Ich-AG »Management Resulting International« selbstständiger Unternehmensberater. Er arbeitet mit ebenfalls selbstständigen Kollegen im Verband der ‚agilency' Management Consulting Association daran, Firmen und Organisationen agiler und effizienter zu machen, und er unterstützt und coached Start-ups wie z. B. seine eigene Tochter mit www.yourPopArt4u.com. Er verwaltet den größten Teil seines bescheidenen Vermögens selbst, nutzt aber auch professionelle Finanzberatung. Er ist 68 Jahre alt und will in Teilzeit noch solange arbeiten, wie er Lust hat und gesund ist. Da er fünf Kinder und sechs Enkel hat, liegt ihm die Rentenfrage sehr am Herzen.

5 www.spd.de/menu/1748852 ; 27.05.2008

6.
Die Rentenlüge – Armut im Alter für Millionen

Die Lüge ist wie ein Schneeball:
Je länger man ihn wälzt, desto
größer wird er.

Martin Luther

Kommen wir nun zu einem sehr wichtigen Kapitel dieses Buches: Der Rentenlüge. Nachdem in den letzten Kapiteln deutlich wurde, wie viele Fakten und Details für eine drohende Armut im Alter für Viele sprechen, geht es nun darum, wie und auf welche Weise der Staat den Menschen regelrecht die Aufklärung vorenthält. Denn, so unser Eindruck, meist wird die Wahrheit verschwiegen oder nur beschönigt dargestellt. Den Menschen wird – obwohl dies problemlos in Form verschiedener Szenarien zur kommenden Rentenentwicklung möglich wäre – eben kein reiner Wein eingeschenkt. Am Ende dieses Kapitels findet sich ein Vorschlag zur Lösung: Weg von Propaganda und Desinformation, hin zu Information und wirklicher Hilfe.

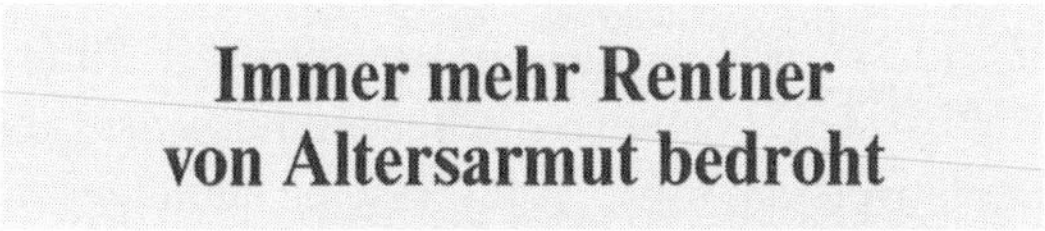
Immer mehr Rentner
von Altersarmut bedroht

Abbildung 6.1 Frankfurter Allgemeine Zeitung vom 29. 12. 20007

Wer alle bislang genannten Fakten aufmerksam gelesen hat, wird unweigerlich zu dem Schluss kommen, dass die sozialen Sicherungssysteme vor der größten Herausforderung stehen, die je zu bewältigen war. Angesichts der nahezu sicheren demografischen Entwicklungen wird allen bewusst sein, dass die Zeiten der Rentensteigerungen vorbei sein *müssen*. Selbst Nullrunden werden noch schwierig zu bewerkstelligen sein. Das Einzige, was hier eine Änderung herbeiführen könnte, wäre eine plötzlich anziehende und anschließend über Jahre boomende Wirtschaft. Wer auf ein solches plötzliches Wirtschaftswunder nicht vertrauen will, muss

Die Rentenlüge. Bernd W. Klöckner und Werner Dütting

ISBN 978-3-527-50411-4

in Folge der Verschiebung der Altersstruktur mit drastischen Einsparungen bei den sozialen Sicherungssystemen rechnen. Das bedeutet: Kürzungen und Einsparungen in der gesetzlichen Rentenversicherung, der gesetzlichen Krankenversicherung und der Pflegeversicherung. Betrachten Sie daher die Ausführungen der letzten Seiten und die Kapitel 1 bis 5 als Einstimmung auf die im Folgenden dargestellte Argumentation, auch im Zusammenhang mit den Rentenberechnungen für 20 Praxisfälle in Teil II dieses Buches. Es handelt sich hierbei um Praxisfälle von Menschen wie Sie und ich. Je Praxisfall werden Sie Berechnungen vorfinden, die man Ihnen derzeit nicht zur Verfügung stellt. Anders gesagt: Berechnungen und Zahlen, die man auch von amtlicher Seite als Grundlage wirklicher Information zur Verfügung stellen könnte. Nach den Ausführungen auf den letzten Seiten und in den letzten Kapiteln werden Sie es leichter akzeptieren, wenn es dabei auch um Rentenberechnungen unter der Voraussetzung möglicher, künftiger Rentenkürzungen geht. Apropos Rentenkürzung: Eine kleine Information vorab, für alle, die immer noch denken »das wird der Staat doch nicht machen können, ich habe doch Rechte!« Tatsache ist: Das Grundgesetz schützt eben nicht vor Rentenkürzungen, weil der Gesetzgeber weitgehende Gestaltungsfreiheit hinsichtlich der Festlegung der künftigen Rentenhöhe hat. So entschied es auch das Bundesverfassungsgericht im Jahr 1980. Einerseits gibt es unbestreitbar Ansprüche an die beziehungsweise aus der gesetzlichen Rentenversicherung. Andererseits steht gegen diese Ansprüche der so genannte »ausgeprägte, soziale Bezug«. Beitragszahler und Rentner genießen somit wenig Eigentumsschutz, und die Politik hat entsprechenden Handlungsspielraum. Festgelegt ist lediglich, dass die Renten nicht zu schnell abgebaut werden dürfen und auch der Fall unters Sozialhilfeniveau nicht gestattet ist!

Und noch ein Hinweis: Die Diskussion um die künftige Situation der sozialen Sicherungssysteme ist geprägt von unserer Ansicht nach eitlen Darstellungen einzelner Publizisten. Jeder will die Wahrheit gefunden haben. Die einen sprechen von einer demografischen Zeitbombe, die anderen sprechen davon, dass alles viel zu grausam dargestellt würde. Unsere Meinung lautet, wie schon gesagt: Viele, viele Fakten sprechen dafür, dass die nächsten Jahre und Jahrzehnte äußerst harte Jahre für die Sozialsysteme werden. Im Zweifel irren wir trotz aller sorgfältigen Recherchen und Berechnungen. In diesem Fall werden Sie, wie gesagt, eines Tages zu viel Geld auf dem Konto haben. Sie werden uns dann vermutlich anrufen und Dinge sagen wie »Bernd W. Klöckner beziehungsweise Werner Dütting, das war nicht fair. Wir haben hier jetzt 150 000 Euro zu viel auf dem Konto. So war das nicht vereinbart!« So oder ähnlich. Wir wollen Ihnen ehrlich antworten: Dieses Risiko unserer möglichen Fehlprognose gehen wir ein. Sie sollten es möglichst nur vermeiden, auf Berufsoptimisten und die scheinbar unausrottbaren »Die Rente ist sicher«-Gaukler zu hören. Sie sollten nicht darauf vertrauen, dass die ganze Demografie-Diskussion gar nicht so schlimm enden wird, wie derzeit oft und auch in diesem Buch dargestellt wird. Das Ergebnis wäre fatal: Sie würden sich zurücklehnen und die Rentenzeit auf sich zukommen lassen. Wenn Sie jedoch mit dieser Einschätzung falsch liegen, ist die Folge unausweichlich ein »Alter in Armut«. Wenn Sie das, also Alter in Armut, riskieren wollen, gut! Tun Sie einfach nichts. Wenn Sie dieses Risiko nicht eingehen wollen, was Ihnen im Übrigen keiner der Optimisten in Sache Demografie abnehmen wird, dann reagieren Sie! Handeln Sie sehr, sehr schnell. Ein kluger Mensch sagte einmal: »Es weint sich leichter im Hilton als in der U-Bahn!«

Rentenlüge, Rentenwünsche und Wahlgeschenke

Die nächste Bundestagswahl 2009 steht bevor. Das Ergebnis: Die Parteien beschäftigen sich mit Wahlgeschenken. Mit substanzieller Politik hat dies wenig zu tun. Großspurig wurde und wird das Ziel des ausgeglichenen Haushaltes als oberstes Ziel genannt. Dieses Wunschziel kollidiert jedoch offensichtlich mit den parteipolitischen Strategien und den wahltaktischen Schachzügen. Frei nach dem Motto: »Wes Brot ich ess, des Lied ich sing.« Das Fatale ist: Es werden vermeintliche Verteilungsspielräume signalisiert, wo in Wirklichkeit keine Spielräume sind. Ohnehin ist das Signal »Wir haben Spielraum« nur eine weitere politische Lüge. Gäbe es erheblichen Spielraum, dann wären die Reformdiskussionen der letzten Jahre ein unsinniges Theater gewesen. Oder aber die

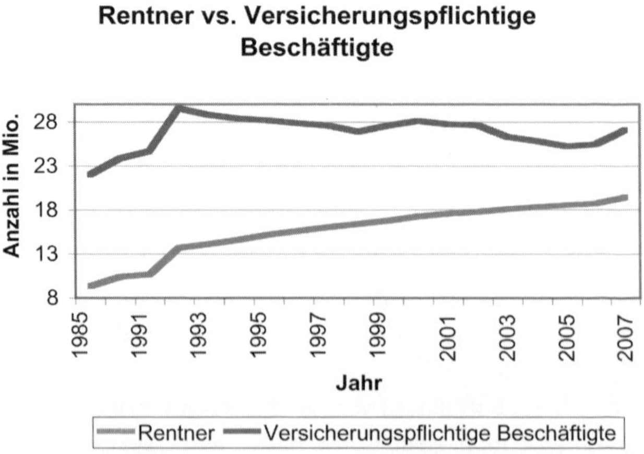

Abbildung 6.2 Anzahl der Rentner und der versicherungspflichtigen Beschäftigten

Bernd W. Klöckner, Werner Dütting, Verwendung in Vorträgen, Büchern oder Artikeln nur mit Genehmigung der Autoren.

Quelle: Rentenversicherung in Zeitreihen 2007, Deutsche Rentenversicherung Zahlen aus 2007 sind Schätzungen

Reformdiskussionen waren notwendig, dann kann die Story von Verteilungsspielräumen nur ein übles Theater sein. Von Menschen, die entweder keine Kenntnis der Zusammenhänge haben oder politisch motiviert die Weichen stellen wollen, um zum Ende Wahlen zu gewinnen. Wie auch immer: Im politischen Wunschkonzert wird gespielt, was die Leute zum Klatschen bringt. Mal sind es die Arbeitslosen, denen man ein schönes Stück spielen will. Dann sind es die Empfänger von Niedriglohn. Immer und immer wieder lautet es zur Begründung: Verteilungsgerechtigkeit. Dazu gibt es im Übrigen ein – zugegeben schnell falsch zu verstehendes – Beispiel: Angenommen, es treffen sich die Personen A, B und C. A besitzt 100 Geldeinheiten. B besitzt 50 Geldeinheiten und C besitzt nichts. Nach einer politischen Diskussion und vielen Jahren Entscheidungsprozess will man das Vermögen besser verteilen. Das Gesamtvermögen soll so aufgeteilt werden, dass A, B und C über das gleiche Vermögen verfügen. In diesem Fall 50 Geldeinheiten. Gesagt. Getan. Einige Zeit später treffen sich A, B und C. A besitzt – sie oder er hat gut gewirtschaftet – wieder 100

Geldeinheiten, B besitzt wieder 50 Geldeinheiten und C – sie oder er traf falsche und teure Geldentscheidungen – besitzt wieder nichts. Ich wiederhole: Es ist ein einfaches und banales Beispiel. Die alte und neue Verteilungsdiskussion betrifft nun die Renten. Die Rentenfrage steht im Mittelpunkt. Umso mehr, weil die Zahl der Arbeitslosen abgenommen und die Zahl der Rentner zugenommen hat. Und zunehmen wird.

Genau das wiederum, die stetige Zunahme der Rentner und Pensionäre ist ein zunehmendes Problem. Bitte: Nicht die Menschen sind das Problem. Wer sein Leben lang gearbeitet hat, muss eine Rente erhalten. Das Problem ist die Finanzierbarkeit. Hier wiederum gilt: Viele Wünsche und Vorstellungen werden an der ökonomischen Realität scheitern. Wir wollen es in diesem Buch mit wenigen Zahlen auf den Punkt bringen. Gemäß dem Prinzip: Leistung = Gegenleistung.

Aktuell

Durchschnittseinkommen pro Jahr brutto	30 000 Euro
Pro Monat	2 500 Euro
Sozialabgaben gerundet in Prozent	20 % (Arbeitgeber und Arbeitnehmer)
Sozialabgaben in Euro (gerundet)	500 Euro
Derzeit ernähren zwei Erwerbstätige einen Rentner	2 mal 500 Euro
Maximale Rente	1 000 Euro

In naher Zukunft

Durchschnittseinkommen pro Jahr brutto	30 000 Euro
Pro Monat	2 500 Euro
Sozialabgaben gerundet in Prozent	20 % (Arbeitgeber und Arbeitnehmer)
Sozialabgaben in Euro (gerundet)	500 Euro

In naher Zukunft ernähren 1,5 Erwerbstätige einen Rentner	1,5 mal 500 Euro
Maximale Rente	750 Euro

In etwas weiterer Zukunft

Durchschnittseinkommen pro Jahr brutto	30 000 Euro
Pro Monat	2 500 Euro
Sozialabgaben gerundet in Prozent	20 % (Arbeitgeber und Arbeitnehmer)
Sozialabgaben in Euro (gerundet)	500 Euro
In etwas weiterer Zukunft ernährt 1 Erwerbstätiger einen Rentner	1 mal 500 Euro
Maximale Rente	500 Euro

Diese Zahlen klingen banal. Und werden in jeder Diskussion rhetorisch vernichtet werden. Tatsache jedoch ist: In einem Umlageverfahren, in dem weitere staatliche Leistungen wie Rentenzuschuss außen vor bleiben würden, wären die oben genannten Zahlen Realität. Nur was rein kommt, kann ausgezahlt werden. Das ganze Szenario verschärft sich, wenn wir einmal davon ausgehen, dass von den eingehenden Sozialabgaben vorsichtige zehn Prozent als Risiko- und Verwaltungskosten verbucht werden müssen. Für die Zukunft sähen die Zahlen dann wie folgt aus:

In naher Zukunft

Durchschnittseinkommen pro Jahr brutto	30 000 Euro
Pro Monat	2 500 Euro
Sozialabgaben gerundet in Prozent	20 % (Arbeitgeber und Arbeitnehmer)
Sozialabgaben in Euro (gerundet)	500 Euro

Minus 10 Prozent Risiko/ Verwaltungskosten	450 Euro
In naher Zukunft ernähren 1,5 Erwerbstätige einen Rentner	1,5 mal 450 Euro
Maximale Rente	625 Euro

In etwas weiterer Zukunft

Durchschnittseinkommen pro Jahr brutto	30 000 Euro
Pro Monat	2.500 Euro
Sozialabgaben gerundet in Prozent	20 % (Arbeitgeber und Arbeitnehmer)
Sozialabgaben in Euro (gerundet)	500 Euro
Minus 10 Prozent Risiko/ Verwaltungskosten	450 Euro
In etwas weiterer Zukunft ernährt 1 Erwerbstätiger einen Rentner	1 mal 450 Euro
Maximale Rente	450 Euro

Zurück zum politischen Wunschkonzert: Nach mühevoller Detailarbeit gab es eine neue Rentenformel. Als entscheidende Voraussetzung für eine gelingende Korrektur des Rentensystems. Und schon wird diese neue Rentenformel für zwei Jahre ausgesetzt. Die Folgen werden seitens der Politik und den Experten als gering angesehen. Oder sie werden klein geredet. Der Aufstand hält sich in Grenzen. Kaum ist das erste Wahlgeschenk verteilt, geht es um das Thema, dass den Menschen, die ein Leben lang gearbeitet haben, eine Rente oberhalb der Sozialhilfe garantiert werden soll. Das Fatale daran ist: Damit wird das grundlegende Prinzip der gesetzlichen Rentenversicherung ausgehebelt. Weil: Bislang bestimmte ausschließlich die Höhe der Rentenbeiträge über die spätere Höhe der Rente. Fatal an dieser Diskussion ist: Wer die niedrigsten Renten bezuschusst, wird sich kurze Zeit später mit den Menschen auseinandersetzen müssen, die nur geringfügig über dieser dann gezogenen Grenze der geringen Rente liegen. So wird eine Gruppe nach der anderen Ansprüche geltend machen. Wer nun wieder im Sinne »Wes Brot ich ess, des Lied ich sing« denkt, ahnt zweifelsohne, wohin diese Entwicklung führen würde. Das wiederum bedeutet: Unabhängig von Rentenzahlungen darf eine Rente nur bis zum Existenzminimum sein. Alle weitergehenden Ansprüche – wir wiederholen – werden an der ökonomischen Realität scheitern. »Pahhh« sagt nun irgendein Typ in irgendeiner Diskussion. Und: »Wir können uns den Zuschuss leisten. Wir müssen es nur über Steuern finanzieren«. Hier stehen Wunsch und Realität sich gegenüber. Weil: Ursprünglich hieß es, der ausgeglichene Haushalt 2011 sei sicher. So zumindest wurde es versprochen. Nun heißt es: Das Ziel könne erreicht werden. Das wiederum bedeutet: Es gibt keinen finanziellen Spielraum. Das ist alles. Völlig absurd wird es nun, wenn sich widersprechende Ziele als sinnvoll verkauft werden. Die einen versprechen sinkende Steuern, die anderen wollen den Haushalt ausgleichen und die Nächsten wiederum versprechen eine erweiterte und verbesserte Sozialpolitik im banalen Sinne »Mehr Geld für alle«. Lustige und realitätsferne Kapriolen gibt es dabei immer wieder neu. So der Gedanke der SPD im Mai 2008. Das Konzept »Orientierungspunkte der SPD für ein integriertes Steuer- und Abgabensystem eines sozialen Deutschlands« sieht eine Sozialabgabensenkung durch Umverteilung vor. Weiter auf der Internetseite der SPD ist zu finden: »Der Finanzminister erklärte weiter, angesichts von 1,6 Billionen Euro Staatsverschuldung könnten die Sozialdemokraten keine Versprechen machen, die die nachfolgenden Generationen belasteten.«[1]

Der SPD-Gedanke entbehrt jeder ökonomischen Logik. Denn: Damit die künftigen Rentner überhaupt eine Rente auf Sozialhilfeniveau erreichen können, braucht die Rentenkasse via Umlageverfahren jeden Euro. Sinkt – weil die Arbeitnehmer laut Kurt Beck und SPD-Vize Steinmeier weniger Sozialabgaben zahlen sollen – das Beitragsvolumen, sinken die Renten. Der einzige Ausweg: Finanzierung über die Steuer. Die Finanzierung über das Steuersystem wiederum ist in konjunkturell schwierigen Zeiten ein gefährliches Instrument. So sagte auch Alfons Kühn, Steuerexperte der Industrie- und Handelskammer im Mai 2008, dass eine stärkere Steuerfinanzierung der Rentenkassen ein »Systembruch, dessen Folgen noch nicht durchdacht sind« sei.

Bliebe die Lösung »Neuverschuldung«. Was wiederum dem Ziel »ausgeglichener Haushalt bis 2011« widersprechen würde. Dabei gilt auch: Angesichts der politischen Purzelbäume, die bereits heute in Sachen Sozial- und Rentenpolitik geschlagen werden, wird es jedem Angst und Bange, der an die kommenden Jahre und Jahrzehnte denkt. Weil: Die großen Lasten der demografischen Entwicklung kommen erst noch und müssen noch getragen werden. Neben der Rente gilt das insbesondere für die großen Themen wie gesetzliche Krankenversicherung und Pflegeversicherung. Die Rentenprobleme setzen die Kassen bereits in Schach, kommen unweigerlich die steigenden Kosten für die Kranken- und Pflegeversicherung hinzu, ist das System schachmatt. Mit anderen Worten: Die aktuelle Politik, möglichst viele Begehrlichkeiten zu erfüllen, indem jede Partei einen Teil im Wunschkonzert anfügt, wird kläglich scheitern. Bereits in wenigen Jahren werden wir sagen: Es war absehbar, dass es so nicht funktionieren kann. Abschließend: Betrachten Sie unsere Gedanken als mögliches Szenario. Wer entsprechend handelt, wird – sollten wir uns irren – im Zweifel über zu viel (angespartes) Geld verfügen. Irren wir uns nicht und wird die Rentenlüge zur Rentenwahrheit, werden Sie, liebe Leserin, lieber Leser, um jedes Vermögen dankbar sein, was Ihnen zusätzliche Einnahmen im Alter bringt.

Rentenlügen und Inflationslügen

Millionen von Bundesbürgern und gesetzlich Rentenversicherten wird mittels der jährlichen Renteninformation der Deutsche Rentenversicherung Bund eine Rentensicherheit vorgegaukelt, die es so nicht gibt. Dabei gilt: Die Idee und der Ansatz der Renteninformation ist gut. Gut gemeint. Doch gut gemeint ist lange noch nicht gut gelungen. Und: Die aktuelle Renteninformation ist ein Dokument dafür, mit welcher Taktik die Politik Murks für die Menschen in diesem Land produziert. Wie heißt es: Autoverkäufer verkaufen Autos. Versicherungsvertreter verkaufen Versicherungen. Und Volksvertreter verkaufen offensichtlich das Volk. Zumindest für dumm. Wir begründen es: Als es um die Rentenerhöhung im ersten Halbjahr 2008 geht, begründen das die entsprechenden Politiker mit dem Verweis darauf, dass Rentner am wirtschaftlichen Aufschwung stärker partizipieren müssten. Und auch nur so die hohe Inflation ausgleichen könnten.

In der Tat sorgen aktuell Inflationsverluste für eine schwindende Kaufkraft. So titelt die Welt am Sonntag am 11.Mai 2008:

> »Vor lauter Sicherheit keine Rendite mehr
> Die Deutschen gehen gern auf Nummer sicher und setzen bevorzugt auf festverzinsliche Papiere. Doch damit lassen sich derzeit nicht einmal mehr die Inflationsverluste ausgleichen. Dies dürfte sich auch in naher Zukunft nicht ändern. Anleger sollten daher stärker auf Aktien setzen.«

Vor lauter Sicherheit keine Rendite mehr

Quelle: Welt am Sonntag vom 11.5.2008

Betrachten wir die Inflation, sprich den Kaufkraftverlust einmal näher. Je nach betrachtetem Zeitraum liegen die Durchschnittszahlen bei

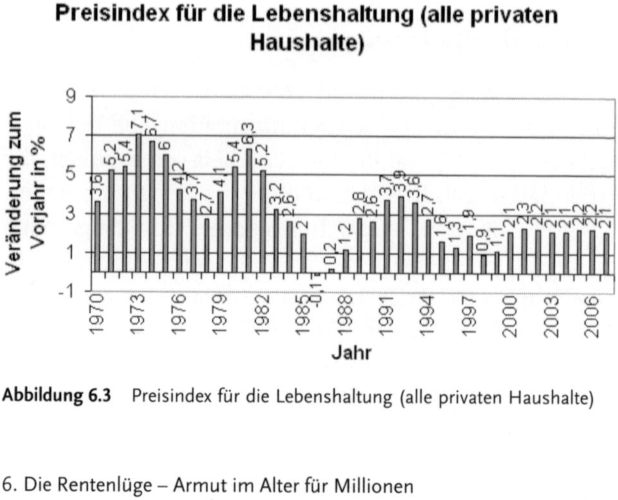

Abbildung 6.3 Preisindex für die Lebenshaltung (alle privaten Haushalte)

Soweit die statistischen Zahlen. Nun wundert sich die eine oder der andere, wieso dennoch das Gefühl bleibt, dass letztlich immer weniger Geld in der Tasche ist. An diesem Punkt führen die Wissenschaftler die sogenannte tatsächliche Inflation an. Hier werden die Güter, die stärker gekauft werden – und dem zu Folge stärker zu Buche schlagen – stärker gewichtet. Das ist alles.

Wir wiederholen: Es gibt also die 3,11 Prozent tatsächliche Inflation für private Haushalte und 5,2 Prozent pro Jahr Kaufkraftschwund betrifft die Rentnerhaushalte. Zurück zur Rentenlüge, der Renteninformation und zu einseitiger, wahltaktischer Rentenpolitik. Die Rentenerhöhung wird also begründet mit sinngemäß »Teilnahme am wirtschaftlichen Aufschwung und dadurch Ausgleich der hohen Inflation«. In der amtlichen Renteninformation, die Millionen gesetzlich Rentenversicherten zugeht, wird jedoch nur mit 1,5 Prozent runtergerechnet.

In folgendem Beispiel handelt es sich um Frau B., 51 Jahre jung. In der Renteninformation steht: »So werden bei einer Inflationsrate von beispielsweise 1,5 Prozent pro Jahr bei Erreichen ihrer Regelaltersgrenze 100 Euro voraussichtlich nur noch eine Kaufkraft nach heutigen Werten von etwa 81 Euro besitzen.« Soviel also bei einer Inflation von 1,5 Prozent. Bei 3,11 Prozent tatsächlicher Inflation sind es lediglich 65 Euro heutige Kaufkraft. Gehen wir auf die Inflation der Rentnerhaushalte ein, nämlich 5,2 Prozent, so bleiben nur noch 49 Euro nach heutiger Kaufkraft mit 65 Jahren übrig. Die alles entscheidende Frage lautet also: Wieso wird in der Renteninformation nicht auch mit den hohen Prozentzahlen auf die heutige Kaufkraft herunter gerechnet. Also mit den Prozentzahlen, die gleichzeitig als Begründung dafür heran gezogen werden, die Rentenformel für zwei Jahre außer Kraft zu setzen. Wir meinen: Einmal mehr ein einfaches Dokument des politischen Murks.

Im Folgenden eine Tabelle, wie sich bei unterschiedlichen Laufzeiten und unterschiedlich angenommener Inflation die Kaufkraft für 1 000 Euro erwartete Rente ändert …

	Inflation in %										
1000 Euro Rente in ... Jahren	2,5	2,7	2,9	3,1	3,3	3,5	3,7	3,9	4,1	4,3	4,5
10	781	766	751	737	723	709	695	682	669	656	644
11	762	746	730	715	700	685	671	656	643	629	616
12	744	726	710	693	677	662	647	632	617	603	590
13	725	707	690	672	656	639	624	608	593	579	564
14	708	689	670	652	635	618	601	585	570	555	540
15	690	671	651	633	614	597	580	563	547	532	517
16	674	653	633	614	595	577	559	542	526	510	494
17	657	636	615	595	576	557	539	522	505	489	473
18	641	619	598	577	557	538	520	502	485	469	453
19	626	603	581	560	540	520	501	483	466	449	433
20	610	587	565	543	522	503	484	465	448	431	415
21	595	572	549	527	506	486	466	448	430	413	397
22	581	556	533	511	490	469	450	431	413	396	380
23	567	542	518	496	474	453	434	415	397	380	363
24	553	528	504	481	459	438	418	399	381	364	348
25	539	514	489	466	444	423	403	384	366	349	333
26	526	500	476	452	430	409	389	370	352	335	318
27	513	487	462	439	416	395	375	356	338	321	305
28	501	474	449	425	403	382	362	343	325	308	292
29	489	462	436	413	390	369	349	330	312	295	279
30	477	450	424	400	378	356	336	317	300	283	267
31	465	438	412	388	366	344	324	305	288	271	256
32	454	426	401	376	354	333	313	294	276	260	244
33	443	415	389	365	343	321	302	283	266	249	234
34	432	404	378	354	332	310	291	272	255	239	224
35	421	394	368	344	321	300	280	262	245	229	214

	Inflation in %										
1000 Euro Rente in ... Jahren	2,5	2,7	2,9	3,1	3,3	3,5	3,7	3,9	4,1	4,3	4,5
36	411	383	357	333	311	290	270	252	235	220	205
37	401	373	347	323	301	280	261	243	226	211	196
38	391	363	337	313	291	271	251	234	217	202	188
39	382	354	328	304	282	261	242	225	209	194	180
40	372	344	319	295	273	253	234	216	200	186	172
41	363	335	310	286	264	244	225	208	193	178	165
42	354	327	301	277	256	236	217	201	185	171	157
43	346	318	293	269	248	228	210	193	178	164	151
44	337	310	284	261	240	220	202	186	171	157	144
45	329	302	276	253	232	213	195	179	164	150	138

Tabelle 6.1 Auswirkungen der Inflation auf die Kaufkraft bei konstanter Rente von 1000 Euro

So lesen Sie die Tabelle:

Angenommen, Sie bekommen 1.680 Euro Rente bei angenommen 0% Rentensteigerung in 21 Jahren. Angenommen, Sie persönlich empfinden die Inflation mit 3,94 Prozent, also die oft genannte tatsächliche Inflation, als realistisch. Dann gilt:

1 000 Euro in 21 Jahren sind (laut Tabelle) dann 448 Euro (heutige Kaufkraft) wert. Da Sie jedoch 1 680 Euro Rente laut Renteninformation bekommen, ist es der Faktor 1,68 (bei 1 000 Euro wäre der Faktor genau = 1). Sie bekommen also eines Tages 448 Euro mal Faktor 1,68 macht 752 Euro. Wir wiederholen:

1 680 zu 1 000 (Wert laut Tabelle)	= 1,68
Rente bei 1 000, 21 Jahre, 3,9 % Inflation	= 448 Euro
448 Euro mal persönlicher Faktor 1,68	= 752 Euro

Die alles entscheidende Botschaft lautet: Nehmen Sie sich Zeit. Nehmen Sie sich Ihre Renteninformation – sofern Sie bereits eine bekommen haben. Dann rechnen Sie für sich selbst. Denken Sie immer daran: Vermögen = Zeit mal Geld mal Ertrag. Das bedeutet: Sie alleine entscheiden, wie und ob Sie den Faktor Zeit zum Vermögensaufbau optimal nutzen. Optimal nutzen bedeutet: Handeln Sie jetzt! Heute! Das ist alles. So zu handeln ist eine entscheidende Voraussetzung als Schritt raus aus der Armutsfalle.

Die DRV-Renteninformation

Kommen wir nun konkret zur DRV-Rentenberechnung. Beginnene wir mit einigen Ausschnitten aus den verschiedensten Quellen. Unsere Bitte: Lesen Sie die folgenden Ausschnitte, Texte und Quellen sehr, sehr sorgfältig. Sie werden mit jedem der folgenden Ausschnitte und Texte ein besseres Gefühl für die Vorgehensweise der amtlichen Rentenstellen bekommen. Sie werden ebenfalls feststellen, dass offensichtlich nur wenig auf die amtlichen Verlautbarungen gegeben werden kann. Sie werden in Folge dessen die einzelnen Statements immer kritischer lesen. Im Anschluss daran folgt der Schwerpunkt dieses Buchs: Die Dokumentation der künftigen Altersarmut der breiten Masse.

Auch das *ZDF* spricht über diese Problemlage:

> »Die Renten sind sicher? – dies halte ich für einen seit Jahrzehnten gepflegten Selbstbetrug. Irgendwelche Renten: Ja, aber in der Summe betrachtet: Nein! Jede Regierung hat an dem System herumgeschraubt, aber keine kam an der Tatsache vorbei, dass immer weniger junge Menschen Jahr für Jahr die Renten von immer mehr älteren Mitbürgern per Umlage bezahlen müssen. Eine Rechnung, die immer weniger aufgeht.«[2]

Der Mustertext der BfA (Bundesversicherungsanstalt für Angestellte), der anfangs an die Bürger verschickt wurde, ging immerhin noch von einer (fiktiven) Rentensteigerung von in der Spitze 3,5 Prozent jährlich aus. Sie konnten dort beispielsweise lesen:

> »Ihre Rente wird aufgrund künftiger Rentenanpassungen tatsächlich höher ausfallen. Leider können wir die Entwicklung nicht vorhersehen. Wir haben zwei Varianten für Sie gerechnet. Beträgt der jährliche Anpassungssatz 1,5 Prozent, so ergäbe sich zum 65. Lebensjahr eine Rente von monatlich 1591,69 Euro, bei 3,5 Prozent eine solche von 1720,84 Euro. Diese Beträge sind insbesondere wegen eines Anstiegs der Lebenshaltungskosten in ihrer Kaufkraft nicht mit heutigen Einkommen vergleichbar.«[3]

Doch wie Sie in der vorhergehenden Kapiteln sehen konnten, sprechen die Fakten eine andere Sprache:

»Keine Form der Rente scheint mehr sicher zu sein – weder die staatliche noch die betriebliche noch die private. Alle drei Säulen des Systems haben in den vergangenen Monaten Risse bekommen. Das Einkommen im Alter ist für Millionen Deutsche kaum noch kalkulierbar.«[4]

Durch die Veränderung der Annahmen für die zukünftige Lohnentwicklung im Rentenversicherungsbericht der Bundesregierung und durch die beabsichtigte Weiterentwicklung der Rentenanpassungsformel mussten die bisherigen Dynamisierungswerte von 1,5 und 3,5 Prozent ebenfalls umgestellt werden. Am 4. März 2004 war es soweit: Prof. Dr. Franz Ruland, Geschäftsführer des Verbandes Deutscher Rentenversicherungsträger, erläutert anlässlich einer gemeinsamen Pressekonferenz der Rentenversicherung, dass die Renteninformationen ab sofort mit geänderten Dynamisierungswerten von 1,5 und 2,5 Prozent versandt werden.[5]

Beim zentralen Thema Renteninformation sind nicht alle einer Meinung. Deshalb haben wir im Folgenden einige Ausführungen zur Sache zusammengestellt. Lesen Sie einmal selbst, wer wann was über die Renteninformation gesagt hat:

»Der Bedarf an neutralen und objektiven Informationen beim Thema Altersrente wächst. Mit der seit Juni 2002 verschickten Renteninformation schaffen die Rentenversicherungsträger mehr Transparenz bei der persönlichen Altersrente und bieten ihren Versicherten eine solide Grundlage für die eigenverantwortliche Planung einer zusätzlichen Altersvorsorge ...«

Dies ist auf der Website unter www.verbandsforum.de zu lesen. Dann folgt die Begründung, wieso in der ersten versandten Version der Renteninformation eine Rentensteigerung von 1,5 und 3,5 Prozent angenommen und als Berechnungsgrundlage verwendet wurde:

»... Die Renteninformation enthält eine Hochrechnung der zu erwartenden Rente bei Erreichen des Alters 65 ohne Berücksichtigung einer Rentenanpassung sowie mit einer fiktiven Rentenanpassung von 1,5 Prozent und 3,5 Prozent. Dieser Korridor einer pessimistischeren und einer optimistischeren Variante zur Entwicklung der Rentenanpassung basiert darauf, dass sowohl der Rentenversicherungsbericht der Bundesregierung sowie auch die wirtschaftswissenschaftlichen Forschungsinstitute und die Europäische Kommission von einem langfristigen Anstieg der Nominallöhne in Deutschland von 2 bis 4 Prozent ausgehen ... In der Vergangenheit hat es zahlreiche Rentenerhöhungen gegeben, die deutlich über 3,5 Prozent gelegen haben. Und das nicht nur – wie vom Deutschen Institut für Altersvorsorge behauptet – in den sechziger und siebziger Jahren, sondern auch danach.«[6]

Die letzten Zeilen stammen ebenfalls von Prof. Dr. Franz Ruland. Insbesondere muss es wie Hohn in den Ohren der Versicherten klingen, wenn er sagt:

»Mit der seit Juni 2002 verschickten Renteninformation schaffen die Rentenversicherungsträger mehr Transparenz bei der persönlichen Altersrente und bieten ihren Versicherten eine solide Grundlage für die eigenverantwortliche Planung einer zusätzlichen Altersvorsorge.«

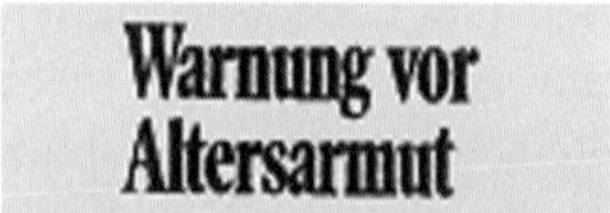
Warnung vor Altersarmut

Abbildung 6.5 Bild am Sonntag vom 20.01.2008

Tatsache ist: Die Rentenberechnung der DRV hat nur einen einzigen Wert. Sie nennt die Grundlage, von der weitere Berechnungen ausgehen können. Die angenommenen Rentensteigerungen von 1,5 Prozent, 2,5 Prozent oder in der ersten versandten Version gar 3,5 Prozent sind reine Fiktion. Nach dem Motto: Man nehme die Grundlage der jeweiligen Rente, hier die ermittelten Entgeltpunkte. Und rechne dann mit beliebigen fiktiven Steigerungssätzen pro Jahr eine unrealistische Prognose. Sozusagen als Beruhigungstablette für's Volk! Auch einige Zeilen eines Interviews zwischen der *Welt am Sonntag (WamS)* und Herrn Ruland sind in diesem Zusammenhang aufschlussreich:

»WamS: Wie kommt es dann, dass BfA-Vorstand Hartmann Kleiner der Ansicht ist, die Renteninformationen seien unvollständig?

Ruland: Das weiß ich nicht. Die Versicherten erhalten vier Berechnungen ihrer Rente, zwei ohne – was die Versicherungsfälle Alter und Erwerbsminderung angeht – und zwei mit einer Hochrechnung ...«

Auf die Frage der *Welt am Sonntag*, wieso denn nun Herr Kleiner sich beklagen würde, dass es problematisch sei, bei den beiden in der Renteninformation genannten, hochgerechneten Zahlen von einer Rentenanpassung von 1,5 im schlechtesten oder von 3,5 Prozent im besten Fall auszugehen, antwortet Ruland im gleichen Interview:

»Ruland: Auch dabei beruht unsere Renteninformation auf geltendem Recht. Entscheidend sind dabei die gesetzliche Rentenanpassungsformel und die Lohnannahmen der Bundesregierung. Letztere liegen derzeit bei zwei bis vier Prozent – und daran orientieren wir uns.«[7]

Sieh mal einer an: Da gab es offensichtlich einen ehrenwerten Ritter bei der BfA. Mal sehen, was über BfA-Vorstand Hartmann Kleiner außerdem gesagt wird:

> »An der Spitze der Bundesversicherungsanstalt für Angestellte (BfA) ist man sich offensichtlich nicht einig über den Wert der eigenen Informationen: Der BfA-Vorstandsvorsitzende Hartmann Kleiner nannte die bisher an Versicherte versandten Angaben über die künftige Rente an Versicherte in der Zeitung *Tagesspiegel unvollständig. Laut Kleiner ist es problematisch, die jährliche Rentenerhöhung mit 1,5 oder gar 3,5 Prozent anzugeben ...«*[8]

Eine weitere Pressemeldung bestätigt die Einstellung Kleiners:

> »Denn die Renteninformationen beschränken sich nicht auf die voraussichtlich noch zu erwartenden Rentenansprüche, sondern gaukeln dem Bürger mit angeblich steigenden Renten die Sicherheits-Wunderwelt aller bisherigen Sozialminister vor. Was von Fachleuten schon lange angeprangert wurde, wird jetzt auch von Amts wegen kleinlaut zugegeben. Hartmann Kleiner, Vorstandsvorsitzender der Bundesversicherungsanstalt für Angestellte (BfA), räumt ein, dass die Szenarien jährlicher Rentenerhöhungen um 1,5 Prozent oder 3,5 Prozent ›problematisch‹ und ›unvollständig‹ seien.«[9]

Auch die Begründung, wieso die ersten Rentenberechnungen »problematisch« und »unvollständig« seien, wird nachgeliefert:

> »Weshalb? Man hat schlicht ›vergessen‹, die Berechnung unter Berücksichtigung der Inflation zu erstellen. So sind eigentlich nur zwei Zahlenangaben im Kontostandsbericht relevant: Einmal die Angabe über die Höhe der derzeit erreichten Altersrente und die über die Höhe der derzeitigen Erwerbsminderungsrente ...«

Sie haben korrekt gelesen! Die Auswirkungen der Inflation wurden schlichtweg vergessen. Die Frage ist: Warum wird so etwas Entscheidendes vergessen? Will man Millionen von Versicherten eine Rentenillusion erhalten, obwohl man von amtlicher Stelle ahnen muss, dass diese Rentenillusion völlig fernab von der kommenden Realität liegt? Folgen wir den weiteren Ausführungen aus dieser unten genannten Quelle:

> »... Allenfalls als Näherungswert brauchbar ist die Angabe zur Rente mit 65 unter der Prämisse, dass der Versicherte bis zum 65. Lebensjahr kontinuierlich Rentenentgeltpunkte bekommt, wie er sie in den letzten 5 Jahren durchschnittlich erzielte. Bei allen anderen Rentenangaben produziert die BfA, beeinflusst von wem auch immer, wieder einmal üble Illusionen.«[10]

Und nun ein zu allem passender Schluss hinsichtlich der Aussagekraft der Renteninformation:

»... Bis auf weiteres versendet die Bundesversicherungsanstalt für Angestellte keine Renteninformationen mehr. Die Auswirkungen der Reformen sollen abgewartet werden. Bereits entschieden ist, die Rentenprognosen künftig konservativer zu rechnen. Statt 1,5 und 3,5 Prozent sollen für die Vorausberechnungen deutlich niedrigere Sätze gewählt werden. ›Es ist im Moment sauschwer‹, stöhnt BfA-Sprecher Rainer Helbing. Zumindest diese Renteninformation stimmt hundertprozentig ...«[11]

Wir hoffen, Sie haben diese Zitate und Quellen sorgfältig gelesen. Sie werden nun ein eigenes Urteil darüber haben, was sich hinter der BfA-»Rentenberechnung« verbirgt.

Ab dem Jahr 2005 kamen dann jedoch einige Zugeständnisse seitens der Deutschen Rentenversicherung (DRV). So wurde zumindest in den weiteren Erläuterungen angegeben, welchen Wert die Rente bei einer Inflation von 1,5 Prozent zum Rentenbeginn hat. Sie haben richtig gelesen: 1,5 Prozent. Sicherlich werden Sie nun die Horrormeldungen Anfang des Jahres 2008 im Kopf haben. Denn zu diesem Zeitpunkt lag die Inflation bei einem Spitzenwert von über drei Prozent. Auch in den Jahren zuvor lag die bekannt gegebene Inflation zwischen zwei und 2,5 Prozent. Noch schlimmer jedoch: Die obigen Inflationswerte gehen von einem Warenkorb aus. Dieser soll das Verbraucherverhalten der Bürger wiedergeben. Rentner haben jedoch andere »Warenkörbe« und in diesen liegt die Inflation meist noch höher. Daher ist es kein Wunder, dass die gefühlten Preissteigerungen bei Rentnern oft noch höher liegen. Nun jedoch zurück zu der 1,5-prozentigen Angabe in der Renteninformation. Für uns Autoren ist die Renteninformation somit noch schöner geredet, als Sie überhaupt schon ist.

Ein weiteres Zugeständnis im Jahre 2006 kam seitens der DRV hinsichtlich der Annahmen zur Rentensteigerung von 1,5 und 2,5 Prozent. Diese beiden Sätze wurden auf glatte ein und zwei Prozent gesenkt. Auch hier wurde es der DRV anscheinend klar, dass die hohen Rentensteigerungen nicht der Realität entsprechen. Doch auch hier sei angemerkt, dass bei jungen Menschen Rentensteigerungen überhaupt als realitätsfremd erscheinen, wie wir im Kapitel 1 bis 5 feststellten. Bei jungen Menschen sollten neben der

Inflation auch Rentensenkungen angenommen werden. Darauf kommen wir später jedoch noch genauer.

Inflation für Rentner doppelt so hoch!

Abbildung 6.6 Bild-Zeitung vom 05.04.2008

Im zweiten Teil des Buches werden Sie zwanzig Beispiele von Menschen mit ihren Rentenberechnungen detailliert kennen lernen. Diese Menschen werden eines Tages – stellvertretend für Millionen weiterer Angestellte und Arbeiter, Frauen und Männer – über die magere bis mickrige Rente verfügen, wie ich es auf den letzten Seiten ausführlich dargestellt habe. Kritiker könnten lediglich zwei Argumente gegen diese Berechnungen und gegen diese Dokumentation einer drohenden Altersarmut der breiten Masse vorbringen:

Argument 1

Man darf keine Inflation berechnen, weil der Nettolohnausgleich zum Inflationsausgleich führt.

Argument 2

Von künftigen Rentenkürzungen auszugehen ist unseriös.

Wir möchten nun zusammenfassend die Antworten auf diese beiden einzigen denkbaren Gegenargumente geben:

Antwort 1

Erstens führt der Nettolohnausgleich selten zum Ausgleich der tatsächlichen Inflation. Von einer Differenz auszugehen ist deshalb legitim. Zweitens: Wenn das Einkommen eines Versicherten steigt und gleichzeitig das so genannte Durchschnittseinkommen, bleiben die Entgeltpunkte womöglich gleich. Dies bedeutet, dass die Nettolohnsteigerung bei der versicherten Person eben nicht zwangsläufig zu einem inflationären Ausgleich führt. Insoweit darf mit einer inflationären »Bereinigung« gerechnet werden!

ALLES TEUERER!
Rentner leiden am meisten

Abbildung 6.7 Bild-Zeitung vom 16.04.2008

Antwort 2

Die Frage, ob die Annahme von zukünftigen Rentenkürzungen seriös oder unseriös ist, stellt sich weniger, wenn die Fakten auf dem Tisch liegen. Lassen wir deshalb die Fakten sprechen und betrachten wir einmal die Renten»steigerungen« der vergangenen neun Jahre:

Jahr	Rentensteigerung in Prozent
1995	0,50
1996	0,95
1997	1,65
1998	0,44
1999	1,34
2000	0,60
2001	1,91
2002	2,16
2003	1,04
2004	– 0,85
2005	0,00
2006	0,00
2007	0,54

Tabelle 6.2 Rentensteigerungen 1995 bis 2004

Quelle: www.beratungsrechner.de

Wer diese Zahlen betrachtet, fragt sich erstens, wieso die Bundesversicherungsanstalt überhaupt Hochrechnungen einsetzt, in denen eine 1-prozentige oder 2-prozentige Rentensteigerung angenommen wird. Zweitens werden Sie sich sicher auch die Frage stellen: Wird es nun dank der demografischen Entwicklung besser oder schlechter? Unserer Ansicht nach, wie die Fakten zeigen, wird es wohl eher schlechter werden! Das Jahr 2004 war aus unserer Sicht nur die erste Rentenkürzungs-Runde. Es wird nicht die letzte gewesen sein.

Sie finden am Ende dieses Kapitels einen neuen Entwurf einer Renteninformation. So, wie sie aussehen könnte. Aus dieser Musterinformation kann dann jede versicherte Person diejenige Zahl entnehmen, die ihr realistisch erscheint. Renten-Optimisten könnten mit 2,5 Prozent Rentensteigerung und ohne Berücksichtigung der Inflation die ihnen zustehende Rente ersehen. Renten-Realisten würden sich die Zahl mit 0 Prozent Rentensteigerung oder mit leichten Rentenkürzungen bei Berücksichtigung von einer geringen Inflation ansehen. Renten-Pessimisten würden die Zahl auswählen, die die höchste Rentenkürzung und höchste Inflation annimmt. In jedem Fall gilt: Der in diesem Buch erstmals präsentierte neue Entwurf einer möglichen (künftigen?) Renteninformation würde dem Einzelnen die Verantwortung für seine Altersvorsorge mit übertragen. Dies halten wir für allemal besser als das Spiel mit den positiven und angesichts der leeren Kassen irreführenden Zahlen und Prognosen.

Um außerdem ein wenig Aufklärungsarbeit zu leisten, haben wir uns übrigens einmal direkt an die damalige BfA gewandt. Hierbei entstand der folgende Schriftverkehr mit der BfA, der im Zusammenhang mit diesen beiden Antworten sicher interessant für Sie ist. Der Einfachheit halber geben wir Ihnen unsere Anfrage zusammen mit der Antwort der BfA ungekürzt wieder:

Anfrage an die BfA

Sehr geehrter Herr xxxxxx,

Beispiel (Original-Zahlen): Dirk 38 Jahre, klassische Altersrente

Rentensteigerung	Höhe der Rente
0 Prozent	1599 Euro
1,5 Prozent	2391 Euro
3,5 Prozent	4050 Euro

Rentenbezug in 27 Jahren.

Frage 1:
Alle diese oben genannten Zahlen beziehen sich auf die Rente des Kunden, die er heute in 27 Jahren ausgezahlt bekommt. Das bedeutet: Ich müsste – bei angenommenen 3 Prozent Inflation – alle diese Beträge, die ja erst heute in 27 Jahren kommen, mit 3 Prozent auf heute abzinsen. Damit hätte der Kunde dann eine realistische Vorstellung von der zu erwartenden Rente. Die 4050 Euro wären dann beispielsweise Stand heute rund 1823 Euro wert. Die 2391 Euro wären dann rund 1076 Euro wert. Das deckt sich mit Ihrer Aussage, dass man auch grob sagen kann, dass der bei 3,5 Prozent ausgewiesene Wert in heutiger Kaufkraft pi mal Daumen dem Wert bei 0 Prozent entspricht. Ist diese Betrachtungsweise dann korrekt, dass die ausgewiesenen Zahlen noch um die Inflation bereinigt werden müssen? Zumal ja auch der Hinweis in den Musterberechnungen steht, dass die Lebenshaltungskosten berücksichtigt werden müssen.

Frage 2:
Es ist also falsch!!!! wenn man mir seitens eines Rentenberaters sagte, dass die bei 0 Prozent ausgewiesene Rente (hier die 1599 Euro) bereits die heutige Kaufkraft meinen würde. Wenn dem so wäre, wären die Rentenansprüche in Kaufkraft selbst bei 0 Prozent angenommener Rentensteigerung erheblich. Nochmals: Ist diese Aussage, dass die 1599 Euro bei 0 Prozent Rentensteigerung bereits die heutige Kaufkraft meinen, richtig oder falsch?

Vielen Dank für eine kurze, präzise Rückmeldung!

Bernd W. Klöckner
Freier Finanzjournalist

Antwort der BfA

Sehr geehrter Herr Klöckner,
die von Ihnen getätigten Aussagen in der Frage 1 sind zutreffend. Die in den Renteninformationen ausgewiesenen Beträge mit 0, 1,5 oder 2,5 Prozent Anpassung entsprechen nicht der heutigen Kaufkraft, sondern müssten »abgezinst« betrachtet werden. Daher der explizite Inflationshinweis in den Renteninformationen. Insofern kann – sehr vereinfacht – gesagt werden, dass die hochgerechneten Beträge im Wesentlichen dem Wert der aktuell errechneten Altersrente entsprechen.

In diesem Zusammenhang ist die Aussage zu Frage 2 in der Tat unzutreffend. Der heutigen Kaufkraft entspricht lediglich die aktuelle Altersrente, da dieser weder in der Zukunft liegende Entgelte noch unterstellte Rentenanpassungen zu Grunde liegen, sondern lediglich die bis zum jetzigen Zeitpunkt zurückgelegten Zeiten und die aktuell geltenden (Berechnungs-) Werte.

Mit freundlichen Grüßen
XXXX XXXXX
Bundesversicherungsanstalt für Angestellte

Auch das Deutsche Institut für Altersvorsorge, dessen Broschüren und Informationsschriften wir Ihnen nur empfehlen können (www.dia-vorsorge.de), hat sich im November 2004 erfreulicherweise der bereits zuvor von uns mehrfach veröffentlichten Auffassung angeschlossen: Die Wirkung der Inflation auf die in der Renteninformation ausgewiesenen Rentenwerte ist erheblich, wird aber dennoch meist nicht beachtet. Hier finden Sie nun den Wortlaut der Pressemitteilung des Deutschen Instituts für Altersvorsorge (DIA):

> »Die Rentenkassen sind leer und Nullrunden bei der gesetzlichen Rentenversicherung an der Tagesordnung. Dass dies zukünftig eine deutliche reale Minderung der Renten bedeutet, ist vielen nur unzureichend bewusst, wie eine aktuelle Umfrage des Deutschen Instituts für Altersvorsorge (DIA) belegt. Bleibt es bei der seit drei Jahren betriebenen Politik der Renten-Nullrunden, müssen sich die Rentner von morgen wegen der Inflation

auf erhebliche Einbußen einstellen. Die reale Kaufkraft einer Standardrente von 1170 Euro beträgt für einen heute 30-Jährigen beim Eintritt in den Ruhestand mit 65 im Jahr 2039 – bei einer jährlichen Inflation von 1,5 Prozent – nur noch knapp 700 Euro (= minus 41 Prozent); 2054, also wenn er 80 Jahre alt ist, beträgt sie mit 550 Euro noch nicht einmal mehr die Hälfte. Dabei sind Steuern und Sozialversicherungsbeiträge noch nicht einmal berücksichtigt.«

Aktuelle Ergebnisse einer DIA-Untersuchung belegen, wie sehr diese langfristigen Auswirkungen der Inflation unterschätzt werden. Die unter 35-Jährigen beispielsweise meinen, die Kaufkraft von 100 Euro würde sich bei einer jährlichen Inflationsrate von 1,5 Prozent auf 77 Euro vermindern. In Wirklichkeit geht sie aber auf 59,39 Euro zurück. »Wer den Kaufkraftverlust seiner Rente unterschätzt, dem drohen im Alter böse Überraschungen«, so DIA-Sprecher Bernd Katzenstein. Für wenig hilfreich hält auch er in diesem Zusammenhang die Renteninformation der Bundesversicherungsanstalt für Angestellte (BfA). Dort werden zukünftige Altersrenten mit einem jährlichen Anstieg von 1 und 2 Prozent vorgerechnet, die dementsprechend weit von der Realität der realen Rentenhöhe entfernt sind.

»Vor allem die jüngeren Beitragszahler müssen seitens der Politik ehrlich und schonungslos darüber informiert werden, mit welchen realen Renten sie in Zukunft rechnen können«, betont Bernd Katzenstein. »Alles andere ist verantwortungslos und stürzt die Betroffenen in große Versorgungslücken.«[12]

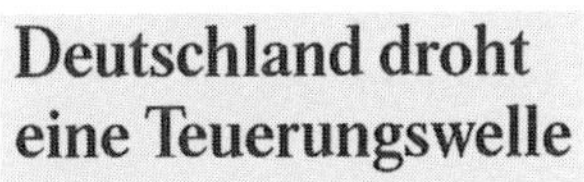
Deutschland droht eine Teuerungswelle

Abbildung 6.8 Frankfurter Allgemeine Zeitung vom 12.04.2008

Nachdem Sie nun noch mehr über das tatsächlich auf uns zurollenden Rentendesaster erfahren haben, möchten wir Ihnen sozusagen als Kontrast, bevor wir auf den Vorschlag zu einer Neufassung der Renteninformationen zu sprechen kommen, einige abschließende Zitate der politisch Agierenden in diesem Land vorstellen:

Beginnen wir mit einem Grußwort von Herrn Staatssekretär Dr. Achenbach anlässlich der Vertreterversammlung der Bundesversicherungsanstalt für Angestellte am 27. Juni 2002 in Lübeck. Er sieht die – wie wir gesehen haben, nicht ganz korrekte – Renteninformation des BfA nach wie vor als unkritisch an:

»Die neue Renteninformation bietet dem einzelnen die Chance, sich bereits früh einen Überblick über seine künftigen Einnahmen aus der gesetzlichen Rentenversicherung zu verschaffen. Und das ist notwendig: Gerade für junge Erwerbstätige war die Rente bislang eine sehr abstrakte Größe – regelmäßig verbunden mit nur sehr vagen Vorstellungen, sehr oft aber mit der Vorstellung, dass die Rente so bemessen sein wird, dass sie auch allein als Einkommen im Alter schon reichen wird, weiter zu leben im Wesentlichen wie bisher.«

Die vage Vorstellung, von der Achenbach spricht, kann und wird sich aufgrund der jetzigen Renteninformation auch nicht ändern. Auch der – möglicherweise trügerische – Eindruck, dass das Geld im Alter schon reichen wird, wird aus unserer Sicht durch die unrealistischen Hochrechnungen geradezu bestärkt.

Doch Achenbach spricht nun weiter über eine Transparenz, die mit der Renteninformation erreicht wird:

»Deswegen war es wichtig, nicht nur eine massive Förderung der kapitalgedeckten Zusatzvorsorge einzuführen, sondern mit der Renteninformation auch die nötige Transparenz für die Versicherten herzustellen. Denn nur wer abschätzen kann, was ihn persönlich konkret erwartet, kann verantwortlich Entscheidungen treffen, in welchem Umfang er zusätzlich vorsorgen will.«

Aus unserer Sicht irrt Dr. Achenbach hier erneut, wenn er von Transparenz spricht! Denn die Renteninformation vermittelt lediglich einen einzigen, grundlegenden Wert (hier den Wert bei 0 Prozent Rentensteigerung), von dem derzeit weitere, eine schöne Rentenwelt vorspiegelnde Zahlen berechnet werden. Stattdessen könnte man – wenn man wollte – weitere, realistische Berechnungen im Sinne unterschiedlicher Szenarien aufzeigen. Auf der

Basis der bislang versandten wie aktuellen Fassung der Renteninformation kann eben niemand – trotz der nach und nach bei jeder Neufassung sukzessive genauer genannten Inflationshinweises – abschätzen, was abzüglich der Inflation, der Berücksichtigung von möglichen Rentenkürzungen und abzüglich der zu zahlenden (aller Voraussicht nach steigenden) Beiträge in die Kranken- und Pflegeversicherung wirklich übrig bleibt.

Kommen wir nun zum Schluss der Achenbach'schen Erkenntnisse:

> »Jedenfalls bin ich mir sicher, dass mit der neuen Renteninformation auch ein erheblicher Beitrag zu dem nötigen Bewusstseinswandel und zu der nötigen Verhaltensänderung in Sachen Altersvorsorge einhergehen wird, die ich angesprochen habe. In meinen Augen entbehrt es nicht einer gewissen Tragik, dass dennoch die verbesserten Informationsmöglichkeiten, ja sogar die Schaffung eines Anspruchs auf eine sehr frühzeitige Renteninformation von einer teilweise so negativen Resonanz in den Medien begleitet war ... Es besteht auch nicht der geringste Grund, dass sich die Rentenversicherung hier in die Defensive drängen lässt. Das neue Instrument für mehr Transparenz und damit auch für mehr Versichertenfreundlichkeit darf und muss offensiv ›verkauft‹ werden.«

Im Rahmen meiner Tätigkeit als Honorarberater in Fragen der privaten Finanzplanung und in vielen Telefonaten nach meinen Auftritten in diversen TV-Sendungen habe ich (Bernd W. Klöckner) die völlig gegenteilige Erfahrung gemacht! Nach Gesprächen mit Hunderten von Betroffenen kann ich versichern, dass gerade die jetzige Fassung der Renteninformation zu keinerlei oder wenig Bewusstseinswandel beiträgt, und zwar aus folgendem Grund: Die Menschen lesen die ausgewiesenen Zahlen, nehmen – je nach persönlichem Geschmack oder persönlichem Rententraum – die ausgewiesene Rente bei 0 Prozent, 1 Prozent oder 2 Prozent Rentensteigerung ernst, heften alles ab und das war's. So handhabt es die breite Masse. Insbesondere die Behauptung »Sie helfen insbesondere bei der Einschätzung etwaiger ergänzender privater Vorsorgeformen, wenn es um die Kaufkraft im Rentenalter und die Inflationssicherheit geht«, entspricht meiner Erfahrung nach so ganz und gar nicht der Realität. Kurz gesagt: Die jetzige Renteninformation hilft in keiner Weise, wenn eine versicherte Person ihre Rentenansprüche nach Berücksichtigung der Inflation realistisch einschätzen will! Da die Renteninformation nur mit positiven Rentensteigerungen rechnet, wiegt sie die Versicherten vielmehr mit dieser einseitigen Art der Berechnung in trügerischer Sicherheit!

Was gibt es sonst noch zu lesen zum Thema Renteninformation? Nicht nur die BfA, auch die LVA hat ihre neue Renteninformation mit vielen lobenden Worten vorgestellt:

> »Die Renteninformation ... ist vielmehr ein neuer Service der Landesversicherungsversanstalt (LVA) für mehr Transparenz bei der Altersversorgung. Die Empfänger können dort lesen, wie hoch ihre zukünftige Rente einmal ausfallen könnte. Dabei legt die LVA die aktuell gültigen Gesetze zu Grunde ... Die Renteninformation präsentiert neben dem derzeit erreichten Eurobetrag zusätzlich zwei Hochrechnungen über die weitere Entwicklung der Rente. Diese Hochrechnungen mit zwei Varianten von 1,5 und 3,5 Prozent spiegeln die Bandbreite der in der Vergangenheit erreichten jährlichen Rentenerhöhungen, das mögliche zukünftige Wirtschaftswachstum sowie die Abschläge bei der Riesterrente wider. Sie helfen insbesondere bei der Einschätzung etwaiger ergänzender privater Vorsorgeformen, wenn es um die Kaufkraft im Rentenalter und die Inflationssicherheit geht. Die Berechnungen beruhen auf Annahmen der Europäischen Union, der Bundesregierung und des Sachverständigenrats ...«[13]

Zum Abschluss der Beschäftigung mit der Frage der Renteninformation möchten wir Ihnen einen Auszug aus dem *Abendblatt* vom 13. September 2003 vorstellen. Dieser soll nur als zusätzliche Dokumentation dienen, damit Sie sehen, wie wichtig die genaue Darstellung der Rentenwirklichkeit ist. Denn die möglichen Auswirkungen der Inflation und die Abgaben zur Kranken- und Pflegeversicherung sollten eben berücksichtigt sein:

> »Doch BfA-Sprecher Rainer Helbing verteidigt die Annahmen. Sie basierten auf den vom Sachverständigenrat für die kommen-

den Jahre erwarteten Steigerungsraten für die Löhne und Gehälter, und daran orientierten sich die Renten: ›Das sind die Daten, die vor zwei Jahren richtig waren. Es gibt einfach keine anderen.‹ Zudem seien in den zurückliegenden Jahrzehnten die Renten um weit mehr als um 3,5 Prozent pro Jahr gestiegen. Allerdings liegt die Steigerungsrate in den alten Bundesländern seit 1995 im Schnitt nur noch bei 0,9 Prozent jährlich ...«

Das *Abendblatt* kritisiert zu Recht die Ausführungen des BfA-Sprechers:

»Umstritten ist jedoch schon die Aussagekraft der ersten, gar nicht auf möglichen Steigerungen beruhenden Prognosezahl ... dass etwa der von jedem Rentenempfänger zu zahlende Eigenanteil zur Kranken- und Pflegeversicherung – rund acht Prozent der Bruttorente – nicht abgezogen wird. Dabei werde inzwischen sogar eine Anhebung des Eigenanteils auf rund zwölf Prozent diskutiert.«[14]

Mit diesen abschließenden Zitaten und Kommentaren wird nochmals klar, welch große, einseitig auf Rentensteigerungen ausgerichtete Mogelpackung als Renteninformation mit der Botschaft »Sichere Rente – Sichere Planungsdaten« an Millionen von Menschen versandt wird. Dabei wäre es so einfach, diese Renteninformation neu zu fassen, wie unser folgender Vorschlag zeigt. Das einzige kritische Argument hierzu, das wir immer wieder hören, sei es von der Seite der BfA oder auch aus dem Mund von sich herausgefordert fühlenden Talkgästen in TV-Diskussionen, lautet »Die privaten Versicherer machen das aber auch nicht!« Wir meinen, auch wenn es die privaten Versicherer nicht machen, sollte der Staat doch mit gutem Beispiel vorangehen.

Vorschlag zu einer Neufassung der jährlich versandten Renteninformation

Unser Vorschlag zu einer überarbeiteten Form der Renteninformation soll im Sinne von wirklicher Information eine Orientierungshilfe für die Bürger sein.

Es wäre ein Leichtes für die Deutsche Rentenversicherung, diesen Vorschlag unmittelbar zu übernehmen. Dabei gilt nochmals: Dies ist völlig unabhängig davon, ob die private Versicherungswirtschaft es ebenfalls tut oder nicht! Immer wieder argumentiert die staatliche Rentenbehörde, dass man äußert: »Private Versicherer weisen in ihren Berechnungen auch nicht auf die Inflation hin ...« Oder ähnlich! Doch immer wieder heißt es hier von politisch Verantwortlichen beziehungsweise den entsprechenden Stellen: »Das können wir nicht«. Wenn die Versicherungsanstalten sagen »Wir können das so nicht machen«, gilt der alte Spruch »Wer sagt, ich kann nicht, will nicht!« Doch nun die Details.

Wenn der Staat schon pleite ist, wenn die Staatsverschuldung astronomische Höhen erreicht hat und die nach Blüm'schem Mantra »sichere Rente« letztlich so unsicher ist wie niemals zuvor, dann sollten der Staat und die regierenden Politiker ihrer Verantwortung nachkommen und Renteninformationen versenden, die einem normalen Bürger eine Vorstellung hinsichtlich des kommenden Renten-Desasters ermöglichen. So wäre es beispielsweise eine Leichtigkeit, die Renteninformationen – wenn auf der einen Seite Hochrechnungen mit angenommenen Rentensteigerungen gemacht werden – mit der zusätzlichen Information zu versehen, wie der Rentenanspruch bei beispielsweise 1,5 oder 2,5 Prozent jährlicher Rentenkürzung aussehen würde. Ferner sollten alle berechneten Werte, also der Anspruch aufgrund der Entgeltpunkte (unter der Voraussetzung, dass die versicherte Person weiterhin so viel verdient wie in den letzten fünf Jahren), die mit positiven 1,5 und 2,5 Prozent hochgerechnete Altersrente und auch die mit (dann neuen) negativen 1,5 oder 2,5 Prozent hochgerechnete Altersrente ausgewiesen werden.

Nun möchten wir Ihnen also den neuen Entwurf einer Renteninformation vorstellen. So könnte sie aussehen – wenn man denn wollte.

Die Renteninformation soll eine verlässliche Basis sein, damit jeder seine Versorgung im Alter besser einschätzen und im Falle von Versorgungslücken entsprechend planen kann. Die jetzige Renteninformation streut den Menschen offensichtlich den dafür vorgesehenen Sand in die Augen. Es ist höchste Zeit, die Bürger dieses Landes als mündige Bürger ernst zu nehmen. Wäre die Renteninformation schon umgestellt, würde sie die oben erwähnten zusätzlichen Informationen bereits enthalten, so könnte jeder Bürger für sich entscheiden, welches der Renten-Szenarien aus seiner Sicht realistisch ist. Derzeit sorgen die amtlichen, schwarz auf weiß dokumentierten – unserer Ansicht nach unvollständigen – Renteninformationen dafür, dass sich Millionen von Menschen – trotz drohendem Rentenkollaps – in mehr oder weniger Sicherheit wiegen, was ihre Rente und Altersvorsorge betrifft.

Doch wir möchten nicht immer nur die BfA kritisieren, sondern auch einen Vorschlag in Richtung Bundesversicherungsanstalt machen. Die Renteninformation wurde in einigen Punkten geändert. Dies möchten wir hier als Muster für die Versicherungsanstalt bereitstellen (siehe Abbildung 6.9).

Schnelllebig und keine Sicherheit für die Bürger – Die Historie der BfA/DRV-Renteninformationen

Die BfA-Renteninformation, heute heißt sie DRV-(Deutsche Rentenversicherung) Renteninformation, erhalten Sie seit dem Jahre 2002. Heute befinden wir uns (Redaktionsschluss) im Jahre 2008. Es vergingen lediglich sechs Jahre. Sechs Jahre voller Veränderungen in der Rentenpolitik und auch in der DRV-Renteninformation – zum Leid jeden Bürgers. Eine Rentenlüge! Das Leid erkennen Sie später in den rund 20 Praxisfällen. Um die Historie der Rentenlügen geht es in diesem Kapitel. Bürger, die sich auf die erste Renteninformation im Jahre 2002 verlassen haben, sahen Jahr für Jahr die Veränderungen in der Renteninformation. Veränderungen völlig schöngeredeter Zahlen, die Jahr für Jahr realistischer und schlechter wurden. Sind diese Renteninformationen jedoch realistisch genug? Wir meinen: Nein! Wie auf den vorigen Seiten in unserem Vorschlag dargestellt, entspricht die heutige Renteninformation immer noch nicht der wahren, jedoch auch harten Realität. Haben Sie sich schon einmal die Renteninformation in den vergangenen Jahren genauer angesehen? Sind Sie auch einer derjenigen, die auf die Zahlen der Rente – auf die Hochrechnungen – schauen, sich die besten Zahlen merken und die Renteninformationen dann archivieren? Vielleicht fiel Ihnen dann schon auf, dass nach und nach die positiven Wunschvorstellungen der BfA bzw. Deutschen Rentenversicherung Bund zurückge-

Bernd W. Klöckner
www.berndwkloeckner.com

Berlin

Datum 31.01.2005

Renteninformation 2005

Die Renteninformation

Sehr geehrter Herr Klöckner,

längst hat das Thema „Altersvorsorge" seinen festen Platz in der öffentlichen Diskussion. Jeder möchte für sich so gut wie möglich vorsorgen. Dabei spielt die Information, welche Leistungen man von der gesetzlichen Rentenversicherung erwarten kann, eine zentrale Rolle, welche Leistungen die gesetzliche Rentenversicherung jedem Einzelnen bietet.

Damit Sie Ihre Vorsorge besser planen können, übersenden wir Ihnen von nun an jährlich Ihre aktue Renteninformation. Sie gibt Ihnen einen Überblick über Ihre bereits erreichten und für die Zukunf zu erwartenden Ansprüche. Außerdem können Sie mit ihrer Hilfe nachvollziehen, wie sich Änderung in Ihren persönlichen Verhältnissen, aber auch gesetzliche Neuregelungen auf Ihre zu erwartende Rente auswirken. Diese führt im Einzelnen folgende Positionen auf:

- **Ihre bislang erworbenen Rentenanwartschaften**
- **Die einer Rente wegen voller Erwerbsminderung**
- **Eine Hochrechnung Ihrer künftigen Altersrente**
  (Szenarien mit / ohne Rentensteigerung/Rentenkürzung, mit/ohne Inflation)
- **Die bisher gezahlten Beiträge**

Als besonderen Service fügen wir Ihrer Renteninformation einen Versicherungsverlauf bei. Darin hab wir für Sie alle uns bekannten Zeiten zusammengestellt, die für Ihre Rente wesentlich sind. Sollter Zeiten fehlen, wenden Sie sich bitte an uns. Möglicherweise haben Sie in der ehemaligen DDR vor dem 01.01.1992 weitere Zeiten zurückgelegt, die uns noch nicht bekannt sind. Für diese Zeiten ist beachten, dass für die am 31.12.1991 im Betrittsgebiet vorhandenen Lohnunterlagen nur eine gesetzlic Mindestaufbewahrungsfrist bis Ende 2006 gilt. Nach diesem Zeitpunkt kann es für Sie z.B. schwier sein, tatsächlich erzielte Arbeitsverdienste nachzuweisen.

Anlage
Renteninformation
Versicherungsverlauf

Renteninformation 2005

Die Renteninformation

vom: 31.01.2005
für: Klöckner, Bernd W.

In dieser Renteninformation haben wir für Sie vom 01.05.1982 bis zum 31.12.2003 gespeicherten Daten (siehe Versicherungsverlauf) und das geltende Rentenrecht berücksichtigt. Änderungen in Ihren persönlichen Verhältnissen und gesetzliche Änderungen können sich auf Ihre zu erwartende Rente auswirken. Bitte beachten Sie, dass von der Rente auch Kranken- und Pflegeversicherungsbeiträge sowie gegebenenfalls Steuern zu zahlen sind. Auf der Rückseite finden Sie zudem wichtige Erläuterungen und zusätzliche Informationen.

Rente wegen voller Erwerbsminderung
Wären Sie heute wegen gesundheitlicher Einschränkungen voll erwerbsgemindert, bekämen Sie eine monatliche Rente von: **1.267,50 EUR**
Beachten Sie hier, dass eine volle Erwerbsminderung erst nach bestimmten Voraussetzungen eintritt, wo wir Sie gerne beraten.

Höhe Ihrer künftigen Altersrente
Ihre bislang erreichte Rentenanwartschaft entspräche zum 65. Lebensjahr nach heutigem Stand einer monatlichen Altersrente von: **623,36 EUR**
Sollten bis zu Ihrem des 65. Lebensjahr Beiträge wie im Durchschnitt der letzten fünf Kalenderjahre gezahlt werden, bekämen Sie ohne Berücksichtigung von Rentenanpassungen von uns eine monatliche Altersrente von: **1.935,41 EUR**

Damit Sie sich auf die zukünftigen Entwicklungen einstellen können, haben wir Ihnen eine Tabelle bereitgestellt, aus der Sie für verschiedene Szenarien mit und ohne Inflation die Ihnen zustehende Rente ersehen können. Basis ist die obige Hochrechnung der Rente von: 1.935,41 EUR

Zusätzlicher Vorsorgebedarf
Da die Renten im Vergleich zu den Löhnen künftig geringer steigen werden und sich somit die spätere Lücke zwischen Rente und Erwerbseinkommen vergrößert, wird eine zusätzliche Absicherung für das Alter wichtiger ("Versorgungslücke"). Bei der ergänzenden Altersvorsorge sollten Sie - wie bei Ihrer zuerwartenden Rente - den Kaufkraftverlust beachten.

Muster

Bitte nehmen Sie diesen Beleg zu Ihren Unterlagen.

Renteninformation 2005

Versicherter: **Klöckner, Bernd W.**

Szenario

Rentenanpassung	Inflation						
	0,0	**0,5**	**1,0**	**1,5**	**2,0**	**2,5**	**3,0**
2,5	3.960,64	3.427,28	2.967,87	2.571,87	2.230,28	1.935,41	1.680,68
2,0	3.436,99	2.974,15	2.575,48	2.231,84	1.935,41	1.679,52	1.458,47
1,5	2.980,49	2.579,13	2.233,41	1.935,41	1.678,35	1.456,45	1.264,76
1,0	2.582,81	2.235,00	1.935,41	1.677,17	1.454,41	1.262,12	1.096,01
0,5	2.236,60	1.935,41	1.675,98	1.452,36	1.259,46	1.092,94	949,09
0,0	1.935,41	1.674,78	1.450,28	1.256,78	1.089,85	945,76	821,28
-0,5	1.673,56	1.448,19	1.254,07	1.086,74	942,40	817,81	710,17
-1,0	1.446,08	1.251,35	1.083,61	939,03	814,31	706,65	613,64
-1,5	1.248,60	1.080,46	935,63	810,79	703,10	610,14	529,84
-2,0	1.077,28	932,21	807,25	699,54	606,63	526,43	457,14
-2,5	928,77	803,69	695,96	603,10	523,00	453,85	394,12
-3,0	800,12	692,37	599,56	519,56	450,56	390,99	339,53
-3,5	688,76	596,00	516,11	447,25	387,85	336,57	292,27
-4,0	592,43	512,65	443,93	384,70	333,61	289,50	251,40

Anmerkung zur Inflation: Die statistische Inflation für 10 Jahres-Zeiträume seit 1950 lag zwischen 1,7 und 4,5 Prozent.

Anmerkung zur Rentensteigerung/Rentenkürzung: Die Rentensteigerung der letzten Jahre lag für 10-Jahres-Zeiträume bei folgenden Prozentwerten: 1,06 (1994-2004), 3,07 (1984-1994, 5,52 (1974-1984).
2004 betrug die Rentensteigerung -0,85 Prozent *,
2003 1,04 Prozent und 2002 2,16 Prozent.

Beispiel: Sie gehen von einer Inflation von 2 Prozent und einer Rentenanpassung von Minus 3 Prozent aus, dann würden Sie eine Altersrente von 450,56 Euro nach heutiger Kaufkraft mit dem 65. Lebensjahr erhalten.

*Keine Erhöhung, jedoch voller Beitrag zur Pflegeversicherung

Bitte nehmen Sie diesen Beleg zu Ihren Unterlagen.

Renteninformation 2005

Grundlagen der Rentenberechnung

Die Höhe Ihrer Rente richtet sich im Wesentlichen nach Ihren durch Beiträge versicherten Arbeitsverdiensten. Diese rechnen wir in **Entgeltpunkte** um. Ihrem Rentenkonto schreiben wir einen Entgeltpunkt gut, wenn Sie ein Jahr lang genau den Durchschnittsverdienst aller Versicherten (zurzeit 29.569 EUR) erzielt haben. Daneben können Ihnen aber auch Entgeltpunkte für bestimmte Zeiten gutgeschrieben werden, in denen keine Beiträge (z.B. für Fachschulausbildung) oder Beiträge vom Staat, von der Agentur für Arbeit, von der Krankenkasse oder anderen Stellen (z.B. für Wehr- oder Zivildienst, Kindererziehung, Arbeitslosigkeit und Krankheit) für Sie gezahlt wurden. Um die Höhe der Rente ab dem 65. Lebensjahr zu ermitteln, werden alle Entgeltpunkte zusammengezählt und mit dem so genannten aktuellen Rentenwert vervielfältigt. Der aktuelle Rentenwert beträgt zurzeit 26,13 EUR in den alten und 22,97 EUR in den neuen Bundesländern. Das heißt, ein Entgeltpunkt entspricht heute beispielsweise in den alten Bundesländern einer monatlichen Rente von 26,13 EUR. Beginnt die Rente vor oder nach dem 65. Lebensjahr, führt dies zu Abschlägen bzw. Zuschlägen bei der Rente.

Rentenbeiträge und Entgeltpunkte

Bisher haben wir für Ihr Rentenkonto folgende Beiträge erhalten:	
Von Ihnen	**56.016,30 EUR**
Von Ihrem/n Arbeitgeber/n	**56.016,30 EUR**
Von öffentlichen Kassen (z.B. Krankenkassen, Agentur für Arbeit)	**3.497,33 EUR**
Für Ihre Kindererziehungszeiten wurden vom Bund pauschale Beiträge gezahlt.	
Aus den erhaltenden Beiträgen und Ihren sonstigen Versicherungszeiten haben Sie bisher insgesamt Entgeltpunkte in folgender Höhe erworben:	**23,8561**

Rente wegen voller Erwerbsminderung

Bei einer Rente wegen Erwerbsminderung schreiben wir Ihnen, sofern Sie das 60. Lebensjahr noch nicht vollendet haben, zusätzliche Entgeltpunkte gut, ohne dass hierfür Beiträge gezahlt worden sind. Eine Erwerbsminderungsrente wird auf Antrag nur gezahlt, wenn in den letzten fünf Jahren vor Eintritt der Erwerbsminderung mindestens drei Jahre Pflichtbeitragszeiten vorliegen.

Höhe Ihrer künftigen Altersrente

Sollten für Sie in den letzten fünf Kalenderjahren auch Beiträge für Zeiten der beruflichen Ausbildung oder der Kindererziehung gezahlt worden sein, haben wir für diese nur bei der Berechnung Ihrer bislang erreichten Rentenanwartschaft, nicht jedoch für die Ermittlung des Durchschnittwerts berücksichtigt. Für eine zuverlässige Prognose über die Höhe Ihrer zukünftigen Altersrente können diese Zeiten nicht herangezogen werden.

Rentenanpassung

Die Dynamisierung (Erhöhung) der Rente erfolgt durch die Rentenanpassung. Sie richtet sich grundsätzlich nach der Lohnentwicklung, die für die Rentenberechnung – insbesondere aufgrund der demografischen Entwicklung – nur vermindert berücksichtigt wird. Die Höhe der zukünftigen Rentenanpassung kann nicht verlässlich vorhergesehen werden. Wir haben daher Ihre Altersrente unter Berücksichtigung der Annahmen der Bunderegierung zur Lohnentwicklung dynamisiert. Die ermittelten Beiträge sind – wie alle weiteren späteren Einkünfte (z.B. aus einer Lebensversicherung) – wegen des Anstiegs der Lebenshaltungskosten und der damit verbundenen Geldentwertung (Inflation) in Ihrer Kaufkraft aber nicht mit einem heutigen Einkommen in dieser Höhe vergleichbar (**Kaufkraftverlust**). So werden bei einer Inlationsrate von beispielsweise 5 Prozent zu Ihrem 65. Lebensjahr 100 EUR voraussichlich nur noch eine Kaufkraft nach heutigen Werten von etwa 74 EUR besitzen.

Bitte nehmen Sie diesen Beleg zu Ihren Unterlagen.

Renteninformation 2005

Die Renteninformation

Abweichungen von vorherigen Renteninformationen
Möglicherweise werden Sie feststellen, dass die in dieser Renteninformation berechneten Renten von den in der vorherigen Renteninformation ausgewiesenen Beträgen abweichen. Dies kann verschiedene Ursachen haben.

Rechtänderungen:
Die vorherigen Renteninformation ist auf der Basis der damaligen Rechtslage erstellt worden. Damit die gesetzliche Rentenversicherung finanzierbar bleibt, wird sie den wirtschaftlichen und gesellschaftlichen Rahmenbedingungen angepasst. Dies erfolgte zuletzt durch das Rentenversicherungs-Nachhaltigkeitsgesetz. Die darin enthaltenden Änderungen zur

- Abschaffung der Bewertung der Zeiten schulischer Ausbildung (außer Fachschule)

und zur

- Abschaffung der generellen Höherbewertung der ersten 36 Kalendemonate mit Pflichtbeitragszeiten als Zeiten der Berufsausbildung

können die Berechnungen in dieser Renteninformation beeinflusst haben. Dies gilt auch für die unter Berücksichtigung zukünftiger Rentenanpassungen errechneten Rentenbeträge. Aufgrund der ebenfalls erfolgten Änderung der Rentenanpassungsformel wird bei zukünftigen Rentenanpassungen berücksichtigt, wie sich das Verhältnis der Anzahl der Rentner zur Anzahl der Beitragzahler entwickelt. Außerdem liegen den Prognosen reduzierte Annahmen zur künftigen Lohnentwicklung zugrunde.

Änderungen in den persönlichen Verhältnissen:
Sind Ihrem Rentenkonto seit der letzten Renteninformation weitere Beiträge zugegangen, führt auch dies zu einer Veränderung der errechneten Rentenbeträge. Dies gilt insbesondere für die bis zur Vollendung des 65. Lebensjahres hochgerechneten Beiträge, wenn die tatsächlich erziehlten Arbeitsverdienste von den in der vorherigen Renteninformation unterstellten Verdiensten (Durchschnitt der letzten fünf Jahre) abweichen.

Kontenerklärung
Als besonderen Service fügen wir Ihrer Renteninformation einen Versicherungsverlauf bei. Darin hat wir für Sie alle uns bekannten Zeiten zusammengestellt, die für Ihre Rente wesentlich sind. Sollter Zeiten fehlen, wenden Sie sich bitte an uns. Möglicherweise haben Sie in der ehemaligen DDR vor dem 01.01.1992 weitere Zeiten zurückgelegt, die uns noch nicht bekannt sind. Für diese Zeiten ist beachten, dass für die am 31.12.1991 im Betrittsgebiet vorhandenen Lohnunterlagen nur eine gesetzlic Mindestaufbewahrungsfrist bis Ende 2006 gilt. Nach diesem Zeitpunkt kann es für Sie z.B. schwier sein, tatsächlich erzielte Arbeitsverdienste nachzuweisen.

Besteuerung der Alterssicherung
Seit Jahresbeginn 2005 ist die steuerrechtliche Behandlung von Aufwendungen für die Altersvorso einerseits – also beispielsweise der Rentenversicherungsbeiträge – und der sich daraus ergebende Alterseinkünfte andererseits – hier insbesondere der Renten aus der gesetzlichen Rentenversicheru – neu geregelt worden.
Beitragszahler können ihre Rentenversicherungsbeiträge als Sonderausgaben bis zu einem Höchstbet absetzen, zunächst anteilig und ab 2025 voll. Dies führt im Laufe der Jahre zu einer steigenden Entlastung der Beitragszahler. In Gegenzug werden Renten in Abhängigkeit vom Jahr des Rentenbegi stärker und ab dem Rentenzugang 2040 voll steuerpflichtig.

Bitte nehmen Sie diesen Beleg zu Ihren Unterlagen.

Abbildung 6.9 Vorschlag für eine neue Renteninformation

© Bernd W. Klöckner, Verwendung in Vorträgen, Büchern oder Artikeln nur mit Genehmigung des Autors.

schraubt wurden. Wir zeigen Ihnen in der folgenden Historie die jährlichen Veränderungen in den Renteninformationen der letzten sechs Jahre.

2002

Das Jahr für den Startschuss der Renteninformation. Bürger erhielten zum ersten Mal einen Überblick über die bisherigen Zahlungen und Hochrechnungen ihrer Rente. Versicherten liegt ein zweiseitiges Anschreiben vor, in dem über die künftige Renteninformation informiert wird. Hier die wichtigsten Kennzahlen, welche in der ersten Renteninformation angegeben wurden:

- Erworbene Entgeltpunkte, sowie deren Ermittlung.
- Rente bei Erwerbsminderung.
- Heutiger Rentenstand
- Hochrechnung der Rente zum 65. Lebensjahr bei 0 / 1,5 und 3,5 Prozent jährlicher Rentensteigerungen, wenn in der Zukunft so viele Entgeltpunkte erworben werden, wie im Durchschnitt der letzten fünf Kalenderjahre.
- Versicherungszeiten und Rentenbeiträge
- Hinweise zur Berechnung, Hochrechnung der Rente und Erwerbsminderungsrente

2003

Als die ersten Renteninformationen im Umlauf waren, bemängelten einige Kritiker – so auch die Autoren dieses Buches –, dass kein Hinweis zur Inflation gegeben wird. Die Hochrechnung könnte somit von Bürgern zu positiv interpretiert werden. Im Jahr 2003 wurde daraufhin der Hinweis zur Inflation gebracht. Jedoch lediglich mit folgendem Satz bei der Hochrechnung:

> »Diese Beträge sind – insbesondere wegen der Veränderung der Lebenshaltungskosten – nicht mit der Kaufkraft heutiger Einkommen vergleichbar.«

2004

Keine Änderungen

2005

Nach der Pilotphase von 2002 bis 2004 wurden im Jahr 2005 an alle Versicherten – insgesamt rund 42 Millionen – eine Renteninformation versandt. Hier wurden die Änderungen schon drastischer. Im Einzelnen:

- Hinweis auf zu zahlende Kranken- und Pflegeversicherungsbeiträge und ggf. Steuern.
- Bei der Hochrechnung der Altersrente wurde der höchste Rentenanpassungssatz von 3,5 auf 2,5 Prozent heruntergesetzt.
- Hinweis auf die Vorsorgungslücke und zusätzlichen Vorsorgebedarf, da
  ... »die Renten im Vergleich zu den Löhnen künftig geringer steigen werden und sich somit die spätere Lücke zwischen Rente und Erwerbseinkommen vergrößert, ...«
  so die Renteninformation.
- Hinweise zu den Rentenanpassungssätzen – der wichtigste Satz hier wohl:
  »Die Höhe der zukünftigen Rentenanpassungen kann nicht verlässlich vorhergesehen werden.«
- Berechnung von 100 Euro zukünftiger Rente bei einem Kaufkraftverlust von 1,5 Prozent.
- Hinweis zur Renteninformation bei Rechtsänderungen.
- Hinweis zur Besteuerung der Altersrenten.

Kurz gesagt: Im Jahr 2005 fiel der BfA/DRV auf, dass den Versicherten die Inflationswirkung mit einem Kaufkraftverlust von 1,5 Prozent dargestellt werden sollte. Sie erinnern sich: Im Jahr 2007 lagen wir bei einer statistischen Inflation von rund drei Prozent – also das Doppelte. Der BfA/DRV fiel zudem auf, dass der Rentenanpassungssatz von 3,5 Prozent zu hoch angesetzt wurde und auf 2,5 Prozent herabgesetzt. Die BfA/DRV sah weiter ein, dass die Höhe der zukünftigen Rentenanpassungen nicht verlässlich vorhergesehen werden können und die Renten im Vergleich zu den

Löhnen geringer steigen. Zudem wurden in der Renteninformation ab 2005 steuerliche- und sozialversicherungsrechtliche Aspekte berücksichtigt, die im Jahr 2005 in Kraft traten. Erstmalig wurde auch auf eine eventuelle Vorsorgelücke hingewiesen, die im Alter entstehen könnte, wenn nicht privat vorgesorgt wird.

2006

Nach den zahlreichen Änderungen im Jahr 2005 wird die Renteninformation im Jahr 2006 wiederum geändert. Folgende Punkte heben wir hier hervor:

- Die Rentenanpassungssätze der Hochrechnung werden mit nur noch einem und zwei Prozent Rentensteigerungen angenommen.
- Wer genau hingesehen hat, findet eine Änderung beim Satz zu den Rentenanpassungssätzen – hier erst der Hinweis voriger Renteninformationen bis 2005:

»Sie können davon ausgehen, dass die errechnete Altersrente in Höhe von XXX EUR aufgrund künftiger Rentenanpassungen tatsächlich höher ausfallen wird.«

Wird durch folgenden Satz in der Fassung von 2006 an ersetzt:

»Aufgrund zukünftiger Rentenanpassung kann die errechnete Altersrente in Höhe von XXX EUR tatsächlich höher ausfallen.«

Kurz gesagt: Die BfA/DRV, bzw. die Bundesregierung, revidiert noch einmal die Zahlen der Rentenanpassungssätze nach unten. Nur ein Jahr nach den verringerten Zahlen nun nochmals eine schlechtere Prognose mit einem und zwei Prozent. Zudem wurde der Hinweis, dass die Rentenanpassungssätze höher ausfallen werden, in »es kann sein« umformuliert. Das zeigt unserer Meinung nach schon eine Unsicherheit hinsichtlich positiver Rentenanpassungen.

2007

Im Jahr 2007 wurde nur eine Änderung vollzogen. Diese ist aufgrund der Hochsetzung der Regelaltersrente auf das Alter 67 zurückzuführen. So gibt die Renteninformation die Rente bei den betroffenen Personen bei Rentenbeginn mit dem 67. Lebensjahr wieder. Negativ ist hier anzusehen, dass dem Versicherten nicht dargestellt wird, welche Abschläge er hinnehmen muss, wenn er mit dem 65. Lebensjahr in Rente geht. Zumindest gibt es einen Hinweis darauf.

2008

Keine Änderungen.

Was könnte obige Historie der Renteninformation für Millionen von Deutschen bedeutet haben? Gehen wir hier mal auf ein fatales Beispiel ein: Stellen Sie sich Herrn Maier vor. Herr Maier hat im Jahre 2002 auf die Renteninformation vertraut. Er dachte: »Warum privat vorsorgen, ich bekomme doch eine gute gesetzliche Rente.« Herr Maier hat hier zudem auch die 3,5-prozentige Rentensteigerung angenommen. Drei Jahre später erhielt Herr Maier nochmals eine Renteninformation und stellte fest, dass der höchste Rentenanpassungssatz um einen Prozentpunkt geschrumpft ist. »Schlimmer kann es nicht werden«, ging in Herr Maiers Kopf vor, der seine angenommene Rente nun gekürzt sieht. Zusätzlich jedoch machte er sich die Mühe und berechnete die Rente nach Inflation bei 1,5 Prozent. Nach der Berechnung mit einem Taschenrechner stellte er fest, dass die Rente recht gering ist, doch immerhin noch im Rahmen bei 2,5 Prozent Rentensteigerung. Herr Maier liebt zudem Talkshows und sah sich einige Sendungen über die Rente an. Hier kam ihm die Überlegung, dass die Rente doch nicht allzu sicher sei. Im Jahr 2006 flatterte die nächste Renteninformation ins Haus. Hier sah Herr Maier, dass die Rentenanpassung nochmals gekürzt wurde, somit auch seine Rentenannahme. Nun wurde er ängstlich und nahm lediglich die Rente bei einprozentiger Rentenanpassung an. Nach Inflation, so stellte er fest, bleibt nur noch recht wenig übrig. Im Jahr 2007 vernimmt er zudem, dass er bis zum 67. Lebensjahr arbeiten müsse. Da er einen körperlichen Beruf ausübt, packt ihn die Angst, nicht bis 67 arbeiten zu können und somit Rentenabschläge (Kürzungen) hinnehmen muss. Er wendet sich an Finanzberater Fritz.

Fritz rät sehr verantwortungsbewusst, mit keiner Rentenanpassung zu rechnen. Weiter nimmt er eine Inflation von 2,5 Prozent an, die auch etwa im Durchschnitt der letzten Jahre erreicht wurde. Übrigens liegt hier die »Rentnerinflation«, also die Inflation, die gerade Rentner für die gekauften Produkte spüren, um einiges höher. Zurück zum Beispiel und den Zahlen, die Finanzberater Fritz nun Herrn Maier vorlegt. Herr Maier hat demnach nur eine geringe Rente, mit der er wohl gerade über die Runden kommt. Die beiden suchen nun nach Lösungswegen.

Nehmen wir an, Herr Maier ist heute 40 Jahre jung. Die erste Renteninformation hat er mit dem 35. Lebensjahr erhalten. Somit vergingen schon fünf Sparjahre, die er hätte effektiv nutzen können. Hieraus entsteht ein Verlust und gewaltige Mehrkosten für Herrn Maier. Das zeigen wir Ihnen im Folgenden. Herr Maier möchte nun mit 65 ein Vermögen von 100 000 Euro aufbauen. Rechnen wir mit einem Anlagezins von sechs Prozent:

Monatliche Sparrate ab Sparbeginn mit dem 40. Lebensjahr:	148 Euro
Monatliche Sparrate ab Sparbeginn mit dem 35. Lebensjahr:	103 Euro
= Monatliche Mehrkosten durch Rentenlüge:	45 Euro

Herr Maier erreicht somit das Sparziel nur mit einer Sparrate von 148 Euro. Hätte er fünf Jahre eher begonnen, also zu dem Zeitpunkt, als ihm die erste Renteninformation im Jahre 2002 ins Haus »flatterte«, hätte er nur 103 Euro monatlich sparen müssen. Durch die Rentenlügen der BfA/DRV-Renteninformationen hat Herr Maier eine monatliche Mehrbelastung in Höhe von 45 Euro.

Übrigens: Wenn Herr Maier 200.000 Euro erreichen möchte, hätte er einen Verlust von 90 Euro monatlich. Bei 300.000 Euro einen Verlust von 135 Euro

Die heutige Deutsche Rentenversicherung Bund teilte beim Start der Renteninformation in der Pressemitteilung 2002 Folgendes mit:

> »Alle Versicherten sollen so früh wie möglich eine neutrale Planungsgrundlage für ihre persönliche Altersvorsorge erhalten.«[15]

Leider wurde die frühe Planungssicherheit durch immer wiederkehrende Herabsetzungen zunichte gemacht. Dabei hatten schon andere Organisationen früh kritisiert, dass die Annahmen in der

Renteninformation zu unrealistisch seien. Im Jahr 2002 wurde direkt vom Gesamtverband der Deutschen Versicherungswirtschaft e.V. Folgendes kritisiert:

»Daran bemängelt der GDV, dass durch die angenommene Rentendynamik von bis zu 3,5% Rentensteigerung pro Jahr besonders für junge Menschen die Versorgungslücke im Alter verdeckt wird.«

Auch dass kein Ausweis der Inflation angegeben wird, wurde bemängelt. Der GDV weiter:

»Auch die Wirkung der Inflation wird nicht erläutert.«[16]
Schon früh wurden die Punkte der Renteninformation bemängelt, die erst später umgesetzt wurden. Das hätte schon viel eher passieren können. Dadurch verloren viele Bürger bare Sparzeit.

Doch wir glauben nicht an ein Ende der berühmten Fahnenstange bei den Renteninformationen. Realität und Wahrheiten werden weiterhin nach und nach in die Renteninformationen einfließen. Was denken Sie nach obiger Historie? Glauben Sie weiterhin, dass die Renteninformation auf das Renteneintrittsjahr mit dem 67. Lebensjahr Bestand behält? Glauben Sie daran, dass weiterhin positive, statt negative Rentenanpassungssätze angegeben sind? Glauben Sie daran, dass die Inflation weiterhin mit lediglich 1,5 Prozent angenommen wird?

Schauen wir uns hierzu einige Stellungnahmen an, die selbst die heutige Renteninformation zur Rentenlüge macht.

Bernd Katzenstein, Sprecher des Deutschen Instituts für Altersvorsorge, teilt in der Zeitschrift *Geldidee* 02/2008 Folgendes mit:

»Die Nettorealität bildet die offizielle Renteninformation nicht ab. Sie rechnet Inflation nur unzureichend und Abgabenlast gar nicht ein.«

Am 05. April 2008 titelte die Bild-Zeitung zur Inflation bei Rentnern:

»Inflation für Rentner doppelt so hoch.«

Auch die Anhebung des Renteneintrittsalters auf 67 Jahren wurde von vielen als versteckte Rentenkürzung kritisiert. So wurde der Wirtschaftsweise Bert Rürup in der *Tagesschau* am 01.02.2006 folgendermaßen interpretiert:

> »Das Heraufsetzen des Renteneintrittsalters sei zwar die richtige Antwort auf die immer längere Rentenbezugsdauer.«

Rürup weiter:

> »Damit dies aber nicht zu einer versteckten Rentenkürzung für die zukünftigen Rentner führt, müsse alles getan werden, um deutlich mehr ältere Arbeitnehmer in Beschäftigung zu bekommen.«

Auch Hubertus Schmoldt, IG-BCE-Chef, äußerte sich ähnlich:

> »Einmal werde voraussichtlich für die überwältigende Mehrheit der Arbeitnehmer gar nicht die Möglichkeit bestehen, bis zum 67. Lebensjahr zu arbeiten. Zum anderen würden viele einen viel größeren Abschlag bei ihrer Rente hinnehmen müssen als bisher.«

Auch Vorstandsmitglied der IG Metall, Hans Baur, äußerte sich in der *Welt*:

> »Das ist ein Programm zur Rentenkürzung.«

Schon kurz nach dem Beschluss der Rente mit 67 äußerte sich der CDU-Innenminister Schäuble weiter zu der Anhebung der Lebensarbeitszeit. So sagte er in einem Interview in der Zeitschrift *Capital* zur Rente mit 67:

> »Ja, aber da sind wir noch nicht am Ende.«

Die Bundesbank äußerte sich ebenfalls in einer Pressemitteilung zu einer Anhebung auf das 68,5. Lebensjahr. Das wurde jedoch von der Deutschen Rentenversicherung (DRV) im *Handelsblatt* vom 24.04.2008 folgendermaßen zurückgewiesen:

> »Der demografische Wandel endet nicht 2030. Wir werden dann neue Antworten finden müssen, damit die Rente weiterhin finanzierbar bleibt.«

Nach einer langfristigen Strategie gegen eine Altersarmut hört sich diese Stellungnahme nicht an. Es hört sich danach an, als ob immer erst gehandelt wird, wenn die Kassen leer sind. Dadurch kann man auch nicht langfristig auf die Renteninformation vertrauen, die ja von der DRV erstellt wird. Sie ist schlichtweg eine Rentenlüge. Bleibt die Inflation weiter hoch, so wird der Inflationssatz von jetzt 1,5 Prozent vielleicht auf 2,5 Prozent angehoben. Bleiben Rentensteigerungen aus, so werden vielleicht nur noch der Rentenanpassungssatz von null Prozent angeboten. Kommen Rentenkürzungen, so werden diese vielleicht erst viel später in die Renteninformation eingebaut. Mit Langfristdenken hat das nichts zu tun, und die jetzigen Angaben sind Rentenlügen.

Für Sie gilt: Betrachten Sie die Renteninformation mit kritischen Augen. Es werden Jahr für Jahr neue Zugeständnisse – auch in der Renteninformation – erscheinen. So war es in der Vergangenheit der Fall und so wird es auch in der Zukunft sein. Jedes Jahr, welches Sie der Renteninformation Vertrauen schenken, könnte ein effektives Sparjahr sein, indem Sie den Zinseszinseffekt nutzen können. Denken Sie an den Spruch: »Viel (Spar-)Zeit mal wenig Geld. Wenig Zeit mal viel Geld«.

Aktuelle Lage der Rentenkasse im Mai 2008

Immer wieder wird die Rentenkasse als stabil empfunden. Gerade die positiven Wirtschaftszeiten, in denen ein Silberstreif am Horizont gesichtet wird, werden dazu genutzt, um die Rentenkasse als stabil zu bezeichnen. Die SPD-Bundestagsfraktion beschreibt die außerplanmäßige Rentenerhöhung zum 01.07.2008 um 1,1 Prozent in einer Pressemitteilung vom 08.05.2008 wie folgt:

> »Diese Maßnahme ist finanzierbar, ohne den Beitragssatz der Rentenversicherung zu erhöhen, denn aufgrund des wirtschaftlichen Aufschwungs und der deutlich verbesserten Arbeitsmarktsi-

tuation ist eine Stabilisierung der Rentenkassen eingetreten. Das bedeutet: Jüngere werden nicht mehr belastet und das System der Rentenversicherung bleibt stabil.«[17]

Das *Handelsblatt* hingegen bezifferte die Rentenerhöhungen in 2008 um 1,1 Prozent und 2 Prozent in 2009 mit Mehrbelastungen der Rentenkassen bis 2011 um 9,1 Milliarden Euro. Im Regierungsentwurf, so das Handelsblatt, werden »langfristig keine unmittelbaren Belastungen« der Rentenkassen genannt.[18]

Tatsächlich erzielen die Rentenkassen von Januar bis April 2008 ein Milliarden-Plus. Die Nachhaltigkeitsrücklage der Rentenkassen stieg damit auf 10,2 Milliarden Euro, so das *Handelsblatt* am 15.05.2008. Damit stieg diese innerhalb eines Jahres um 2,4 Milliarden Euro.[19]

Nun zählen wir einmal eins und eins zusammen, wenn die weiterhin positive Wirtschaftsentwicklung in Deutschland anhält, und erstellen eine einfache Rechnung:

Rücklagen der Rentenkassen zum 01.05.2008:	**10,2 Mrd. Euro**
+ jährlicher Anstieg der Rücklagen der Rentenkassen:	3 × 2,4 Mrd. Euro p.a.
= Rücklagen der Rentenkassen zum 01.05.2011:	17,4 Mrd. Euro
– Mehrbelastungen der Rentenkassen bis 2011 durch Rentenerhöhungen:	9,1 Mrd. Euro
= wirkliche Rücklagen der Rentenkassen zum 01.05.2011:	8,3 Mrd. Euro

Somit würde die Rentenkasse 2011 unter dem Niveau von 2008 liegen. Da jedoch gerade einige Lohnabschlüsse zu vermelden sind, werden die Rücklagen voraussichtlich stärker steigen, da mehr Beitragseinnahmen zu verzeichnen sind. Fraglich ist jedoch, wie die Bundesregierung die Rücklagen auf 40 Mrd. Euro aufstocken möchte, wie es das *Handelsblatt* meldet. Zudem kann der Beitragssatz zur Rentenversicherung durch die Rentenerhöhungen nicht schon 2011 gekürzt werden, sondern erst 2014. Geplant war eine Senkung im Jahre 2011 von 19,9 auf 19,4 Prozent, wie noch von der Bundesregierung am 21.11.2007 gemeldet wurde.[20] Doch weniger als ein halbes Jahr später können die Beitragszahler auch weiterhin belastet werden. Die Rentenerhöhung geht also klar auf Kosten der Jüngeren bzw. der Beitragszahler.

Übrigens: Ein Plus in der Rentenkasse ist es ohnehin nicht, da der Bund rund 80 Mrd. Euro jährlich aus Steuergeldern in die Rentenkasse zahlt. Es wäre also Augenwischerei zu sagen, dass die Rentenkassen stabil sind.

Zurzeit befinden wir uns in Deutschland in einer guten wirtschaftlichen Lage. Die Arbeitslosenzahlen sinken und somit spülen weitere Beitragszahler Milliarden in die Rentenkassen. Nach obiger Rechnung bleiben die Rentenkassen wirklich stabil auf einem Level. Was jedoch, wenn der Wirtschaftsaufschwung wieder zurückgeht? So war es beispielsweise 2005 der Fall. Hier gab es schon die ersten Stimmen hin zu Rentenkürzungen. Lesen wir hierzu, was der Direktor des Verbandes Deutscher Rentenversicherungsträger am 02.04.2005 wiedergibt:

> »Sollten sich Befürchtungen realisieren, dass die Lohnentwicklung negativ verläuft, hätte dies Auswirkungen auf die Anpassung 2006«.[21]

Denn nur bei negativer Lohnentwicklung sind Rentenkürzungen möglich.

CSU-Bundesminister Horst Seehofer hält jedoch am 27.07.2005 im *Stern* dagegen:

> »Sie können nicht, nur weil die Wirtschaft nicht läuft, die Renten kürzen.«[22]

Aha, Herr Seehofer. Aber wenn die Wirtschaft gut läuft, kann man die Renten erhöhen?! Schon bei der Rentenerhöhung kam Herr Seehofer bei *Reuters* am 13.04.2008 zu Wort:

> »Die einfachste politische Antwort wäre, dass die Renten so steigen wie die Löhne«.

Gehen wir einen Schritt weiter und nehmen wir an, die Wirtschaft wird in den nächsten Jahren schrumpfen und die Rentenkassen somit wieder belasten. Laut Seehofer kann man die Renten dann ja nicht wieder kürzen. Es bleiben somit zwei Möglichkeiten:

1. Die vorgesehene Beitragssenkung, die schon auf 2014 verschoben wurde, kann nicht mehr vollzogen werden.
2. Die Rentenkasse muss durch weitere Steuermilliarden gestützt werden.

Der nordrhein-westfälische Ministerpräsident Jürgen Rüttgers äußerte sich hier schon klarer am 13.04.2008. Wenn die Politik Beschlüsse zur Rente macht und es keine Beitragseinnahmen gebe,

> «dann muss sie die Steuermittel aufbringen, um das zu finanzieren«, so der CDU-Politiker,
> »es wird volkswirtschaftlich nicht funktionieren, dass wenige Menschen im Arbeitsprozess viele Rentner finanzieren«.[23]

Hier ist jedoch die Frage: Wer zahlt die meisten Steuern? Eher die Beitragszahler oder die Rentner? Im Umkehrschluss zahlen dann trotzdem wieder die Steuerzahler für die Rentner.

Zu der aktuellen Rentenerhöhung passt also der folgende Satz: Ausgaben von heute sind die Steuern von morgen.

Was tun?

Ganz gleich ob Sie Arbeiter/in sind oder Angestellte/r, ob Sie gut verdienen oder schlecht, oder ob Sie schon ein wenig älter sind, sich im mittleren Alter befinden oder ob Sie noch jünger sind. Die mangelhafte Information der Versicherungsanstalten betrifft Sie alle!

Sie kennen nun die in diesem Buch genannten Fakten und Zahlen und werden im zweiten Teil an den zwanzig ausgesuchten Beispielen von Menschen wie Sie und wir einige möglicherweise recht reale Szenarien erleben. Sie wissen nun besser, warum Sie sich auf das staatliche Rentensystem nicht weiter verlassen sollten. Denn für die kommenden Jahre und Jahrzehnte ist der Trend unumkehrbar! Der einzige Ausweg des Staates wäre unserer Ansicht nach, einen Vorsorgezwang auszuüben, statt eine staatlich verordnete Zwangsversicherung in Gang zu halten.

Natürlich wird die Altersarmut auch künftig nicht jeden treffen. Aber die Altersarmut wird immer mehr Menschen betreffen. Das ist die alles entscheidende Botschaft. Hand auf's Herz: Wollen Sie selbst riskieren, eines Tages mit 65 Jahren (wahrscheinlich noch später wegen des im Laufe der nächsten Jahre sukzessive hochgesetzten Rentenalters) mit einer monatlichen Rente nach heutiger Kaufkraft zwischen 200 und 400 Euro auszukommen? Sieht so die Vorstellung aus, die Sie bisher von Ihrer Rentenzeit hatten? 365 Tage Urlaub, also der längste Urlaub Ihres Lebens, und 200 bis 400 Euro im Monat für alle anstehenden Ausgaben? Gut, legen wir was drauf und es kommt nicht ganz so tragisch: Es wären 600 Euro stand heutiger Kaufkraft. 600 Euro Rente, für die Sie ein Leben lang ordentlich und teils richtig gut eingezahlt haben. Ist das Ihre Vorstellung von einer angenehmen Rentenzeit, in der Sie Reisen machen und Ihre neu gewonnene Freizeit genießen wollen?

Große Tabelle So viel kostet Sie die Rente mit 67!

Abbildung 6.10 Bild-Zeitung vom 10.03.2007

Die alles entscheidende Botschaft lautet: Übernehmen Sie Verantwortung. Sie müssen zunächst einmal genau wissen, wie hoch Ihre Rente eines Tages einmal sein wird. Es ist nicht damit getan, die Renteninformation zu erhalten, abzuheften und Dinge zu sagen wie »Es wird schon gut gehen!« Wer so denkt, verliert! Wer so denkt, riskiert Armut im Alter!

Auf den Punkt gebracht

Bevor Sie die in diesem Buch und besonders in diesem Kapitel »Die Rentenlüge – Armut im Alter für Millionen« beschriebenen Fakten und Zahlen nicht kannten, konnten Sie noch sagen »Das habe ich alles nicht gewusst«. Bis jetzt waren Sie womöglich unschuldig im Sinne von »ohne Kenntnis«. Wenn Sie jedoch dieses Buch bis hierhin gelesen haben, tragen Sie ab jetzt eine Mitschuld, wenn Sie sich eines Tages im Rentenalter einen Schlafplatz unter einer Brücke suchen müssen. Ab jetzt gilt: Sie sind mitschuldig. In dem Sinne, dass Sie selbst Verantwortung dafür übernehmen (oder auch nicht), die drohende Armut im Alter abzuwenden. Wollen Sie Ihre Lage verändern? Wir empfehlen Ihnen, zu handeln: Sie müssen ihre individuelle Rentenberechnung kontrollieren. Sie müssen – gegebenenfalls mit einem Berater Ihres Vertrauens – die in Ihrer Renteninformation genannten Zahlen auseinander nehmen und Ihre unterschiedlichen Szenarien mit oder ohne Inflation, mit oder ohne angenommene Rentenkürzungen berechnen. Die alles entscheidende Botschaft lautet: Rechnen Sie! Dann handeln Sie!

Noch ein Hinweis für alle letztlich immer wieder auf den Staat vertrauenden Menschen. Zwei Dinge sollten Sie sehr, sehr nachdenklich machen. Erstens: Während wir dieses Buch schrieben, wurde gerichtlich ein Fall bekannt, wo eine Hypothek auf das Haus einer 66-jährigen Frau eingetragen wurde, damit diese so für die Pflegekosten der Mutter aufkommen könne. Das Urteil wurde zwar letztlich zugunsten der 66-jährigen Frau gefällt. Dennoch zeigt allein der Versuch, wie verzweifelt heute bereits schon gekämpft wird, um das Geld für die ständig steigenden Pflegekosten erstattet zu bekommen. Zweitens: Ebenfalls in die Zeit des/unseres Schreibens an diesem Buch fiel die Klage von Interessensverbänden, dass die dritte Renten-Nullrunde in 2006 verfassungswidrig sei. Diese Klage wurde abgewiesen. Begründung sinngemäß: Nullrunden sind in Ordnung und verfassungsgemäß, sofern es dem Wohle der Allgemeinheit gilt. Ein Schelm, wer nun Böses dabei denkt und prognostiziert, dass auch Rentenkürzungen, regelmäßige Rentenkürzungen ganz normal (und für verfassungsgemäß) erklärt werden. Warum: Das Wohl der Allgemeinheit ist ohne dauerhafte Nullrunden und Minusrunden bereits heute absehbar gefährdet.

1 www.spd.de/menu/1748852 ; 27.05.2008

2 http://www.heute.de/ZDFheute/inhalt/24/0,3672,2075192,00.html.

3 Mustertext einer BfA-Rentenberechnung (alt).

4 http://www.stern.de/wirtschaft/geld/?eid=530340&id=520157&s=0&nv=ex–rt.

5 vdr aktuell, Renteninformation, Berlin 4. März 2004.

6 http://www.verbandsforum.de/?navid=852&view=16251&from=0.

7 http://www.wams.de/data/2003/08/17/154562.html.

8 http://www.welt.de/data/2003/08/12/151803.html.
9 http://www.dbcontent.de/ITmaxxClassic/bin/ITmaxxClassicServer.dll?Article?ID=1335&Session=106-X7Wt8MRW-0-2143347200406061221.
10 http://www.dbcontent.de/ITmaxxClassic/bin/ITmaxxClassicServer.dll?Article?ID=1335&Session=106-X7Wt8MRW-0-2143347200406061221.
11 http://www.stern.de/wirtschaft/geld/index.html?id=520157&p=3&nv=ct–cb&eid=530340 vom 15. März 2005.
12 Pressemitteilung des Deutschen Instituts für Altersvorsorge (DIA), im November 2004.
13 http://www.gdp-bgs-bezirknord.de/Bezirk/Unter/senior/senior.html#LVA1208.
14 http://www2.abendblatt.de/daten/2003/09/13/207674.html?prx=1.
15 http://www.deutsche-rentenversicherung.de/nn_5256/DRV/de/Inhalt/Presse/Pressemitteilung/Archiv__VDR__aktuell/2002/2002__05__17.html
16 http://www.gdv.de/Presse/Pressearchiv_Linkliste/Pressemeldungen_2002___Uebersicht/inhaltsseite.html
17 http://www.pressrelations.de/new/standard/result_main.cfm?pfach=1&n_firmanr_=109407&sector=pm&detail=1&r=323128&sid=&aktion=jour_pm&quelle=0
18 http://www.handelsblatt.com/News/Politik/Deutschland/_pv/_p/200050/_t/ft/_b/1409215/default.aspx/rentenplan-mit-bitterem-nachgeschmack.html vom 28.03.2008
19 http://www.handelsblatt.com/News/Politik/Deutschland/_pv/_p/200050/_t/ft/_b/1430580/default.aspx/rentenkassen-verzeichnen-milliarden-plus.html vom 15.05.2008
20 http://www.bundesregierung.de/nn_61030/Content/DE/Artikel/2007/11/2007-11-20-rentenversicherungsbericht-2007.html vom 20.11.2007
21 http://www.stern.de/wirtschaft/steuern/:Lohnentwicklung-2006-Rentenk%FCrzung/538529.html vom 02.04.2005
22 http://www.stern.de/politik/deutschland/543589.html?nv=ct_mt vom 27.07.2005
23 http://de.reuters.com/article/domesticNews/idDEHUM33905120080413 vom 23.04.2008

7. Magerkost für Rentner – Vollpension für Politiker und Beamte?

Jedem das Seine, mir das meiste!

K. Walter,
amerikanischer Erfolgspsychologe

Während den heutigen und vor allem den künftigen Rentnern Magerkost im Alter droht, gibt es nicht wenige unter den politisch Handelnden und Beamten, insbesondere jedoch die verschiedenen ehemaligen Politiker, die sich die dafür vorgesehenen Taschen vollladen. Skrupellos wird in manchen Fällen kassiert und auf die selbst geschaffene Rechtslage verwiesen. Die Ansprüche, die dann über Jahre und Jahrzehnte gezahlt werden, entsprechen oftmals einem Millionenvermögen! Dabei handelt es sich um Beträge, für die Angestellte und Arbeiter im Vergleich Hunderte von Jahren arbeiten müssten!

Auch wenn das Thema dieses Buches die Rentenlüge gegenüber Arbeitern und Angestellten ist, geht es im Folgenden in wenigen Worten um das drohende Szenario »Magerkost für Rentner – Vollpension für Politiker und Beamte«. Wobei die Wirklichkeit im Sinne leerer Kassen im Laufe der kommenden Jahre auch die Beamten einholen wird. Was bleibt, ist die Selbstbedienung, die in der politischen Klasse weiter verbreitet zu sein scheint, als der arglose Bürger oftmals annimmt. Angesichts der in diesem Buch ausführlich dokumentierten Zahlen über die mageren bis mickrigen Renten für Otto-Normal-Verbraucher muss es den Menschen in diesem Land wie Spott erscheinen, wie die politische Klasse ihre eigene Versorgung optimiert, sichert und ausbaut. Welch erbärmliches Bild gaben im Januar 2005 so manche Politiker ab, als sie dabei ertappt wurden, wie sie Kostenpauschalen ohne Wahlkreisbüro kassieren, sich zusätzliche Einkommen – teils in beträchtlicher Höhe – von Unternehmen zahlen lassen und so weiter. Dazu Luxus-Renten in Höhe von 4300 Euro nach nur acht Jahren Arbeit als Politiker. Und, und, und ... Die Raffke-Mentalität so mancher

Die Rentenlüge. Bernd W. Klöckner und Werner Dütting

ISBN 978-3-527-50411-4

»Er argumentierte gegenüber der Presse damit, dass seine Pauschale (die genannten 3589 Euro/Monat) für's Tanken verbraucht würde. So müsse er das ganze Land bereisen. Entsprechend oft würde er an Tankstellen stehen.«

Der betreffende Politiker in *BILD*

Politiker kennt dabei offensichtlich weder Grenzen noch Schamgefühl. Es wird gelogen, getrickst, geschummelt und betrogen. In Zahlen (Stand Januar 2005): Bundestagsabgeordnete kassieren neben den Diäten, die rund 7000 Euro pro Monat ausmachen und bei guter Arbeit durchaus berechtigt sind, zusätzlich eine Pauschale von 3589 Euro im Monat. Bis zum Jahr 2008 sind die Zahlen natürlich noch gestiegen, 7339 Euro gibt es als Diäten und die Pauschale beträgt 3720 Euro. Als Ausgleich für »Unkosten«. Wobei es eigentlich »Kosten« heißen müsste. Denn Unkosten heißt ja soviel wie Nicht-Kosten. Und für nicht anfallende Kosten müsste ja nichts bezahlt werden. Möglicherweise ist das Wort Unkosten im Sinne von »nicht vorhandene Kosten« dennoch die bessere Bezeichnung. Weil die meisten Abgeordneten das Kassieren dieser Pauschale immer wieder damit begründen, dass sie eigene Bürgerbüros in ihren Wahlkreisen unterhalten. Neben den Abgeordneten, die in der Tat ein solches Büro unterhalten und hier völlig zu Recht eine Pauschale für die so entstehenden Kosten bekommen, gibt es leider die – ich nenne sie mal »Raffkes«. Das sind die Volksvertreter, die Geld kassieren und beispielsweise gar kein eigenes Büro im eigenen Wahlkreis haben. Nehmen wir den ehemaligen Postminister Wolfgang Bötsch (CSU). In Frankfurt arbeitet er in einer Anwaltskanzlei. In Würzburg lebt er. Bötsch betreut Mandanten und berät Firmen. Dazu hält er Vorträge. Gegen Honorar. Ein Bürgerbüro hat Bötsch nicht. Warum er keines hat, will er nicht begründen. Er sei nicht auskunftspflichtig, äußerte er als Begründung bei Nachfragen der Presse.

Sie haben es selbst beschlossen
Politiker-Pension steigt doppelt so stark wie die Rente!

Abbildung 7.1 Bild-Zeitung vom 28.03.2007

Ein argumentatives Eigentor schoss sich ebenfalls ein anderer bekannter Politiker. Er argumentierte gegenüber der Presse damit, dass seine Pauschale (die genannten 3589 Euro/Monat) fürs Tanken verbraucht würde. Denn er sei ständig im ganzen Land unterwegs. Entsprechend oft würde er an Tankstellen stehen. – Diese Argumentation dokumentiert die Dreistigkeit, das Lügen, Schummeln und Schwindeln einer Vielzahl von Politikern auf herrliche Weise. Denn: Wer nur ein bisschen rechnet, kommt zu eigenartigen Ergebnissen. Nehmen wir diesen Politiker ernst und seine Aussage, dass die ihm zustehende Pauschale »im Wesentlichen« fürs Tanken verwendet wird. Rechnen wir also wie folgt:

Anteil der Pauschale fürs Tanken	3000 Euro
Spritpreis Diesel (Annahme)	1,08 / Liter
Für 3000 Euro bekommt man	2777,78 Liter
Verbrauch l/100 km (Annahme)	12 Liter
Also …	120 Liter für 1000 km
	1200 Liter für 10000 km
	2400 Liter für 20000 km
	2777 Liter für 23141 km

Bevor Sie hier von einer Kilometerleistung pro Jahr ausgehen, denken Sie daran: Der Politiker fährt nach eigenen Angaben 23141 Kilometer pro Monat. Wobei man angesichts dieser Leistung sagen muss: Er lässt sich hoffentlich fahren. Rechnen wir weiter: Bei 140 km/Stunde (durchschnittliche, bereits sehr, sehr zügige

Geschwindigkeit) wäre der Politiker sage und schreibe 165 Stunden im Monat im Auto unterwegs. Anstelle des Begriffes »40-Stunden-Woche« müsste es bei ihm offensichtlich heißen »40-Fahrtstunden-Woche«. Wobei das ganze, das sollte mittlerweile deutlich geworden sein, nur eine unendlich dumme Argumentation dieses Politikers ist. Selbst bei einer 7-Tage-Woche entspricht das einem angeblichen, täglichen Fahrpensum von rund sechs Stunden. Tag für Tag, sieben Tage die Woche, keinen Samstag, keinen Sonntag. Schlecht gelogen! Selbst wenn wir eine 6-Tage-Woche unterstellen, sprechen wir von knapp sieben Stunden reiner Fahrzeit. Tag für Tag. Dieser Politiker sollte sich für seine wenig überzeugenden und letztlich das Volk für dumm verkaufenden Ausreden entschuldigen, die er zudem in Zeiten bringt, in denen es dem Volk wahrlich wenig berauschend geht.

Professor Hans-Herbert von Arnim brachte es einmal auf den Punkt, als er gegenüber der Presse sagte, dass diese Pauschale für viele Abgeordnete letztlich ein steuerfreies Zusatzeinkommen ist.

Selbst bei einer 7-Tage-Woche entspricht das einem angeblichen, täglichen Fahrpensum von rund sechs Stunden. Tag für Tag, sieben Tage die Woche, keinen Samstag, keinen Sonntag. Schlecht gelogen!

Während wir dieses Buch verfassen, werden und wurden außerdem weitere Beispiele für solche »Abzockerfälle« von hohen Beamten und Ministern öffentlich. Viele bekannte Beispiele wandern immer wieder durch die Presse. Nehmen wir im Rahmen dieses Buches einmal die weniger bekannten Namen. Sie sind Beispiele dafür, wie die politische Klasse in ihrem sich selbst gesetzlich zugeschusterten Luxus-Ruhestand lebt und diesen genießt, während die breite Masse eines Tages im Armenhaus sitzen wird und Persilscheine nur bei Discountern wie Aldi oder Lidl einlösen darf. Lesen Sie selbst ...

Frank Ebel (50)

Staatssekretär der Berliner Sport- und Wirtschaftsverwaltung über zwei Jahre. Mit 47 Jahren wurde er in den einstweiligen Ruhestand geschickt, weil die PDS das Ressort übernahm. Der Sozialdemokrat, der beteuert »Ich will arbeiten«, kassierte 5500 Euro im Monat über die ersten zwei Jahre. Jetzt, im Januar 2005 sind es 3800 Euro pro Monat. Die alles entscheidende Frage lautet: Wieso will niemand einen so qualifizierten Mitarbeiter einstellen? Oder liegt es daran, dass Frank Ebel arbeiten will, es aber keinem sagt?

Renate Jürgens-Pieper (53)

Kultusministerin in Niedersachsen über vier Jahre. Als die SPD im Jahr 2003 die Wahl dort verlor, gab es zunächst über drei Monate jeden Monat satte 11243 Euro. So genanntes Übergangsgeld. Dann folgten 21 Monate mit immerhin 5621 Euro pro Monat und es folgen als Beamtenpension jeden Monat stolze 4576 Euro. An dieser Stelle möchte ich nun mal einen etwas anderen, ausführlicheren Vergleich bringen. Angenommen, Frau Jürgens-Pieper wird – gemäß der neuen durchschnittlichen Lebenserwartung – rund 90 Jahre alt. Dabei lassen wir außen vor, dass Beamte und damit Beamtinnen noch eine kurze Zeit (statistisch gesehen) länger leben als der Rest der Bevölkerung. Rechnen wir nun einmal aus, ausgehend von einem Anlagezins in Höhe von 3,5 Prozent nach Steuern, über welches Vermögen Frau Jürgens-Pieper zum Zeitpunkt des Ausscheidens verfügen müßte, um sich alle nach diesem Zeitpunkt an sie geflossenen Zahlungen aus sozusagen eigenem Vermögen zahlen zu können. Dabei sind die Zahlen ein wenig vereinfacht in dem Sinne, dass von 20, 30, 40 und 45 Jahren ausgegangen wird, in denen die monatliche Beamtenpension (künftige Pensionssteigerungen außen vor lassend) fließt.

Beamtenpension über X Jahre	Notwendiges Vermögen
20	983 920 Euro
30	1 204 731 Euro
40	1 361 268 Euro
45	1 421 514 Euro

Tabelle 7.1 Notwendiges Vermögen für die Zahlung einer Beamtenpension in der Höhe von 4576 Euro monatlich nach Jahren

Die Bedeutung dieser so berechneten Vermögenshöhen ist enorm. Wer einen Schritt weiter rechnet, stellt fest, in welchem gigantischen Ausmaß die Überschrift dieses Kapitels »Magerkost für Rentner – Vollpension für Politiker und Beamte« tatsächlich gilt.

Nehmen wir das Beispiel der »nur« noch 40 Jahre monatlich fließenden Pension. Um das in Tabelle 7.1 errechnete Vermögen in Höhe der notwendigen 1 361 268 Millionen Euro aus eigener Kraft anzusparen, hätte Frau Jürgens-Pieper, je nach Spardauer, bei einem unterstellten Anlagezins von 5,5 Prozent jeden Monat soviel sparen und investieren müssen:

Spardauer	Jährliche Sparleistung
10 Jahre	100 000 Euro Sparrate/Jahr
20 Jahre	37 000 Euro Sparrate/Jahr
30 Jahre	17 800 Euro Sparrate/Jahr
40 Jahre	9 445 Euro Sparrate/Jahr

Tabelle 7.2 Jährliche Sparleistung für ein Vermögen von 1 361 268 Euro bei einem Anlagezins von 5,5 Prozent p.a.

Frau Jürgens-Pieper hätte beginnend mit dem 20. Lebensjahr jedes Jahr 17800 Euro selbst investieren und sparen müssen, um sich das an Versorgung und Pension auszuzahlen, was sie im Laufe der Jahre und der kommenden Pensions-Jahrzehnte kassiert bzw. kassieren wird.

Rechnen wir nochmals, was realistisch scheint: Frau Jürgens-Pieper hätte beginnend mit dem 20.Lebensjahr jedes Jahr 17800 Euro selbst investieren und sparen müssen, um sich das an Versorgung und Pension auszuzahlen, was sie im Laufe der Jahre und der kommenden Pensions-Jahrzehnte kassiert beziehungsweise kassieren wird. Hierbei wurde keinerlei Steigerung der Pension berücksichtigt! 17800 Euro, das bedeutet eine monatliche Sparquote in Höhe von 1400 Euro. Oder anders ausgedrückt: Frau Jürgens-Pieper hat – stellvertretend genannt für alle anderen durch das System profitierenden Abkassierer – jedes Jahr quasi vom Staat (letztlich vom Volk) 17800 Euro geschenkt bekommen.

Wolf Weber (58)

Staatssekretär seit 1991, ebenfalls ehemaliger Justiz- und Sozialminister in Niedersachsen. Entlassen mit 56 Jahren im Jahr 2002. Es folgten 8167 Euro monatlich über drei Monate, bis zur Pension gibt es jeden Monat satte 6148 Euro. Einfach so. Dafür, dass er nichts tut!

Christine Weber (56)

Sozialministerin in Sachsen seit 1999. Dann kam die große Flut, damit verbunden der Vorwurf an Frau Weber wegen unrechtmäßig kassierter Flut-Gelder (immerhin 17000 Euro). Ergebnis: Frau Weber wird krank. Weiteres Ergebnis: Laut Ministergesetz hat sie Anspruch auf monatlich 4193 Euro.

Jutta Köhn (53)

Staatssekretärin in Niedersachsen. Ganze vier Jahre lang. Mit 51 Jahren wurde sie 2003 in den einstweiligen Ruhestand versetzt.

Drei Monate lang gab es 9540 Euro, sechs Monate schlappe 7155 Euro, dann 4200 Euro im Monat über weitere zehn Jahre.[1]

Bärbel Höhn (53)

Schlagzeilen machte die grüne Ministerin unter anderem dadurch, dass sie ein 250000 Euro teures »Hamster-Artenschutz-Programm« durchsetzte, den umstrittenen gläsernen Überbau bei der Startbahnverlängerung des Flughafens Münster/Osnabrück zum Schutz von bedrohten Tierarten.

Doch nun zu den Pensionsansprüchen dieser Ministerin. Bärbel Höhn stehen nach der Wahlniederlage der SPD mit 53 Jahren monatlich rund 9500 Euro Pension zu. Brisant und bestens das Motto offensichtlich so mancher Politiker dokumentierend: 1999 beschloss das Kabinett um Clement eine Änderung des Ministergesetzes. Damals wurde die Pension von Kabinettsmitgliedern um 4000 Euro gesenkt. Bärbel Höhn und Michael Vesper, beide Minister-Kollegen, stimmten jedoch dafür, dass die amtierenden Minister von der Kürzung auszunehmen seien. Mit welcher Dreistigkeit politisch verantwortliche Menschen in diesem Land abzocken, möchte ich durch die folgenden Vergleiche dokumentieren. Ein Durchschnittsverdiener im Westen müsste rund 360 Jahre arbeiten, um eines Tages 9500 Euro monatlich kassieren zu können. Ein Arbeiter in Ostdeutschland müsste noch 50 Jahre drauflegen. Wäre Höhn bei der Änderung des Ministergesetzes nicht so clever gewesen und hätte sie für die Ausnahmeklausel für sich und die amtierenden Minister gestimmt, stünde ihr diese Pension erst mit 55 Jahren zu. Dazu nur 44 Prozent statt 75 Prozent des letzten Gehalts. Was immer noch beachtlichen rund 5500 Euro monatlich entspräche.

Politiker bekommen 33 Euro mehr Pension im Monat – normale Rentner 13 Euro!

Abbildung 7.2 Bild-Zeitung vom 28.03.2008

Damit kommen wir zu einem letzten Vergleich, der Ihnen, liebe Leserinnen und Leser, mit aller Deutlichkeit vor Augen führt, mit welcher Raffgier so mancher Politiker in diesem Land agiert. Wie dem Volk Wasser gepredigt wird und sich die politisch Verantwortlichen Wein in Kübeln eingießen.

Bärbel Höhn hat den Anspruch auf die rund 9500 Euro in zehn Jahren Tätigkeit als Ministerin erworben. Im Folgenden habe ich für Sie einmal errechnet, welches Vermögen Frau Höhn je nach Lebenserwartung und Anlagezins angespart haben müsste, um sich ihre Pension aus eigenem Vermögen leisten zu können. Im zweiten Schritt komme ich dann zu der nahezu unfassbaren Sparrate, die sie in den letzten zehn Jahren hätte einzahlen müssen, um das notwendige Vermögen zu erreichen.

Lebenserwartung in Jahren	**80**	**85**	**90**
Pensionsdauer in Jahren	27	32	37
Anlagezins (effektiv) 3 Prozent	2,117 Millionen Euro	2,356 Millionen Euro	2,561 Millionen Euro
Anlagezins (effektiv) 4 Prozent	1,895 Millionen Euro	2,074 Millionen Euro	2,221 Millionen Euro

Tabelle 7.3. Notwendiges Vermögen zur Auszahlung der Pension in Höhe von monatlich 9500 Euro (gerundet) – Vermögensangaben in Euro

Auf den Punkt gebracht: Frau Höhn wird sozusagen als Abschiedsgeschenk ein Geldpaket zwischen rund 1,9 Millionen und 2,56 Millionen zugeschoben. Doch es geht noch weiter, denn die alles entscheidende Frage lautet: Wie viel hätte Frau Höhn monatlich in den zehn Jahren ansparen müssen, um auf dieses Vermögen zwischen 1,9 und 2,56 Millionen Euro zu kommen? Die Antwort, gerechnet mit einem realistischen Anlagezins für die vergangenen zehn Jahre von effektiv 4,5 Prozent, ohne Steuern und Kosten:

12626 Euro pro Monat für 1,9 Millionen Euro Vermögen
17012 Euro pro Monat für 2,56 Millionen Euro Vermögen

Um jedem Missverständnis zuvorzukommen: Bärbel Höhn hätte sozusagen indirekt während der zehn Jahre ihrer Tätigkeit monatlich einen Betrag in Höhe zwischen 12626 und 17012 Euro – nach Steuern – anlegen und kontinuierlich sparen müssen, um auf das Vermögen zu kommen, das ihr heute die hohe Pension sichert. Da sie diese monatlichen Beträge jedoch nicht gespart und dennoch den Anspruch auf Pension hat, bezahlt wer die Rechnung? Der Steuerzahler. Sie, liebe Leserinnen und Leser! Ich. Wir alle bezahlen ein gigantisches politisches Versorgungssystem.

Wir wissen nicht, liebe Leserinnen und liebe Leser, wie es Ihnen geht, wenn Sie solche Beispiele lesen. Wird Ihnen angesichts der drohenden Altersarmut der breiten Masse bei solcherlei Verhalten der politischen »Klasse« nicht auch regelrecht übel? Die Bürger müssen sich auf Renten einstellen, die nach heutiger Kaufkraft einige wenige 100 Euro im Monat ausmachen, ein Teil der politischen Klasse dagegen kassiert ohne Hemmung, Scham oder Moral. Ohne Aussicht auf baldige, gravierende Änderung. Es ist ein regelrecht perverses Verständnis von Demokratie. Immer wieder kommt neues Fehlverhalten an den Tag. Und ein großer Teil des Fehlverhaltens wird dem Volk überhaupt nicht bekannt sein. Betrachtet man die immer wieder neuen Skandale, die Raffke-Mentalität und das Abkassieren, ist dieses Verhalten – angesichts der drohenden Altersarmut der breiten Masse – in höchstem Maße erbärmlich.

Auf den Punkt gebracht

Dies möchten wir bei diesem Thema der *Bild-Zeitung* überlassen. Steuerzahler-Präsident Karl Heinz Däke sagte der Bild-Zeitung am 28.032008: »Die jüngste Diäten- und Pensionsreform des Bundestages entpuppt sich immer mehr als Mogelpackung. Sie sichert den Polit-Pensionären höhere Ansprüche und führt im Vergleich zu den Rentnern zu großen Ungerechtigkeiten. Die Abgeordneten schaden ihrer eigenen Glaubwürdigkeit, wenn sie sich selbst Sonderregelungen genehmigen.« Kurz gesagt, handelt es sich aus unserer Sicht bei diesem Verhalten in allen seinen Facetten um nichts anderes als um einen elendigen Betrug am Wähler, der keine wirkliche Chance hat, auf dieses in sich autarke Versorgungs-System spürbaren und verändernden Einfluss zu nehmen.

1 Quelle aller obenstehenden Beispiele: *BILD*, 11. Januar 2005.

8.
Was Rentenfalle, Alter in Armut und Mittelstandsförderung miteinander zu tun haben

Verantwortlich sind wir nicht nur für das, was wir tun, sondern auch für das, was wir nicht tun!
Laotse

Neben der Tatsache, dass mehr Kinder und eine veränderte Demografie die Lage der Rentenkassen in Deutschland wenigstens auf lange Sicht hin verbessern könnten, gibt es eine zweite, grundlegende Voraussetzung für eine gesunde Rentenkasse, für gesunde Sozialsysteme und eine gesunde Struktur der Höhe der zu zahlenden Beiträge in die Sozialsysteme: Die Wirtschaft.

Würde die Wirtschaft in Deutschland boomen, wären viele Probleme kurzfristig lösbar. Das Problem sehen wir hier vor allem in der nicht vorhandenen oder nur wenig gegebenen Förderung gerade des Mittelstands, der bekanntermaßen das Rückgrat der deutschen Wirtschaft ausmacht, indem er mehr als 80 Prozent der Arbeitsplätze sichert. Hier gilt: Die politisch Verantwortlichen müssen handeln! Die entscheidende Botschaft lautet: Stärkt den Mittelstand! Fördert den Mittelstand!

Vereinfacht gesagt, geht dem Mittelstand das Geld für Investitionen aus. Gründungswillige Unternehmer haben am Bankschalter keine Chance. Ein Hauptgrund dafür liegt in den teilweise gravierenden Änderungen der Rahmenbedingungen für Unternehmensfinanzierungen. Prononciert durch die anhaltend schlechte Konjunkturlage auf der einen Seite und durch die fallenden Margen beim »Produkt« Kredit auf der anderen Seite, wächst der Handlungsdruck bei den Banken. Eine weitere wichtige Rolle im Kreditangebotsverhalten der Banken spielen zudem die neuen Baseler Eigenkapitalrichtlinien, besser bekannt unter dem Stichwort Basel II. Denn auch für die Banken mit schlechter Bonität verteuern sich die Kredite der Refinanzierung und machen sie so im Wettbewerb hilflos. Mit dem Ergebnis, dass viele Unternehmer in den letzten drei bis vier Jahren einen »blauen Brief« ihrer Bank bekamen, sie

Die Rentenlüge. Bernd W. Klöckner und Werner Dütting

ISBN 978-3-527-50411-4

möchten doch ausreichend Eigenkapital nachschießen. Für viele bedeutete das das Aus. So stieg beispielweise im Jahr 2001 die Zahl der Insolvenzen um 14,3 Prozent auf 32 278. In den letzten Jahren ist diese Zahl jedoch rückläufig. So wurde im Jahr 2003 der Höchststand mit 39 320 Insolvenzen verzeichnet. Im Jahr 2007 waren es dann »nur« noch 29 160. Zählen wir auch Privatinsolvenzen und sonstige hinzu, so hat sich die Gesamtzahl der Insolvenzen, lt. Statistischem Bundesamt, seit 1999 verfünffacht.

Doch auch die Politik glänzt seit Jahren nicht gerade mit aufsehenerregenden Leistungen, was die Förderung des Mittelstandes anbelangt: Noch immer drücken hohe Steuerlasten und strenge Vorgaben hinsichtlich der Arbeitsverträge – Flexibilität ist nicht gerade eine deutsche Qualität. Und so erschien der ehemalige Kanzler Schröder zwar dann, wenn es darum ging, pressewirksam Großunternehmen vor dem Konkurs zu bewahren – für den deutschen Mittelstand hatte er indes meist nur Lippenbekenntnisse übrig. Doch Handlungsbedarf ist da, und so ist es kein Wunder, dass Bundeswirtschaftsminister Wolfgang Clement (SPD) Anfang Dezember 2004 an die Banken und Versicherungen appellierte, verstärkt Venture Capital zur Verfügung zu stellen. Dabei verwies er auf das Vorgehen Frankreichs, wo Versicherungen gesetzlich gezwungen seien, in Venture Capital zu investieren.

»Das wird bei uns hoffentlich nicht nötig sein«, meint dagegen Thomas Kühr, Vorstandschef des Bundesverbandes Deutscher Kapitalbeteiligungsgesellschaften (BVK), und verweist auf die guten Zahlen aus 2004. Mit 3,8 Milliarden Euro Direktinvestitionen in 950 Unternehmen hätten sich die Gesellschaften 2004 wieder in die von England und Frankreich gebildete europäische Spitzengruppe eingereiht. Der Zuwachs im Vergleich zum Vorjahr beläuft sich damit auf etwa 56 Prozent oder 1,4 Milliarden Euro. Die von privaten Kapitalgebern vorrangig finanzierten kleinen und mittleren Betriebe bis 100 Beschäftigte hätten 2004 einen Jahresumsatz von knapp 114,5 Milliarden Euro erwirtschaftet und beinahe 638 000 Mitarbeiter beschäftigt.

Die aktuelle Regierung, bestehend aus CDU/SPD, versucht indes ab 2009 den Mittelstand mit Mitarbeiterbeteiligungen zu stärken. Hierdurch können Mitarbeiter mit Steuervorteilen und Sparzulagen in ihren Arbeitgeber investieren und Anteile an dem

Unternehmen erwerben. Die Regierung argumentiert so, dass dem Unternehmen dadurch mehr Anlegergelder zufließen würden, welches vom Unternehmen investiert werden könnte. Der Industrieverband BDI und der Arbeitgeberverband BDA kritisieren diese Förderung des Mittelstands zu Recht mit dem Argument, dass

»... die Mitarbeiterbeteiligung mehr für Aktiengesellschaften geschaffen sei, was meist Großunternehmen sind. Im Mittelstand, welcher überwiegend aus Personengesellschaften bestehe, sei die Mitarbeiterbeteiligung nur schwer umzusetzen. Der deutsche Mittelstand gehe dadurch also wiederum leer aus.«[1]

Diese Zahlen spiegeln aber nur die halbe Wahrheit wider. Zum einen gingen nach Auskunft des BVK nur rund 1 Milliarde Euro in Frühphasenfinanzierungen. Zum anderen ist nicht sichergestellt, dass dieses Kapital überhaupt in Deutschland investiert wurde. Andere Analysehäuser kommen zudem zu anderen Ergebnissen: Auf dem deutschen Wagniskapitalmarkt ist die erhoffte Trendwende trotz einzelner Lichtblicke nicht gelungen. So sind im vergangenen Jahr die Risikokapital-Investitionen um 7 Prozent auf 501 Millionen Euro zurückgegangen, wie eine Studie der Unternehmensberatung Ernst & Young und des Analyseinstituts Venture-One ergab. Im Vergleich zum Boomjahr 2000 sanken die Investitionen sogar um 85 Prozent. Zudem hinkte der deutsche Markt dem europäischen abermals hinterher, denn auf dem gesamten Kontinent gingen die Investitionen im Jahr 2004 nur um 1 Prozent auf 3,49 Milliarden Euro zurück.

Deutschland sei im Vergleich zu den angelsächsischen Märkten in der Wagnisfinanzierung noch ein »Schwellenland«, urteilt Götz Hoyer von der auf Beteiligungskapital spezialisierten Beratung Mackewicz & Partner. Besonders ausgetrocknet ist hierzulande die Finanzierung von Gründungsunternehmen und noch nicht etablierten Geschäftsmodellen (Seed- oder Frühphasenfinanzierung). »Die Beteiligungsunternehmen vertrauen vor allem auf das Wachstum reifer und bereits etablierter Unternehmen. Jüngere Unternehmen, deren Entwicklung mit größeren Risiken behaftet ist, haben es nach wie vor schwerer, Investoren zu überzeugen«, kommentiert Ernst & Young-Partnerin Julie Teigland diesen Trend. Mit nur 34 so genannten Seed- und Erstrundenfinanzierungen seien diese auf den niedrigsten Stand der vergangenen Jahre gefallen. Das war noch im Jahre 2003. Im Jahr 2007 stieg die Anzahl auf 128. Es ist also Zuwachs zu erkennen. Viele Wagniskapitalgeber hatten sich in der Hochphase der New Economy an nicht ausgereiften Geschäftsmodellen die Finger verbrannt und neigten dazu, sich auf etablierte Unternehmen zu konzentrieren, die auch Umsätze vorzeigen können. Für neugegründete Unternehmen blieben die so genannten Business Angels, von denen es in Deutschland im internationalen Vergleich allerdings zuwenig gibt, und staatliche Geldgeber.

Dabei ist der Einstiegszeitpunkt in Deutschland laut einer Studie von Mackewicz & Partner derzeit günstiger denn je, da die Unternehmensbeteiligungen für wenig Geld zu haben sind. Außerdem habe sich der deutsche Wagniskapitalmarkt in den vergangenen fünf Jahren professionalisiert.

Doch im Prinzip sind selbst derartige Zahlen nur ein Tropfen auf den sprichwörtlichen heißen Stein und lassen eines völlig Außen vor: Den Arbeitnehmer, Studenten, Rentner, Freiberufler oder Unternehmer – sprich den Kapitalanleger. So flossen im vergangenen Jahr allein 31 Milliarden neu in Publikumsfonds. Alfred Wieder von der Alfred Wieder AG aus München:

> »Wir beschäftigen uns seit Jahren aktiv mit der Mittelstandsförderung. Was offensichtlich viele vergessen haben: Ein gesunder Mittelstand ist tatsächlich der Motor für alle anderen positiven Entwicklungen. Ein gesunder Mittelstand sichert Arbeitsplätze, die Menschen verdienen Geld, können privat vorsorgen, die Rentensituation eines jeden Einzelnen entspannt sich und, und, und.« *Alfred Wieder AG, München*

In der Tat ist es unverständlich, warum in Deutschland Investitionen in Kapitalanlagen, die letztlich ausländischen Firmen zugute kommen, steuerlich gefördert werden, dagegen Kapitalanlagen, die beispielsweise als Fonds in den deutschen Mittelstand investieren, keine Vergünstigungen erfahren. Um das Beispiel plakativ auf den Punkt zu bringen: In geschlossene Fonds – also Immobilien, Schiffe, Filmbeteiligungen usw. – investierten Anleger im vergangenen Jahr immerhin 9,9 Milliarden Euro. Davon gingen rund 1,6 Mrd. Euro in Mittelstandsfonds. Diese legen jedoch nicht das gesamte Kapital in Deutsche Firmen an. Es ist also noch ein geringerer Betrag der den deutschen Firmen zugute kommt. Doch lassen wir nochmals Alfred Wieder als Experten und Kenner sprechen:

> »Es ist ein eigenartiges Phänomen. Wir in Deutschland beschweren uns über mangelnde Arbeitsplätze und die gleichen Menschen, die sich beschweren, nutzen aufgrund steuerlicher und anderer Vorteile die Investition von im Ausland investierenden Fonds, um hier eine gute Rendite zu machen. Eine gute mittelständische Firma, sorgfältig ausgesucht und bewertet, bietet einem Investor, sei es eine Einzelperson oder ein Fonds, aber auch eine realistische, zweistellige Rendite. Aber das scheint in diesem Land zu unbekannt zu sein. Die Kunden und Kapitalanleger unseres Unternehmens sind immer wieder überrascht, welche guten Ergebnisse Anleger im Bereich der Mittelstandsförderung erzielen können. Alle – Multiplikatoren, Anbieter, aber auch die Berater, täten daher gut daran, dieses Umdenken zu bewirken.«

Auf den Punkt gebracht

Der einzige, verlässliche Ausweg aus der Rentenkrise ist eine gesunde Wirtschaftsentwicklung! Die Mittelstandsförderung muss besser werden. Zumindest ist eine gesunde, boomende Wirtschaft eine gute Grundlage für die dauerhafte Existenz aller sozialen Systeme.

1 http://www.handelsblatt.com/News/Unternehmen/Aktuell/_pv/_p/203990/_t/ft/_b/1439156/default.aspx/wenn-die-firma-allen-gehoert.html; 04.06.2008

Teil 2

Die Rentenlüge. Bernd W. Klöckner und Werner Dütting

ISBN 978-3-527-50411-4

9. Praxisfälle in der Rentenwirklichkeit

Damit Sie sich ein klares Bild von den realen Verhältnissen machen können, finden Sie nun hier im zweiten und fast wichtigsten Teil dieses Buches die Berechnungen der Renten von völlig unterschiedlichen Menschen. Zur besseren Orientierung werden die folgenden Musterfälle zu Beginn im Überblick dargestellt. Am Ende dieser Praxisbeispiele aus dem Alltag können Sie eine Gesamtauswertung der Ergebnisse lesen.[1] Wir haben diese Fälle in zwei Teile unterteilt. Einmal sind noch Fälle aus der vorigen Auflage, also Stand 2003 angegeben. Zum Anderen sind nun noch neue Fälle aus 2008 hinzugekommen. Schauen Sie sich beide Teile an, so werden Sie feststellen, dass sich die Lage innerhalb der 5 Jahre nicht zum Positiven geändert hat.

Wenn Sie die folgenden Praxisfälle lesen, so werden Sie schnell verstehen, dass der so genannte »Durchschnittsrentner«, der immer wieder zur Legitimation der vermeintlichen Leistungsfähigkeit der gesetzlichen Rentenversicherung herangezogen wird, eine bloße Fiktion ist. Denn eine Rentenberechnung ist und bleibt eine individuelle Sache, da auch einzelne Lebensabläufe nie ganz gleich sind, und deshalb nicht direkt miteinander verglichen werden können. In diesem Land gibt es Millionen von Menschen, die eine individuelle Rentenberechnung erhalten und die so gut wie gar nichts mit dem »Durchschnittsrentner« zu tun haben. Die 20 Beispielfälle in Teil II entlarven somit den im Alter als gutsituiert dargestellten Durchschnittsrentner. Wir liefern Ihnen hier stattdessen ein Spektrum an Zahlen und Fakten, wobei einzelne Beispiele auf Sie, Ihre Verwandten, Freunde und Bekannten so oder zumindest annähernd zutreffen werden. Bereits zu Beginn wollen wir Ihnen sagen: Die auf den folgenden Seiten dargestellten Zah-

Die Rentenlüge. Bernd W. Klöckner und Werner Dütting

ISBN 978-3-527-50411-4

len und Fakten sind erschreckender, als Sie möglicherweise je gedacht haben. Sie werden beim Lesen der auf den folgenden Seiten genannten Beispiele immer wieder den Kopf schütteln. Sie werden Dinge denken oder sagen wie »Das glaube ich alles nicht« oder »Das kann doch alles nicht wahr sein« oder »Das kann ja nicht so schlimm weitergehen«. Wir raten Ihnen zur Vorsicht: Glauben Sie es! Es sind die wahren Zahlen, die man Ihnen vorenthält. Und wir sagen Ihnen auch: Es wird so schlimm weitergehen, wie es derzeit aussieht.

Inhaltsübersicht

Beispielfall 1: 31 Jahre, Verheiratet, 2 Kinder, 2100 Euro netto
Beispielfall 2: 33 Jahre, ledig, 1913 Euro netto
Beispielfall 3: 33 Jahre, verheiratet, 1 Kind, 1300 Euro netto
Beispielfall 4: 35 Jahre, verheiratet, 1 Kind, 4100 Euro netto
Beispielfall 5: 36 Jahre, verheiratet, 2 Kinder, 7100 Euro netto
Beispielfall 6: 37 Jahre, verheiratet, 2 Kinder, 3270 Euro netto
Beispielfall 7: 39 Jahre, verheiratet, 4900 Euro netto
Beispielfall 8: 40 Jahre, ledig, 3500 Euro netto
Beispielfall 9: 45 Jahre, ledig, 1400 Euro netto
Beispielfall 10 und 11: 53 und 55 Jahre, verheiratet, 2 Kinder, 3000 und 800 Euro netto

So sind die Fallbeispiele aufgebaut

1. Persönliche Angaben

Hier finden Sie die persönlichen Angaben, auf die sich die Renteninformation bezieht.

2. Die Renteninformation

Hier stellen wir Ihnen die Renteninformation für die betreffende Person vor. Manche dieser Bescheide stammen noch aus dem Jahr 2002 und 2003, als eine Rentenanpassung von 1,5 Prozent und 3,5 Prozent angenommen wurde. Im weiteren Verlauf wird jedoch mit den Werten 1,5 und 2,5 Prozent gerechnet, da die Renteninformationen zukünftig mit diesen Werten herausgeschickt werden. Im zweiten Teil sind die Renteninformationen aus 2007 oder 2008 angegeben, die mit 1 oder 2 Prozent Anpassung rechnen.

3. Renten-Check bei Renteneintrittsalter 65

Im ersten Teil wird geprüft, wie hoch die von der DRV angegebene Rente ist, wenn man ihren Kaufkraftverlust über die Jahre bis zum Lebensalter von 65 berücksichtigt. Es wird mit 2 und 3 Prozent Inflation gerechnet. Hier werden Sie auch sehen, dass es in den letzten Jahren eine Rentenanpassung von rund einem Prozent gegeben hat. Im Jahre 2004 war es sogar letztendlich ein Minus, da es keine Erhöhung gab, aber der volle Beitrag zur Pflegeversicherung geleistet werden musste. Eine Steigerung also um 1,5 oder 2,5 Prozent wird wohl kaum Realität werden. Im zweiten Teil gehen wir darauf ein, wenn ein Versicherter in Rente mit dem 65. oder 67. Lebensjahr geht. Jüngere müssen bis 67 arbeiten, wie Sie wissen, ältere hingegen bis 65.

4. Renten-Check bei Renteneintrittsalter 62

Wie in Abschnitt 3, jedoch für ein Renteneintrittsalter von 62 Jahren berechnet.

5. Renten-Check nach Rentenkürzungen

Die Renteninformationen, die an die Versicherten der DRV verschickt werden, gehen im schlechtesten Fall von einem Anpassungssatz von 0 Prozent aus. Es ist jedoch auch zu erwarten – wie mit den Fakten und Details in einigen der vorangegangenen Kapiteln auf den Punkt gebracht – dass es in Zukunft Rentenanpassungen im Minus-Bereich gibt. Wie wirkt sich das eigentlich auf die zukünftige Rente aus? Was passiert, wenn der Rentenanpassungssatz nicht mehr steigt, sondern sinkt?

6. Zusammenfassung

Eine kleine Zusammenfassung bringt noch einmal Klarheit über die einzelnen Punkte und berücksichtigt noch einige wichtige Punkte wie Mietsteigerungen und Steuern.

7. Lösung

Wie sollte sich jemand auf die obige Situation einstellen? Hier wird ein klarer Lösungsvorschlag gegeben. Die Anlage, in die für die Altersvorsorge investiert wird, hat einen Zins in der Ansparphase von 6 Prozent und einen Zins in der Rentenzeit von 4,5 Prozent.

Beispielfall 1

Thomas K.
31 Jahre
verheiratet
2 Kinder
2100 Euro netto

Persönliche Angaben

Thomas ist 31 Jahre alt und erhält ein Nettoeinkommen von 2100 Euro. Er ist verheiratet mit Daniela, die 28 Jahre alt ist. Sie haben zusammen zwei Kinder und führen ein glückliches Leben in einem Einfamilienhaus mit einem Wert von 250000 Euro. Monatlich wird hier für die Annuitäten des Darlehens sehr viel Geld aufgebracht. Doch bis zum Rentenalter soll das Darlehen vollständig bezahlt sein.

Daniela arbeitet seit etwa drei Jahren nicht mehr. Damals hatte sie noch ein Nettoeinkommen von rund 900 Euro und zahlte auch fleißig in die Rentenkasse ein. Heute ist sie Hausfrau und hat auch eine Renteninformation erhalten, die wir uns später noch einmal anschauen.

Wie Sie dem Rentenbescheid entnehmen können, hat Thomas schon einen Anspruch auf eine Rente bei voller Erwerbsminderung. Er ist hierbei noch zusätzlich gegen Erwerbsminderung geschützt. Dies ist natürlich anders zu interpretieren, da sie ja nicht wie die Rente, sondern sofort bei Eintritt der Erwerbsminderung gegeben ist. Die Altersrente wird ja erst später ausgezahlt.

Doch auch hier ist Vorsicht geboten: Nur bei voller Erwerbsminderung ist ein Rentenanspruch gegeben. Wenn Sie noch einige wenige Stunden arbeiten können, haben Sie nur Anspruch auf die anteilige Erwerbsminderungsrente. Ein Berufsunfähigkeitsschutz ist also auch in Thomas Fall zwingend notwendig.

Die Renteninformation von Thomas K.

Rente wegen voller Erwerbsminderung Wären Sie heute voll erwerbsgemindert, bekämen Sie eine monatliche Rente von:	927,69 EUR
Hochrechnungen Ihrer künftigen Altersrente Ihre bislang erreichten Rentenanwartschaften würden nach heutigem Stand einer monatlichen Altersrente von 301,12 EUR entsprechen. Sollten Sie bis zur Vollendung des 65. Lebensjahres jährlich X Entgeltpunkte (wie im Durchschnitt der letzten fünf Kalenderjahre) erwerben, bekämen Sie ohne Berücksichtigung von Rentenanpassungen eine monatliche Altersrente von:	1406,38 EUR
Ihre Rente wird aber aufgrund künftiger Rentenanpassungen tatsächlich höher ausfallen. Leider können auch wir die Entwicklung nicht vorhersehen. Deshalb haben wir zwei Varianten für Sie gewählt: Beträgt der jährliche Anpassungssatz 1,5 Prozent, so beliefe sich Ihre Rente zu Rentenbeginn auf:	2332,54 EUR
Beträgt der jährliche Anpassungssatz 3,5 Prozent, so beliefe sich Ihre Rente zu Rentenbeginn auf:	4531,29 EUR
Diese Beträge werden jährlich weiter angepasst.	

Abbildung 9.1 Auszug aus der Renteninformation für Thomas K. aus dem Jahr 2002. So wurden die Rentenformationen bis 2003 verschickt. Seit 2004 wird mit den Anpassungssätzen 1,5 Prozent und 2,5 Prozent gerechnet.

Die Renteninformation von Daniela K.

Rente wegen voller Erwerbsminderung Nach dem derzeitigen Kontostand sind die versicherungsrechtlichen Voraussetzungen für eine Rente wegen Erwerbsminderung nicht erfüllt	
Hochrechnungen Ihrer künftigen Altersrente Ihre bislang erreichten Rentenanwartschaften würden nach heutigem Stand einer monatlichen Altersrente von 82,63 EUR entsprechen. Sollten Sie bis zur Vollendung des 65. Lebensjahres jährlich X Entgeltpunkte (wie im Durchschnitt der letzten fünf Kalenderjahre) erwerben, bekämen Sie ohne Berücksichtigung von Rentenanpassungen eine monatliche Altersrente von:	559,27 EUR
Ihre Rente wird aber aufgrund künftiger Rentenanpassungen tatsächlich höher ausfallen. Leider können auch wir die Entwicklung nicht vorhersehen. Deshalb haben wir zwei Varianten für Sie gewählt:	
Beträgt der jährliche Anpassungssatz 1,5 Prozent, so beliefe sich Ihre Rente zu Rentenbeginn auf:	969,75 EUR
Beträgt der jährliche Anpassungssatz 3,5 Prozent, so beliefe sich Ihre Rente zu Rentenbeginn auf:	1 997,90 EUR
Diese Beträge werden jährlich weiter angepasst.	

Abbildung 9.2 Auszug aus der Renteninformation für Daniela K. aus dem Jahr 2002. So wurden die Rentenformationen bis 2003 verschickt. Seit 2004 wird mit den Anpassungssätzen 1,5 Prozent und 2,5 Prozent gerechnet.

Erläuterung zu diesem Bescheid

Da Daniela schon seit drei Jahren nicht mehr arbeitet, zahlt sie auch nichts mehr in die Rentenkasse ein. Vorher hatte sie jedoch ein Einkommen von rund 900 Euro. Bislang beträgt ihre Altersrente 82,63 Euro, wenn sie in Zukunft nicht mehr arbeiten geht. Wird sie in den nächsten Jahren so viele Entgeltpunkte erwerben wie im Durchschnitt der vergangenen fünf Jahre, hätte sie einen Anspruch auf eine Rente von 559,27 Euro.

Doch wer den Text der Renteninformation nicht genau liest, dem fällt nicht auf, dass in den nächsten Jahren genauso viel verdient werden muss wie in den letzten fünf Jahren. Die Information vermittelt den Eindruck, als würde sie schon rund 560 Euro Altersrentenanspruch haben. Doch in Wirklichkeit hat sie nur einen jetzigen und späteren Anspruch auf rund 80 Euro, die sich noch, berücksichtigt man die Inflation, auf ein paar Euros senken werden.

Aus diesen Gründen nehmen wir die Rente von Daniela nicht in die Berechnung mit hinein.

Renten-Check bei Renteneintrittsalter 65

Kommen wir nun zu der Frage, ob Thomas Rente für Daniela und Thomas in der Zukunft, also ab dem 65. Lebensjahr, reichen wird.

In der obigen Renteninformation liegt der jährliche Anpassungssatz noch bei 3,5 Prozent liegt. Dieses ist aus den bekannten Gründen hier schon als 2,5 Prozent übernommen worden.

Rentenanpassungssatz (in Prozent)	Rente lt. BfA (in Euro)	BfA-Rente mit der heutigen Kaufkraft (in Euro)	Rentenlücke (in Euro)
0	1406	515	1585
1,5	2333	854	1246
2,5	3255	1191	909

Tabelle 9.1 Renteneintrittsalter 65. Lebensjahr, Inflationsrate 3 Prozent, monatliches Einkommen 2100 Euro

Quelle: © Beratungsrechner von Dr. Kriebel und Bernd W. Klöckner, Verwendung in Vorträgen, Büchern oder Artikeln nur mit Genehmigung des Autors.

Rentenanpassungssatz (in Prozent)	Rente lt. BfA (in Euro)	BfA-Rente mit der heutigen Kaufkraft (in Euro)	Rentenlücke (in Euro)
0	1406	717	1383
1,5	2333	1190	910
2,5	3255	1660	440

Tabelle 9.2 Renteneintrittsalter 65. Lebensjahr, Inflationsrate 2 Prozent, monatliches Einkommen 2100 Euro

Quelle: © Beratungsrechner von Dr. Kriebel und Bernd W. Klöckner, Verwendung in Vorträgen, Büchern oder Artikeln nur mit Genehmigung des Autors.

Bei einer Inflation von 2 Prozent und 0 Prozent Rentenanpassung erhält Thomas eine Rente von 1406 Euro, die einem heutigen Wert von 717 Euro entspricht. Verglichen mit dem Nettoeinkommen von 2100 Euro ergibt das eine Rentenlücke von 1383 Euro, die er nun schließen muss.

Selbst bei einer Rentenanpassung von 2,5 Prozent und einer Inflation von 2 Prozent hätte er eine Rentenlücke von 440 Euro.

Ich rate Ihnen: Blicken Sie hinter die Renteninformation und beachten Sie auch die Inflation! Sie werden leicht erkennen, dass Sie privat vorsorgen müssen.

Renten-Check bei Renteneintrittsalter 62

Nehmen wir nun den Fall, dass Thomas schon mit 62 in Frührente gehen würde und hier schon einige Abschläge seitens der Rentenkasse hinnehmen müsste:

Rentenanpassungssatz (in Prozent)	Rente lt. BfA (in Euro)	BfA-Rente mit der heutigen Kaufkraft (in Euro)	Rentenlücke (in Euro)
0	1160	383	1717
1,5	1925	685	1465
2,5	2686	886	1214

Tabelle 9.3 Renteneintrittsalter 62. Lebensjahr, Inflationsrate 3 Prozent, monatliches Einkommen 2100 Euro

Quelle: © Beratungsrechner von Dr. Kriebel und Bernd W. Klöckner, Verwendung in Vorträgen, Büchern oder Artikeln nur mit Genehmigung des Autors.

Rentenanpassungssatz (in Prozent)	Rente lt. BfA (in Euro)	BfA-Rente mit der heutigen Kaufkraft (in Euro)	Rentenlücke (in Euro)
0	1160	518	1582
1,5	1925	860	1240
2,5	2686	1200	900

Tabelle 9.4 Renteneintrittsalter 62. Lebensjahr, Inflationsrate 2 Prozent, monatliches Einkommen 2100 Euro
Quelle: © Beratungsrechner von Dr. Kriebel und Bernd W. Klöckner

Geht Thomas in Frührente, so sind zwei Dinge direkt negativ:

1. Er zahlt nichts mehr in die Rentenkasse ein.
2. Er nimmt schon früher etwas aus der Rentenkasse heraus.

Diese zwei Faktoren senken die Rente um einen größeren Geldbetrag. Bei 0 Prozent Rentenanpassung erreicht er Renten in Höhe von 383 und 518 Euro (heutige Kaufkraft).

Hieran können Sie sehen, dass eine Frührente gut überlegt werden muss. Schon an diesen Beträgen können Sie außerdem erkennen, dass die Rentenkasse leer ist.

Renten-Check nach Rentenkürzungen

Betrachten wir nun den zwar negativen, aber wohl wahrscheinlichen Fall – es werden die Renten gekürzt. Einmal werden die Rentenanpassungen negativ vom Staat vorgenommen und auch die Volkswirtschaft bietet mit der Inflation beim »negativen Poker« mit.

Rentenanpassung (in Prozent)	**Inflation (in Prozent)**					
	1,0	**1,5**	**2,0**	**2,5**	**3,0**	**3,5**
– 1,0	712,29	602,19	509,54	431,49	365,69	310,18
– 1,5	599,64	506,96	428,95	363,25	307,86	261,12
– 2,0	504,37	426,41	360,80	305,53	258,94	219,63
– 2,5	423,85	358,34	**303,21**	256,76	217,61	184,57
– 3,0	355,88	300,87	254,58	215,58	182,71	154,97
– 3,5	298,53	252,39	213,55	180,84	153,27	130,00
– 4,0	250,20	211,53	178,98	151,56	128,45	108,95

Tabelle 9.5 Renten-Check nach der Rentenkürzung durch die Inflationsrate und eine negative Rentenanpassung

Geht Thomas von einer Inflation von 2 Prozent und einer Rentenanpassung von durchschnittlich minus 2,5 Prozent aus, so kann er mit einer Rente von 303 Euro (heutige Kaufkraft) rechnen.

Wir sehen hier: Die Rentenkasse bietet dem Ehepaar selbst zum Überleben zu wenig.

Zusammenfassung

Fassen wir noch einmal kurz zusammen: Miete, Strom und Lebenshaltungskosten werden weiterhin steigen. Die Rentenkasse wird aufgrund der Bevölkerungsentwicklung nicht mehr wenigen Alten viel zahlen können, sondern nur noch vielen Alten wenig zahlen.

Daher kann Thomas mit einer Rente von ein paar hundert Euros – heutige Kaufkraft natürlich – rechnen. Er muss also, wie viele Andere auch, privat vorsorgen.

Private Vorsorge, wie auch gesetzliche Vorsorge werden wiederum vom Staat besteuert, so dass noch mehr als mehr vorgesorgt werden muss.

Thomas kann sich definitiv, wie obige Berechnungen zeigen, nicht mehr auf die LVA-Renteninformation verlassen. Selbst im besten Fall hat er eine Rentenlücke, die er schließen muss. Nun könnte er durch die Immobilie einen Vorteil erlangt haben. Zum einen muss die Familie keine Miete mehr zahlen und zum anderen hat das Haus einen gewissen Kapitalwert.

Lösung

Um eine Rentenlücke zu schließen, die im schlimmsten Fall 1800 Euro hoch sein kann, muss von Beginn an sehr viel zur Seite gelegt werden.

Mit dem 65. Lebensjahr muss ein Vermögen von 991200 Euro zur Verfügung stehen, um Auszahlungen bis zum 92. Lebensjahr zu genießen. Diese Summe könnte bei einem Zins von 6 Prozent mit rund 660 Euro monatlich angespart werden. Wird eine Dynamik von 5 Prozent eingebaut, so muss ein Betrag von rund 350 Euro monatlich gespart werden.

Thomas erzielt jedoch »nur« ein Nettoeinkommen von 2100 Euro und muss noch die Annuitäten für das Haus zahlen. Hier wird es schon schwierig 660, beziehungsweise 350 Euro zur Seite zu legen.

Selbst im besten Fall muss eine Rentenlücke von 440 Euro geschlossen werden. Diese Rentenlücke könnte jedoch durch die Immobilie abgedeckt werden, solange sie für 250 000 Euro verkauft würde. Wird diese jedoch verkauft, fällt wiederum Miete an.

Das Fazit in diesem Fall lautet auch: Es muss etwas für das Alter getan werden. Der LVA-Bescheid ist für den Privatverbraucher viel zu undurchsichtig und optimistisch.

Beispielfall 2

Tanja O.
33 Jahre
ledig
keine Kinder
1913 Euro netto

Persönliche Angaben

Tanja ist 33 Jahre jung und kaufmännische Angestellte. Sie arbeitet in einem großen Industrieunternehmen. Dort verdient sie netto 1913 Euro. Sie wohnt in einer Großstadt in einer Mietwohnung und ist ledig.

Auch sie freute sich über die Renteninformation und verstand nicht direkt, warum noch so eine hohe Rente zu bekommen ist, da doch eigentlich alle Stimmen gegen die gesetzliche Rente sprechen. Ein bisschen konnte sie schon für die Privatvorsorge ansparen. Mit rund 30 000 Euro ist sie hier gut aufgestellt.

Die Renteninformation

Rente wegen voller Erwerbsminderung Würden Sie heute voll erwerbsgemindert sein, bekämen Sie eine monatliche Rente von:	697,35 EUR
Hochrechnungen Ihrer künftigen Altersrente Ihre bislang erreichten Rentenanwartschaften würden nach heutigem Stand einer monatlichen Altersrente von 214,84 EUR entsprechen. Sollten Sie bis zur Vollendung des 65. Lebensjahres jährlich X Entgeltpunkte (wie im Durchschnitt der letzten fünf Kalenderjahre) erwerben, bekämen Sie ohne Berücksichtigung von Rentenanpassungen eine monatliche Altersrente von:	1356,03 EUR
Ihre Rente wird aber aufgrund künftiger Rentenanpassungen tatsächlich höher ausfallen. Leider können auch wir die Entwicklung nicht vorhersehen. Deshalb haben wir zwei Varianten für Sie gewählt:	
Beträgt der jährliche Anpassungssatz 1,5 Prozent, so beliefe sich Ihre Rente zu Rentenbeginn auf:	2249,04 EUR
Beträgt der jährliche Anpassungssatz 3,5 Prozent, so beliefe sich Ihre Rente zu Rentenbeginn auf:	4369,08 EUR
Diese Beträge werden jährlich weiter angepasst.	

Abbildung 9.3 Auszug aus der Renteninformation für Tanja O. aus dem Jahr 2002. So wurden die Rentenformationen bis 2003 verschickt. Seit 2004 wird mit den Anpassungssätzen 1,5 Prozent und 2,5 Prozent gerechnet.

Renten-Check bei Renteneintrittsalter 65

Voraussichtlich, so plant Tanja, wird sie mit 65 Lebensjahren in den Ruhestand eintreten. Dann soll nun die gesetzliche Rente, wie in der Renteninformation angegeben, ausgezahlt werden – mit rund 1350 Euro. Doch schauen wir uns nun einmal mit dem Renten-Check an, was diese Rente mit 65 Jahren eigentlich noch bringt.

Rentenanpassungssatz (in Prozent)	Rente lt. BfA (in Euro)	BfA-Rente mit der heutigen Kaufkraft (in Euro)	Rentenlücke (in Euro)
0	1356	496	1417
1,5	2249	824	1089
2,5	3140	1149	764

Tabelle 9.6 Renteneintrittsalter 65. Lebensjahr, Inflationsrate 3 Prozent, monatliches Einkommen 1913 Euro

Quelle: © Beratungsrechner von Dr. Kriebel und Bernd W. Klöckner, Verwendung in Vorträgen, Büchern oder Artikeln nur mit Genehmigung des Autors.

Rentenanpassungs-satz (in Prozent)	Rente lt. BfA (in Euro)	BfA-Rente mit der heutigen Kaufkraft (in Euro)	Rentenlücke (in Euro)
0	1356	692	1221
1,5	2249	1148	765
2,5	3140	1601	312

Tabelle 9.7 Renteneintrittsalter 65. Lebensjahr, Inflationsrate 2 Prozent, monatliches Einkommen 1913 Euro

Quelle: © Beratungsrechner von Dr. Kriebel und Bernd W. Klöckner, Verwendung in Vorträgen, Büchern oder Artikeln nur mit Genehmigung des Autors.

Auch hier tauchen große Rentenlücken auf. Im besten Fall liegt die Rentenlücke von Tanja bei 312 Euro und im schlechtesten Fall bei 1417 Euro.

Auch hier gilt: Versicherte sind der BfA/LVA schutzlos ausgesetzt, wenn sie sich auf diese Rentenaussagen stützen.

Renten-Check bei Renteneintrittsalter 62

Tanja könnte mit 62 Jahren schon in Frührente gehen. Die Abschläge der Renten sind hier zwar sehr hoch, doch der Gesetzgeber bietet Arbeitnehmern an, mit 62 Lebensjahren in Rente zu gehen. Gerade Arbeitnehmer, die kurz vor dem 65. Lebensjahr arbeitslos werden, bietet die Frührente eine gute Möglichkeit, da es fast aussichtslos ist, in diesem Alter noch einen neuen Arbeitsplatz zu finden.

Rentenanpassungs-satz (in Prozent)	Rente lt. BfA (in Euro)	BfA-Rente mit der heutigen Kaufkraft (in Euro)	Rentenlücke (in Euro)
0	1119	369	1544
1,5	1856	613	1300
2,5	2591	855	1058

Tabelle 9.8 Renteneintrittsalter 62. Lebensjahr, Inflationsrate 3 Prozent, monatliches Einkommen 1913 Euro

Quelle: © Beratungsrechner von Dr. Kriebel und Bernd W. Klöckner, Verwendung in Vorträgen, Büchern oder Artikeln nur mit Genehmigung des Autors.

Rentenanpassungs-satz (in Prozent)	Rente lt. BfA (in Euro)	BfA-Rente mit der heutigen Kaufkraft (in Euro)	Rentenlücke (in Euro)
0	1119	500	1413
1,5	1856	829	1084
2,5	2591	1157	756

Tabelle 9.9 Renteneintrittsalter 62. Lebensjahr, Inflationsrate 2 Prozent, monatliches Einkommen 1913 Euro

Quelle: © Beratungsrechner von Dr. Kriebel und Bernd W. Klöckner, Verwendung in Vorträgen, Büchern oder Artikeln nur mit Genehmigung des Autors.

Die Frührente ist allerdings ein großer Verlustbringer für die Rentner. Hier sind die Abschläge sehr hoch. Hat Tanja beispielsweise Eckdaten von 0 Prozent Rentenanpassung und einer Inflation von 3 Prozent, so würde sie eine Rente von 1119 Euro bekommen. Doch der Kaufkraftverlust nimmt hier einen Großteil ein und somit ist diese Rente mit dem 62. Lebensjahr nur noch 369 Euro wert – ihre Rentenlücke beträgt also 1544 Euro.

Renten-Check nach Rentenkürzungen

In den nächsten Jahren kann mit Rentenkürzungen gerechnet werden. Auch Tanja könnte betroffen sein. Hier sehen Sie wiederum die Tabelle, aus der Sie eine Inflationsrate und eine entsprechende durchschnittliche Rentenkürzung entnehmen und somit ihre Rente berechnen können.

Rentenanpassung (in Prozent)	Inflation (in Prozent)					
	1,0	**1,5**	**2,0**	**2,5**	**3,0**	**3,5**
– 1,0	686,96	580,78	491,42	416,15	352,69	299,15
– 1,5	578,32	488,93	413,70	350,33	296,91	251,84
– 2,0	486,43	411,25	347,97	294,67	249,74	211,82
– 2,5	408,78	345,60	**292,42**	247,63	209,87	178,01
– 3,0	343,22	290,17	245,52	207,92	176,21	149,46
– 3,5	287,91	243,41	205,96	174,41	147,82	125,38
– 4,0	241,30	204,00	172,61	146,17	123,88	105,08

Tabelle 9.10 Renten-Check nach der Rentenkürzung durch die Inflationsrate und eine negative Rentenanpassung

Nimmt Tanja eine Rentenkürzung von 2,5 Prozent und eine Inflation von 2 Prozent an, so kann sie nur noch mit einer Rente von rund 292 Euro zu rechnen. Das würde eine Rentenlücke von 1621 Euro ergeben, wobei schon gesehen werden kann, dass mit 292 Euro nur schwierig zu überleben ist.

Zusammenfassung

Auch Tanja kann sich nicht mit der BfA-Renteninformation zufrieden geben. Selbst wenn sie die 1356 Euro als Rente bekommt, entsteht allein durch die Kaufkraftverluste eine Rentenlücke. Im besten Fall sind es noch 312 Euro, im schlimmsten Fall hätte sie allein durch Kaufkraftverluste eine Lücke von 1544 Euro.

Um auch weiterhin mit dem jetzigen Einkommen auszukommen, das dann auch später als Rente zur Verfügung stehen soll, muss sie diese Lücke schließen. Sonst wird die Lebensunterhaltung zu einer schweren Situation.

Lösung

Tanja braucht also rundweg einen Plan, wie sie eine Rentenlücke von etwa 1200 Euro schließen kann. Nun hat sie einen Vorteil, da sie schon 30000 Euro erspart hat. Um mit 65 Jahren die Rentenlücke zu schließen, braucht sie privat zu Beginn der Rentenphase ein Vermögen von 733100 Euro.

Legt sie nun schon die ersparten 30000 Euro heute zu Beginn an, muss sie noch monatlich 440 Euro zur Seite legen. Möchte sie noch eine Dynamik mit einbauen, so muss sie bei einer Dynamikrate von 3 Prozent 305 Euro und bei einer Dynamikrate von 5 Prozent 230 Euro pro Monat zu Beginn anlegen.

Diese Anlageform, die auch Tanja empfohlen wird, erzielt in der Rentenphase einen Zins von 4,5 Prozent und in der Ansparphase einen Zins von 6 Prozent.

Beispielfall 3

Georg M.
33 Jahre
verheiratet
1 Kind
1300 Euro netto

Persönliche Angaben

Georg ist verheiratet und hat mit seiner Frau Petra ein Kind. Sie wohnen in einer Eigentumswohnung in der Nähe von Stuttgart. Georg arbeitet zurzeit bei einem Bauunternehmen. Aufgrund der wirtschaftlichen Lage ist er sehr froh, dass ihm sein Arbeitgeber seinen Arbeitsplatz zugesichert hat. Das Unternehmen macht auch in dieser Situation sehr gute Gewinne. Georg verdient dort 1300 Euro netto.

Seine Frau Petra war noch bis vor kurzem arbeitslos, doch nach der Geburt des ersten Kindes ist sie entschlossene Hausfrau. Sie hat eine Renteninformation erhalten, jedoch kommt hier nicht viel heraus.

Auch Georg hat den Rentenbescheid erhalten. Er freute sich, da die Hochrechnung schon über 1300 Euro auswies. Das läge dann knapp über seinem jetzigen Nettoeinkommen. Zudem hat er schon eine stolze Erwerbsminderungsrente aus der gesetzlichen Rentenversicherung zugesichert bekommen.

Georg bekommt zwar in letzter Zeit sehr oft Anrufe eines Finanzberaters eines großen Maklerunternehmens, er interessiert sich jedoch nicht besonders dafür, etwas für die Altersliquidität zu tun. Er glaubt, durch die gesetzliche Rente genug Absicherung zu haben. Zudem hat er noch ein Altersvorsorgeprodukt abgeschlossen, welches ihm eine lebenslange Rente über 1500 Euro ab dem 65. Lebensjahr zusichert.

Die Renteninformation

Rente wegen voller Erwerbsminderung Wären Sie heute voll erwerbsgemindert, bekämen Sie eine monatliche Rente von:	934,59 EUR
Hochrechnungen Ihrer künftigen Altersrente Ihre bislang erreichten Rentenanwartschaften würden nach heutigem Stand einer monatlichen Altersrente von 363,00 EUR entsprechen. Sollten Sie bis zur Vollendung des 65. Lebensjahres jährlich X Entgeltpunkte (wie im Durchschnitt der letzten fünf Kalenderjahre) erwerben, bekämen Sie ohne Berücksichtigung von Rentenanpassungen eine monatliche Altersrente von:	1324,31 EUR
Ihre Rente wird aber aufgrund künftiger Rentenanpassungen tatsächlich höher ausfallen. Leider können auch wir die Entwicklung nicht vorhersehen. Deshalb haben wir zwei Varianten für Sie gewählt: Beträgt der jährliche Anpassungssatz 1,5 Prozent, so beliefe sich Ihre Rente zu Rentenbeginn auf:	2100,67 EUR
Beträgt der jährliche Anpassungssatz 3,5 Prozent, so beliefe sich Ihre Rente zu Rentenbeginn auf:	3848,49 EUR
Diese Beträge werden jährlich weiter angepasst.	

Abbildung 9.4 Auszug aus der Renteninformation für Georg M. aus dem Jahr 2002. So wurden die Rentenformationen bis 2003 verschickt. Seit 2004 wird mit den Anpassungssätzen 1,5 Prozent und 2,5 Prozent gerechnet.

Renten-Check bei Renteneintrittsalter 65

Schauen wir nun, was diese Renteninformation an wirklicher Aussage hat. Was steckt eigentlich dahinter? Wiederum berechnen wir die spätere Rente nach heutiger Kaufkraft und ermitteln eine eventuelle Rentenlücke. Die Inflation ist mit jeweils 3 und 2 Prozent angegeben.

Rentenanpassungs-satz (in Prozent)	Rente lt. BfA (in Euro)	BfA-Rente mit der heutigen Kaufkraft (in Euro)	Rentenlücke (in Euro)
0	1324	530	770
1,5	2101	840	460
2,5	2847	1139	161

Tabelle 9.11 Renteneintrittsalter 65. Lebensjahr, Inflationsrate 3 Prozent, monatliches Einkommen 1300 Euro

Quelle: © Beratungsrechner von Dr. Kriebel und Bernd W. Klöckner, Verwendung in Vorträgen, Büchern oder Artikeln nur mit Genehmigung des Autors.

Rentenanpassungs-satz (in Prozent)	Rente lt. BfA (in Euro)	BfA-Rente mit der heutigen Kaufkraft (in Euro)	Rentenlücke (in Euro)
0	1324	717	583
1,5	2101	1137	163
2,5	2847	1541	keine

Tabelle 9.12 Renteneintrittsalter 65. Lebensjahr, Inflationsrate 2 Prozent, monatliches Einkommen 1300 Euro

Quelle: © Beratungsrechner von Dr. Kriebel und Bernd W. Klöckner, www.beratungsrechner.de

Auf den Punkt gebracht: Nur wenn in den nächsten 32 Jahren jährlich eine Rentenanpassung von 2,5 Prozent nach oben genehmigt wird und lediglich eine Inflation von zwei Prozent besteht, entsteht keine Rentenlücke. Ansonsten liegt die Höhe der Rentenlücke der Familie circa zwischen 160 Euro und 770 Euro, was vermutlich der Fall wäre. Auch die Kaufkraft der Rente wird mit Sicherheit nicht so hoch sein, wie Georg es berücksichtigt hat.

Renten-Check bei Renteneintrittsalter 62

Da Georg im Baugewerbe arbeitet, kann es sehr wahrscheinlich sein, dass entweder eine Erwerbsminderung eintritt oder dass er mit 62 Lebensjahren in Frührente geht. Damit hätte er ohnehin schon Abschläge. Was die Frührente dann noch nach Kaufkraftverlust wert ist, schauen wir uns im Folgenden an:

Rentenanpassungssatz (in Prozent)	**Rente lt. BfA (in Euro)**	**BfA-Rente mit der heutigen Kaufkraft (in Euro)**	**Rentenlücke (in Euro)**
0	1092	394	906
1,5	1734	625	675
2,5	2349	847	453

Tabelle 9.13 Renteneintrittsalter 62. Lebensjahr, Inflationsrate 3 Prozent, monatliches Einkommen 1300 Euro

Quelle: © Beratungsrechner von Dr. Kriebel und Bernd W. Klöckner, Verwendung in Vorträgen, Büchern oder Artikeln nur mit Genehmigung des Autors.

Rentenanpassungssatz (in Prozent)	**Rente lt. BfA (in Euro)**	**BfA-Rente mit der heutigen Kaufkraft (in Euro)**	**Rentenlücke (in Euro)**
0	1092	518	782
1,5	1734	822	478
2,5	2349	1113	187

Tabelle 9.14 Renteneintrittsalter 62. Lebensjahr, Inflationsrate 2 Prozent, monatliches Einkommen 1300 Euro

Quelle: © Beratungsrechner von Dr. Kriebel und Bernd W. Klöckner, Verwendung in Vorträgen, Büchern oder Artikeln nur mit Genehmigung des Autors.

In diesem Fall kann die Rentenlücke selbst durch einen hohen Rentenanpassungssatz nicht geschlossen werden. Sie liegt mindestens bei rund 190 Euro und im Fall einer Rentenanpassung von 0 Prozent bei rund 900 Euro. Auch die Kaufkraft liegt weit unter dem, was sich Georg vorgestellt hat.

Renten-Check nach Rentenkürzungen

Im Folgenden sehen Sie dann noch die Fälle, die wohlmöglich in Zukunft folgen können. Zwei Negativfaktoren

1. Kaufkraftverlust und
2. negative Rentenanpassungssätze

lassen die zukünftige Rente sinken. Wählen Sie einen Inflationssatz und einen Minus-Rentenanpassungssatz und schauen Sie sich die Rente an, die nach heutiger Kaufkraft gegeben ist.

Rentenanpassung (in Prozent)	**Inflation (in Prozent)**					
	1,0	**1,5**	**2,0**	**2,5**	**3,0**	**3,5**
– 1,0	698,12	596,07	509,34	435,56	372,75	349,24
– 1,5	593,70	506,91	433,15	370,41	317,00	271,49
– 2,0	504,47	430,73	368,06	314,74	269,36	230,69
– 2,5	428,30	365,70	312,49	267,22	228,69	195,86
– 3,0	363,33	310,22	265,08	226,68	194,00	166,15
– 3,5	307,95	**262,94**	224,68	192,13	164,43	140,82
– 4,0	260,79	222,67	190,27	162,71	139,24	119,25

Tabelle 9.15 Renten-Check nach der Rentenkürzung durch die Inflationsrate und eine negative Rentenanpassung

Auch diese Werte werden Georg zu einer anderen Meinung über seine gesetzliche Rentenversicherung bringen. Ist beispielsweise eine Inflation von 1,5 Prozent und eine Rentenanpassung von durchschnittlich minus 3,5 Prozent gegeben, so liegt die Rente nur bei 263 Euro. Das wäre eine bittere Pille für Georg.

Diese Zahlen müssen jemanden einfach dazu bringen, das Gespräch mit einem Finanzprofi – der rechnen kann, also keinem »Finanzrater©« – zu suchen. Ein Finanzrater© ist derjenige, der nicht mit Ihnen eine solche Situation von Rente und Inflation durchrechnet. Achten Sie also darauf, dass derjenige, der Sie berät, auch eine individuelle, auf Sie zugeschnittene Berechnung durchführt.

Zusammenfassung

Georg sollte sich also genau die obigen Zahlen anschauen. Um nicht in der Zukunft von der gesetzlichen Rente enttäuscht zu werden, sollte er seine Finanzen noch einmal genau mit einem Finanzberater durchsprechen. Hierzu gehört es, nicht nur irgendeinen Altersvorsorgevertrag abzuschließen oder nur die gesetzliche Rente zu berechnen. Auch das andere, schon abgeschlossene Altersvorsorgeprodukt sollte unter die Lupe genommen werden. Mit der garantierten Rente von 1500 Euro ist nämlich auch nur der Betrag zum Auszahlungszeitpunkt gemeint. Eine Inflation beispielsweise ist hier noch nicht berücksichtigt. Man kann es sich also schlecht vorstellen, welchen Wert dieser Betrag in der Zukunft haben wird.

Es sollte also in jedem Fall die Inflation beachtet werden. Durch die Eigentumswohnung hat die kleine Familie in jedem Fall einen Vorteil, denn sie kann dadurch einmal Kosten sparen und zum anderen muss sie keine Angst vor drohenden Mieterhöhungen haben. Andere Kostenpunkte, wie Lebenshaltungskosten, Auto, Fahrtkosten sollten jedoch im Hinblick auf eine Inflation beachtet werden. Diese Faktoren treffen Georg, seine Frau und das Kind in jedem Fall.

Auch die steuerliche Seite sollte berücksichtigt sein. Die gesetzlichen Renten sind nämlich Bruttorenten und werden noch besteuert. Tritt Georg mit dem 65. Lebensjahr im Jahr 2035 in den Ruhestand ein, so wird seine Rente zu einem Anteil von 95 Prozent besteuert.

Lösung

Durch die Eigentumswohnung kann die Familie schon einmal auf bleibendes Kapital zurückgreifen, denn sie könnte eventuell mit dem Eintritt in den Ruhestand verkauft werden. Das sollte wiederum mit Blick auf die Mietpreise entschieden werden.

Zum anderen muss eine Rentenlücke von etwa 750 Euro geschlossen werden. Das könnte durch das Altersvorsorgeprodukt mit einer Rentenauszahlung von 1500 Euro gegeben sein. Diese Auszahlung sollte jedoch noch mit einem Kaufkraftverlust für den heutigen Wert berechnet werden. Erst dann kann eine Entscheidung getroffen werden, ob noch ein Produkt und vor allem welches abgeschlossen werden soll.

Sollte Georg mit 65 in Rente gehen und die Rente bis zum 92. Lebensjahr beziehen, so braucht er mit dem 65. Lebensjahr ein Vermögen von 393 000 Euro, um sich die Zusatzrente von 750 Euro (heutiger Kaufkraft) auszahlen zu lassen. Mit 65 würden danach 1573 Euro monatlich als Betrag ausgezahlt. Da nun noch die 1500 Euro ausgezahlt werden, müssen lediglich noch 73 Euro abgesichert werden, also knapp 100 Euro. Dafür müsste er bei einem Zins von 6 Prozent noch etwa 25 Euro monatlich in einem Anlageprodukt sparen.

Beispielfall 4

Alexander B.
35 Jahre
verheiratet
1 Kind
4 100 Euro netto

Persönliche Angaben

Alexander ist verheiratet und hat mit seiner Frau ein Kind. Die kleine Familie lebt in einem gerade gekauften Einfamilienhaus. Das Haus hat einen Wert von rund 300 000 Euro. Es wurde aus einem Darlehen mit 150 000 Euro finanziert. In rund 25 Jahren soll das Darlehen mit monatlich 1 000 Euro getilgt werden. Alexanders Frau ist nicht berufstätig und wird es auch in den nächsten Jahren nicht werden – sie möchte gerne Hausfrau bleiben und noch ein weiteres Kind bekommen.

Alexander, 35 Jahre, ist in einem Unternehmen beschäftigt – sein Nettoverdienst beläuft sich auf 4 100 Euro.

Familie B. ist bei der Altersvorsorge sehr gut aufgestellt. Sie besitzen Bankprodukte, die mit dem 65. Lebensjahr rund 110 000 Euro Auszahlung bieten. Zusätzlich wurde noch eine Beteiligung an einem geschlossenen Immobilienfonds gekauft – deren Wert beträgt mit 65 Jahren 70 000 Euro. Außerdem wird noch durch eine Pensionskasse ab dem 65. Lebensjahr eine Rente von 600 Euro monatlich ausgezahlt.

Alexander weiß, dass die Renteninformation der gesetzlichen Rentenversicherung nicht viel bringt. Er hat schon in Fachzeitschriften gelesen, dass diese falsch und die gesetzliche Rente am Ende ist. Doch er hat bisher noch keine konkrete Zahl gesehen, die ihm zeigt, was er nun genau davon halten kann. Aufgrund der Unsicherheit hat er in letzter Zeit wenig Urlaub gemacht, viel gearbeitet und konnte dadurch viel für die Altersliquidität sparen. Auch durch Geld aus Erbschaften konnte er einige teure Anlagen tätigen.

Die Renteninformation

Rente wegen voller Erwerbsminderung Würden Sie heute voll erwerbsgemindert sein, bekämen Sie eine monatliche Rente von:	927,25 EUR
Hochrechnungen Ihrer künftigen Altersrente Ihre bislang erreichten Rentenanwartschaften würden nach heutigem Stand einer monatlichen Altersrente von 408,06 EUR entsprechen. Sollten Sie bis zur Vollendung des 65. Lebensjahres jährlich X Entgeltpunkte (wie im Durchschnitt der letzten fünf Kalenderjahre) erwerben, bekämen Sie ohne Berücksichtigung von Rentenanpassungen eine monatliche Altersrente von:	1810,44 EUR
Ihre Rente wird aber aufgrund künftiger Rentenanpassungen tatsächlich höher ausfallen. Leider können auch wir die Entwicklung nicht vorhersehen. Wir haben zwei Varianten für Sie gerechnet: Beträgt der jährliche Anpassungssatz 1,5 Prozent, so ergäbe sich zum 65. Lebensjahr eine Rente von monatlich 2829,64 EUR, bei 3,5 Prozent eine solche von 5.080,74 EUR. Die Beträge sind – insbesondere wegen eines Anstiegs der Lebenshaltungskosten – in ihrer Kaufkraft nicht mit heutigen Einkommen vergleichbar.	

Abbildung 9.5 Auszug aus der Renteninformation für Alexander B. aus dem Jahr 2003. So wurden die Rentenformationen bis 2003 verschickt. Seit 2004 wird mit den Anpassungssätzen 1,5 Prozent und 2,5 Prozent gerechnet.

Renten-Check bei Renteneintrittsalter 65

Schauen wir uns nun wieder im Folgenden an, was die Renteninformation von Alexander in Wirklichkeit aussagt. Hier verwenden wir wiederum einen Inflationssatz von 3 und 2 Prozent. Schon im Voraus kann von einer hohen Rentenlücke ausgegangen werden, da schon die Rentenanwartschaften unter dem Nettoeinkommen liegen.

Rentenanpassungssatz (in Prozent)	Rente lt. BfA (in Euro)	BfA-Rente mit der heutigen Kaufkraft (in Euro)	Rentenlücke (in Euro)
0	1810	746	3354
1,5	2930	1166	2934
2,5	3860	1564	2536

Tabelle 9.16 Renteneintrittsalter 65. Lebensjahr, Inflationsrate 3 Prozent, monatliches Einkommen 4100 Euro

Quelle: © Beratungsrechner von Dr. Kriebel und Bernd W. Klöckner, Verwendung in Vorträgen, Büchern oder Artikeln nur mit Genehmigung des Autors.

Rentenanpassungssatz (in Prozent)	Rente lt. BfA (in Euro)	BfA-Rente mit der heutigen Kaufkraft (in Euro)	Rentenlücke (in Euro)
0	1810	999	3101
1,5	2930	1562	2538
2,5	3860	2096	2004

Tabelle 9.17 Renteneintrittsalter 65. Lebensjahr, Inflationsrate 2 Prozent, monatliches Einkommen 4100 Euro

Quelle: © Beratungsrechner von Dr. Kriebel und Bernd W. Klöckner, Verwendung in Vorträgen, Büchern oder Artikeln nur mit Genehmigung des Autors.

Auch hier sehen wir, dass Alexanders Rentenlücke zwischen 2004 und 3354 Euro liegt. Im geringsten Fall liegt die Rente nach dem Kaufkraftverlust bei etwa 750 Euro.

Renten-Check bei Renteneintrittsalter 62

Ab dem 62. Lebensjahr kann Alexander nach heutigem Recht die Frührente beantragen. Im Folgenden sehen Sie wiederum, wie sich hier die Rente ändert und auch, welche Kaufkraft eine Rente dann hat.

Rentenanpassungssatz (in Prozent)	Rente lt. BfA (in Euro)	BfA-Rente mit der heutigen Kaufkraft (in Euro)	Rentenlücke (in Euro)
0	1493	555	3545
1,5	2334	867	3233
2,5	3133	1164	2936

Tabelle 9.18 Renteneintrittsalter 62. Lebensjahr, Inflationsrate 3 Prozent, monatliches Einkommen 4100 Euro

Quelle: © Beratungsrechner von Dr. Kriebel und Bernd W. Klöckner, Verwendung in Vorträgen, Büchern oder Artikeln nur mit Genehmigung des Autors.

Bei 3 Prozent Inflation ist die Rente nach heutiger Kaufkraft knapp dreimal so gering, wie noch in der Renteninformation angegeben. Somit ist auch eine hohe Rentenlücke da.

Rentenanpassungssatz (in Prozent)	Rente lt. BfA (in Euro)	BfA-Rente mit der heutigen Kaufkraft (in Euro)	Rentenlücke (in Euro)
0	1493	722	3378
1,5	2334	1128	2972
2,5	3133	1514	2586

Tabelle 9.19 Renteneintrittsalter 62. Lebensjahr, Inflationsrate 2 Prozent, monatliches Einkommen 4100 Euro

Quelle: © Beratungsrechner von Dr. Kriebel und Bernd W. Klöckner, Verwendung in Vorträgen, Büchern oder Artikeln nur mit Genehmigung des Autors.

Auch hier sehen wir, dass die Rente nach dem Kaufkraftverlust um einiges geringer sein wird, als noch in der Renteninformation angegeben. Auch die Rentenlücke ist um einiges größer geworden, als bei einem Renteneintritt im 65. Lebensjahr.

Renten-Check nach Rentenkürzungen

Nun schauen wir noch auf den Fall, wenn die Bundesregierung aufgrund von leeren Rentenkassen die Rentenanpassungssätze nach unten setzt. Aufgrund der demografischen Entwicklung wird das auf kurz oder lang erfolgen. Eigentlich sollte die Bundesregierung, wenn die Einnahmen geringer sind als die Ausgaben, die Rentenkasse durch sonstige Einnahmen ausgleichen. Doch die sonstigen Einnahmen sind nichts anderes, als Steuergelder, die zweckentfremdet werden. Etwa die Mehrwertsteuererhöhung von 15 auf 16 Prozent (Zuletzt sogar noch die Erhöhung auf 19 Prozent) oder die Einführung der Ökosteuer sind Einnahmen, die zum Ausgleich in die Rentenkasse fließen. Doch irgendwann wird wahrscheinlich der Erfindungsreichtum der Bundesregierung ausgehen, mit der Folge dass einfach die Rentenanpassungssätze gekürzt werden. Hier nun die Berechnung für die Rente von 1810 Euro, die durch Inflation und Rentenanpassung gekürzt wird.

Rentenanpassung (in Prozent)	**Inflation (in Prozent)**					
	1,0	**1,5**	**2,0**	**2,5**	**3,0**	**3,5**
– 1,0	993,33	856,55	739,14	638,29	551,59	477,01
– 1,5	853,34	735,84	634,98	548,34	473,86	409,78
– 2,0	732,52	631,65	545,07	470,70	406,77	**351,76**
– 2,5	628,31	541,80	467,53	403,74	348,90	301,72
– 3,0	538,50	464,35	400,71	346,03	299,03	258,59
– 3,5	461,17	397,66	343,16	296,33	256,08	221,46
– 4,0	394,62	340,28	293,64	253,57	219,13	189,50

Tabelle 9.20 Renten-Check nach der Rentenkürzung durch die Inflationsrate und eine negative Rentenanpassung

Nimmt Alexander also für die Rente eine Inflation von 3,5 Prozent und eine Rentenanpassung von minus 2 Prozent, so kann er mit einer Rente von 352 Euro rechnen. Der Wert in der Renteninformation war fünfmal so hoch angegeben.

Zusammenfassung

Alexander hat für sich und die Familie sehr viel richtig gemacht. Er hat vorgesorgt. Ein Einfamilienhaus, viele Altersvorsorgeprodukte, einige Geldbestände, so sind er und seine Familie auf die Zukunft gut eingestellt.

Es fragt sich nur, ob dies auch für die Schließung der Rentenlücke reicht. Diese ist ja, wie wir oben sehen, alleine von gesetzlicher Seite her sehr hoch. Sie liegt zwischen 3000 und 3500 Euro. Wenn nun der Finanzberater oder Alexander B. alleine damit rechnen, dass die gesetzliche Rentenversicherung wirklich rund 1800 Euro als Rente zahlt, so ist noch zu wenig gespart worden.

Von der Steuersituation her sind einige gute Produkte im Portfolio: von der Pensionskasse, über den geschlossenen Immobilienfonds bis hin zu dem Bankprodukt, welches sich durch Steuervorteile von alleine trägt. Das alles lässt entweder auf einen guten Finanzberater oder einen guten Steuerberater schließen.

Von Seiten der Kosten und deren Steigerung ist hier genauso gut gehandelt worden. Ein Einfamilienhaus lässt schon einmal die Sorge um Mieterhöhungen schwinden. Die Kosten für Lebenshaltung werden jedoch nicht geringer, im Zweifel werden diese Kosten weiter steigen, was dann auch einen entsprechenden Vorsorgebedarf beziehungsweise ein bestimmtes Einkommen im Alter bedeutet!

Lösung

Eine Lösung ist nur dann optimal zu finden, wenn alle Angaben der Finanzsituation in eine Berechnung einfließen. Dazu zählen, wie schon erwähnt, geschlossener Immobilienfonds, Pensionskasse, Altersvorsorgeprodukte und natürlich auch die gesetzliche Rente. Die gesetzliche Rente sollte jedoch nur als kleiner Baustein angesehen werden. Gerade hier sollte schon fast das negativste Ergebnis in die Berechnung aufgenommen werden. Wenn später im Alter noch mehr Geld vorhanden ist, als erwartet wurde, wird Alexander sicher nicht meckern. Hier greift auch wieder der Spruch: »Zuviel gespart hat noch niemand«.

Nehmen wir also eine Rentenlücke von etwa 3500 Euro an. Müssten diese bis zum 65. Lebensjahr angespart werden, so muss dann ein Vermögen von etwa 1,8 Millionen Euro zur Verfügung stehen. Von dem Vermögen und auch von der Rente müssen noch die Auszahlung aus der Pensionskasse und die einmaligen Vermögen abgezogen werden. Somit benötigt er nur etwa 1,5 Millionen Euro. Um diese zu ersparen, ist eine monatliche Sparrate von 1600 Euro notwendig.

Da die Familie sehr hohe Ausgaben für die Anlagen und Annuitäten hat, ist es sehr fraglich, ob diese 1600 Euro zusätzlich aufgewendet werden können.

Beispielfall 5

Thomas S.
36 Jahre
verheiratet
2 Kinder
Spitzenverdiener: 7100 Euro netto

Persönliche Angaben

Kommen wir nun zu einem gut verdienenden Ehepaar, Thomas und Tanja. Er ist in einer großen Gesellschaft in leitender Position tätig, sie ist Hausfrau und gelernte Krankenschwester. Er hat ein Nettoeinkommen von etwa 7100 Euro pro Monat. Sie haben zwei Kinder und wohnen in einem Einfamilienhaus, das vollständig ihr Eigentum ist. Er ist 36 Jahre alt, Tanja ist 35 Jahre alt.

In ihrem Besitz sind nun noch eine Eigentumswohnung, Wert circa 100000 Euro und ein Bankguthaben von circa 50000 Euro.

Für die Altersvorsorge bestehen auch schon einige Verträge – viele Lebensversicherungen, die mit dem 65. Lebensjahr zu einer Gesamtauszahlung von rund 200000 Euro führen.

Beide sind gut in ihren Finanzen aufgestellt. Tanja hat zwar auch einen Rentenbescheid erhalten, geht aber nicht mehr arbeiten und fällt als bleibende Hausfrau aus der Berechnung heraus.

Thomas ist noch in der Rentenversicherung und liegt natürlich über der Beitragsbemessungsgrenze. Er wird auch weiterhin noch in den Rententopf einzahlen.

Die Renteninformation

Rente wegen voller Erwerbsminderung Wären Sie heute wegen gesundheitlicher Einschränkungen voll erwerbsgemindert, bekämen Sie eine monatliche Rente von:	1267,50 EUR
Hochrechnungen Ihrer künftigen Altersrente Ihre bislang erreichten Rentenanwartschaften würden nach heutigem Stand einer monatlichen Altersrente von 623,36 EUR entsprechen. Sollten Sie bis zur Vollendung des 65. Lebensjahres jährlich X Entgeltpunkte (wie im Durchschnitt der letzten fünf Kalenderjahre) erwerben, bekämen Sie ohne Berücksichtigung von Rentenanpassungen eine monatliche Altersrente von:	1935,41 EUR
Ihre Rente wird aber aufgrund künftiger Rentenanpassungen tatsächlich höher ausfallen. Leider können auch wir die Entwicklung nicht vorhersehen. Unter Berücksichtigung der von der Bundesregierung unterstellten Lohnannahmen haben wir beispielhaft zwei Varianten gerechnet: Beträgt der jährliche Anpassungssatz 1,5 Prozent, so ergäbe sich zum 65. Lebensjahr eine Rente von monatlich 2930 EUR, bei 2,5 Prozent eine solche von 3860 EUR. Die Beträge sind wegen des zu erwartenden Anstiegs der Lebenshaltungskosten und der damit verbundenen Geldentwertung (Inflation) in ihrer Kaufkraft nicht mit einem heutigen Einkommen in dieser Höhe vergleichbar. Es ist aber zu erwarten, dass der Kaufkraftverlust Ihrer Rente durch die Rentenanpassungen langfristig zumindest ausgeglichen wird.	

Abbildung 9.6 Auszug aus der Renteninformation für Thomas S. aus dem Jahr 2004

Renten-Check bei Renteneintrittsalter 65

Auch in diesem Fall ist ein Renten-Check für die Renteninformation wichtig. Wir nehmen jedoch nicht das jetzige Nettoeinkommen von monatlich 7100 Euro an, sondern lediglich 5000 Euro, da beispielsweise die Kosten für die jetzige Lebensversicherung wegfallen.

Rentenanpassungssatz (in Prozent)	Rente lt. BfA (in Euro)	BfA-Rente mit der heutigen Kaufkraft (in Euro)	Rentenlücke (in Euro)
0	1935	846	4154
1,5	2930	1283	3717
2,5	3860	1688	3312

Tabelle 9.21 Renteneintrittsalter 65. Lebensjahr, Inflationsrate 3 Prozent, monatliches Einkommen 5000 Euro

Quelle: © Beratungsrechner von Dr. Kriebel und Bernd W. Klöckner, Verwendung in Vorträgen, Büchern oder Artikeln nur mit Genehmigung des Autors.

Rentenanpassungssatz (in Prozent)	Rente lt. BfA (in Euro)	BfA-Rente mit der heutigen Kaufkraft (in Euro)	Rentenlücke (in Euro)
0	1935	1111	3889
1,5	2930	1686	3314
2,5	3860	2219	2781

Tabelle 9.22 Renteneintrittsalter 65. Lebensjahr, Inflationsrate 2 Prozent, monatliches Einkommen 5000 Euro

Quelle: © Beratungsrechner von Dr. Kriebel und Bernd W. Klöckner, Verwendung in Vorträgen, Büchern oder Artikeln nur mit Genehmigung des Autors.

Die großen Rentenlücken sind natürlich auf das hohe Einkommen zurückzuführen. Der Wohlhabende zahlt zwar viel in die Rentenkasse ein, bekommt aber letztendlich nach Kaufkraftverlust nicht viel heraus.

Renten-Check bei Renteneintrittsalter 62

Prüfen wir nun die Renteninformation bei einem drei Jahre früheren Renteneintritt.

Rentenanpassungssatz (in Prozent)	Rente lt. BfA (in Euro)	BfA-Rente mit der heutigen Kaufkraft (in Euro)	Rentenlücke (in Euro)
0	1597	629	4371
1,5	2422	954	4046
2,5	3187	1256	3744

Tabelle 9.23 Renteneintrittsalter 62. Lebensjahr, Inflationsrate 3 Prozent, monatliches Einkommen 5000 Euro

Quelle: © Beratungsrechner von Dr. Kriebel und Bernd W. Klöckner, Verwendung in Vorträgen, Büchern oder Artikeln nur mit Genehmigung des Autors.

Bei einer 3-prozentigen Inflation wird zwar voraussichtlich eine Rente von 1600 Euro ausgezahlt werden, diese 1600 Euro haben jedoch nur noch eine heutige Kaufkraft von 630 Euro. Somit ist auch die Rentenlücke von Thomas sehr hoch. Aufgrund der Frührente werden alleine schon die Renten um knapp 350 Euro gesenkt. Die Inflation kommt hier noch erschwerend hinzu.

Rentenanpassungssatz (in Prozent)	Rente lt. BfA (in Euro)	BfA-Rente mit der heutigen Kaufkraft (in Euro)	Rentenlücke (in Euro)
0	1597	803	4197
1,5	2422	1218	3782
2,5	3187	1603	3397

Tabelle 9.24 Renteneintrittsalter 62. Lebensjahr, Inflationsrate 2 Prozent, monatliches Einkommen 5000 Euro

Quelle: © Beratungsrechner von Dr. Kriebel und Bernd W. Klöckner, Verwendung in Vorträgen, Büchern oder Artikeln nur mit Genehmigung des Autors.

Auch hier ist zu sehen, dass bei einem Rentenanpassungssatz von 0 Prozent und einer Inflation von 3 Prozent lediglich eine lebenslange Rente von rund 630 Euro – Kaufkraft heute – gezahlt werden wird.

Renten-Check nach Rentenkürzungen

Nehmen wir nun wieder den schlechtesten Fall an, dass also die Rentenanpassungssätze im Minus liegen.

Rentenanpassung (in Prozent)	Inflation (in Prozent)					
	1,0	**1,5**	**2,0**	**2,5**	**3,0**	**3,5**
– 1,0	1083,38	938,83	814,14	706,50	613,51	533,13
– 1,5	935,43	810,62	702,95	610,01	529,73	460,32
– 2,0	807,08	699,39	606,50	526,31	457,04	397,16
– 2,5	695,82	602,98	522,89	**453,76**	394,04	342,41
– 3,0	599,43	519,45	450,46	390,90	339,45	294,98
– 3,5	516,00	447,15	387,76	336,50	292,21	253,92
– 4,0	443,84	384,62	333,54	289,44	251,34	218,41

Tabelle 9.25 Renten-Check nach der Rentenkürzung durch die Inflationsrate und eine negative Rentenanpassung

© Bernd W. Klöckner, Verwendung in Vorträgen, Büchern oder Artikeln nur mit Genehmigung des Autors.

Nimmt Thomas eine Inflation und den Rentenanpassungssatz von minus 2,5 Prozent an, so würde er nur eine Rente von 454 Euro erhalten.

Auch hier ist wieder im Vergleich zu sehen, dass die Bundesversicherungsanstalt für Angestellte über das Vierfache in der Renteninformation angenommen hat. Fatal wäre es, an die Zahlen zu glauben.

Zusammenfassung

Thomas und Tanja werden nach dieser Berechnung wahrscheinlich lieber mehr auf ihre Privatvorsorge achten und weniger auf die gesetzliche Rente bauen.

In den persönlichen Angaben konnten wir jedoch lesen, dass für das Alter schon gut vorgesorgt wurde. Ein Eigenheim, eine Eigentumswohnung, viele Altersvorsorgeprodukte, ein gut gefülltes Bankkonto – das lässt darauf schließen, dass sich Thomas und Tanja über die Situation und die Gefahr einer Altersarmut Gedanken gemacht haben.

Zusammenfassend ist jedoch über die Rentenkasse und auch über die Renteninformation zu sagen, dass diese meist zu optimistisch sind. Es wird rund das Vierfache oder selbst schon das doppelte angegeben. In der Renteninformation steht als Warnung lediglich der Satz, dass diese Beträge aufgrund der Geldentwertung nicht mehr mit heutigem Einkommen vergleichbar sind. Dies ist viel zu wenig Information, denn die Geldentwertung wird erst mit klaren Beispielen und Zahlen klar.

Lösung

Schauen wir uns nun den Lösungsvorschlag für Thomas und Tanja an.

Gehen wir einmal von einer Rentenlücke von 4500 Euro aus. Was müsste Thomas noch zusätzlich sparen? Oder reichen die jetzigen Anlagen aus, um mit dem 65. Lebensjahr bis zum 92. Lebensjahr eine angemessene Rente zu bekommen?

Mit dem 65. Lebensjahr braucht er ein Vermögen von rund 2,25 Millionen Euro, um auch die Kaufkraft von 4500 Euro Zusatzrente zu haben.

Nach Abzug der Lebensversicherungen (200 000 Euro) und der Eigentumswohnung (100 000 Euro) müssen die beiden noch rund 1,95 Millionen Euro ansparen.

Wird noch das Bankguthaben von 50 000 Euro zu Beginn angelegt, so müssen ab dem heutigen Tag noch zusätzlich 2 000 Euro zu einem Zins von 6 Prozent gespart werden, um die rund 1,95 Millionen Euro mit dem 65. Lebensjahr zu erreichen.

Beispielfall 6

Jürgen L.
37 Jahre
verheiratet
2 Kinder
3 270 Euro netto

Persönliche Angaben

Jürgen, 37 Jahre, ist mit seiner Frau schon seit 15 Jahren verheiratet. Sie haben zwei Kinder – der Sohn geht noch in den Kindergarten, die Tochter schon in die Schule. Die Ehefrau Carmen arbeitet halbtags. Sie ist Beamtin.

Jürgen arbeitet in einem großen Handwerksunternehmen und hat Nettoeinnahmen von 3 270 Euro. Die Frau erhält als Beamtin netto rund 1 200 Euro. Zusammen haben die beiden also ein sehr gutes Einkommen.

Die Familie wohnt in einem schönen Einfamilienhaus in einem Neubaugebiet. Das Darlehen für das Haus wird bis zum 65. Lebensjahr abbezahlt sein.

Die Frau wird voraussichtlich Pensionsansprüche von 1 200 Euro in der Zukunft haben. Jürgen hat von der LVA die Renteninformation erhalten und möchte nun wissen, ob er wirklich mit der Rente rechnen kann, die dort ausgewiesen ist.

Zusätzlich haben sich die Eheleute eine vermietete Eigentumswohnung zugelegt, Wert etwa 100 000 Euro. Außerdem soll als Steuersparobjekt ein geschlossener Immobilienfonds dienen, der Ausschüttungen im Alter in der Höhe von etwa 400 Euro bietet.

Als Sicherheit haben die zwei noch eine Kapitallebensversicherung, Auszahlung mit 65 rund 80000 Euro und eine Direktversicherung, Rente ab 65 rund 2000 Euro. Nebenbei sparen beide noch in einen Investmentfonds, der voraussichtlich mit dem 65. Lebensjahr ein Vermögen von 110000 Euro enthält.

Die Frage ist nun, ob verglichen mit den Angaben der Renteninformation eine Rentenlücke besteht.

Die Renteninformation

Rente wegen voller Erwerbsminderung Wären Sie heute voll erwerbsgemindert, bekämen Sie eine monatliche Rente von:	1112,81 EUR
Hochrechnungen Ihrer künftigen Altersrente Ihre bislang erreichten Rentenanwartschaften würden nach heutigem Stand einer monatlichen Altersrente von 524,57 EUR entsprechen. Sollten Sie bis zur Vollendung des 65. Lebensjahres jährlich X Entgeltpunkte (wie im Durchschnitt der letzten fünf Kalenderjahre) erwerben, bekämen Sie ohne Berücksichtigung von Rentenanpassungen eine monatliche Altersrente von:	1759,57 EUR
Ihre Rente wird aber aufgrund künftiger Rentenanpassungen tatsächlich höher ausfallen. Leider können auch wir die Entwicklung nicht vorhersehen. Wir haben zwei Varianten für Sie gerechnet: Beträgt der jährliche Anpassungssatz 1,5 Prozent, so ergäbe sich zum 65. Lebensjahr eine Rente von monatlich 2709,73 EUR, bei 3,5 Prozent eine solche von 4770,98 EUR. Die Beträge sind – insbesondere wegen eines Anstiegs der Lebenshaltungskosten – in ihrer Kaufkraft nicht mit heutigen Einkommen vergleichbar.	

Abbildung 9.7 Auszug aus der Renteninformation von Jürgen L. aus dem Jahr 2003. So wurden die Rentenformationen bis 2003 verschickt. Seit 2004 wird mit den Anpassungssätzen 1,5 Prozent und 2,5 Prozent gerechnet.

Renten-Check bei Renteneintrittsalter 65

Im Folgenden sehen Sie wiederum unseren üblichen Renten-Check der Renteninformation. Das Einkommen der Ehefrau Carmen wird nicht in die Berechnung einbezogen, da es größtenteils von der Pension abgedeckt ist. In der obigen Renteninformation sehen Sie, dass eine Rente von 1759,57 Euro gezahlt werden soll. Liegen die Anpassungssätze bei 1,5 Prozent, wird eine Rente von 2709,73 avisiert. Zusätzlich ist ein Anpassungssatz von 3,5 Prozent angegeben, der jedoch nicht mehr gültig ist. Die LVA und auch BfA haben diesen durch 2,5 Prozent ersetzt, da der vorige einfach zu hoch war. Schauen wir uns also die einzelnen Renten nach Kaufkraft an:

Rentenanpassungssatz (in Prozent)	**Rente lt. BfA (in Euro)**	**BfA-Rente mit der heutigen Kaufkraft (in Euro)**	**Rentenlücke (in Euro)**
0	1760	747	2523
1,5	2710	1150	2120
2,5	3602	1528	1742

Tabelle 9.26 Renteneintrittsalter 65. Lebensjahr, Inflationsrate 3 Prozent, monatliches Einkommen 3270 Euro

Quelle: © Beratungsrechner von Dr. Kriebel und Bernd W. Klöckner, Verwendung in Vorträgen, Büchern oder Artikeln nur mit Genehmigung des Autors.

Rentenanpassungssatz (in Prozent)	**Rente lt. BfA (in Euro)**	**BfA-Rente mit der heutigen Kaufkraft (in Euro)**	**Rentenlücke (in Euro)**
0	1760	991	2279
1,5	2710	1526	1744
2,5	3602	2028	1242

Tabelle 9.27 Renteneintrittsalter 65. Lebensjahr, Inflationsrate 2 Prozent, monatliches Einkommen 3270 Euro

Quelle: © Beratungsrechner von Dr. Kriebel und Bernd W. Klöckner, Verwendung in Vorträgen, Büchern oder Artikeln nur mit Genehmigung des Autors.

Hier sehen Sie schon, dass Jürgen eine hohe Rentenlücke zu schließen hat.

Renten-Check bei Renteneintrittsalter 62

Jürgen könnte auch in Frührente gehen. Sollte das Gesetz, beziehungsweise die Möglichkeit noch bis zu Jürgens 62. Lebensjahr bestehen, so könnte er einen Antrag auf Frührente stellen und schon mit 62 in den Ruhestand eintreten. Nach den politischen Zeichen hat es jedoch eher den Anschein, dass es zu einer Verlängerung der Arbeitszeit und zu einer Aufhebung dieser Möglichkeit kommt. Schauen wir trotzdem auf die Kaufkraft einer solchen Rentenmöglichkeit. Wie hoch wäre damit die Rentenlücke, wenn wir einmal von einer Inflation von 3 Prozent und als zweites von einer Inflation von 2 Prozent ausgehen?

Rentenanpassungs-satz (in Prozent)	Rente lt. BfA (in Euro)	BfA-Rente mit der heutigen Kaufkraft (in Euro)	Rentenlücke (in Euro)
0	1452	556	2714
1,5	2236	855	2415
2,5	2972	1137	2133

Tabelle 9.28 Renteneintrittsalter 62. Lebensjahr, Inflationsrate 3 Prozent, monatliches Einkommen 3270 Euro

Quelle: © Beratungsrechner von Dr. Kriebel und Bernd W. Klöckner, Verwendung in Vorträgen, Büchern oder Artikeln nur mit Genehmigung des Autors.

Rentenanpassungs-satz (in Prozent)	Rente lt. BfA (in Euro)	BfA-Rente mit der heutigen Kaufkraft (in Euro)	Rentenlücke (in Euro)
0	1452	716	2554
1,5	2236	1102	2168
2,5	2972	1465	1805

Tabelle 9.29 Renteneintrittsalter 62. Lebensjahr, Inflationsrate 2 Prozent, monatliches Einkommen 3270 Euro

Quelle: © Beratungsrechner von Dr. Kriebel und Bernd W. Klöckner, Verwendung in Vorträgen, Büchern oder Artikeln nur mit Genehmigung des Autors.

Hier liegt eine Rentenlücke von mindestens 1800 Euro vor. Im schlechtesten Fall sinkt die Rente auf eine heutige Kaufkraft von rund 550 Euro. Hier kann gesagt werden: Gut, dass Jürgen vorgesorgt hat. Inwieweit er damit auskommt, schauen wir uns später bei der Lösung an.

Renten-Check nach Rentenkürzungen

Aufgrund der aktuellen Lage betrachten wir auch hier wiederum Jürgens Rente von 1760 Euro, wenn die Rentenanpassungssätze sinken. Aus der folgenden Tabelle können Sie bei verschiedenen Sätzen bei Inflation und Rentenanpassung auswählen.

Rentenanpassung (in Prozent)	**Inflation (in Prozent)**					
	1,0	**1,5**	**2,0**	**2,5**	**3,0**	**3,5**
– 1,0	1005,31	875,49	762,95	665,32	580,57	506,95
– 1,5	872,43	759,76	662,10	577,38	503,83	439,94
– 2,0	756,56	658,86	574,17	500,70	436,92	381,52
– 2,5	655,61	570,94	497,55	**433,88**	378,62	330,61
– 3,0	567,71	494,39	430,84	375,71	327,85	286,28
– 3,5	491,22	427,79	372,80	325,09	283,68	247,71
– 4,0	424,73	369,88	322,33	281,09	245,28	214,18

Tabelle 9.30 Renten-Check nach der Rentenkürzung durch die Inflationsrate und eine negative Rentenanpassung

In der Tabelle ist der Wert 433,88 Euro fett hervorgehoben. Sollte die Bundesregierung die Rentenanpassungssätze im Durchschnitt in den nächsten 28 Jahren bis zu seiner Rente um 2,5 Prozent senken und zusätzlich eine Inflation von 2,5 Prozent herrschen, wird Jürgens Rente also nach heutigem Wert nur 433,88 Euro betragen. Somit müßte er eine Rentenlücke von 2836 Euro ausgleichen.

Auf den Punkt gebracht bringt die Renteninformation ein wenig Verwirrung, da eine Rente zwar angegeben ist, jedoch leicht zu positiv auf die Bürger wirkt. Diese Angabe ist zwar nur zur Information da, die obigen Zahlen in einer solchen Information würden jedoch sehr wahrscheinlich um einiges erschreckender wirken.

Zusammenfassung

Zusammengefasst kann die Renteninformation für Jürgen nur ein deutliches Signal sein, nochmals seine Situation zu prüfen. Von der gesetzlichen Rentenversicherung kann er etwa eine Rente erwarten, die im realistischen Fall zwischen 500 und 1000 Euro heutiger Kaufkraft liegt. Dass er durch private Vorsorge eine Lücke von etwa 1200 Euro und 3000 Euro schließen muss, damit hat er wahrscheinlich nicht gerechnet. Aber vielleicht ist er ja gut genug aufgestellt, um der so genannten »gesetzlichen Rentenfalle« zu entgehen.

Schauen wir uns im Folgenden noch einmal die Vermögenspositionen mit dem 65. Lebensjahr an:

- vermietete Eigentumswohnung, Wert 100 000 Euro oder monatliche Mieteinnahmen von netto etwa 400 Euro,
- geschlossener Immobilienfonds, Ausschüttungen 400 Euro,
- Direktversicherung, monatliche Rente 2 000 Euro,
- Kapitallebensversicherung, einmalige Ausschüttung 80 000 Euro.
- Investmentfondssparplan mit 65 etwa ein Wert von 110 000 Euro.

Jürgen ist also nach obigen Positionen aufgestellt. Mit Hinblick auf die Inflation muss natürlich gesagt werden, dass die obigen Positionen, bis auf die vermietete Immobilie, noch nicht auf den heutigen Wert, also mit ihrer heutigen Kaufkraft berechnet wurden.

Durch das Eigenheim kann sich die Familie beruhigt zurücklehnen und braucht Mieterhöhungen schon mal nicht zu befürchten. Es sind lediglich bei gewöhnlichen Lebenshaltungskosten, Strom, Auto, Benzin etc. Preissteigerungen anzunehmen.

Lösung

Die Lösung in Jürgens und Carmens Fall muss gut berechnet werden.

Für die Berechnung nehmen wir die negativste Rentenlücke, also 3 000 Euro an. Davon können direkt die Mieteinnahmen der vermieteten Eigentumswohnung abgezogen werden, da diese durch Mietsteigerungen an die Inflation angepasst werden. Damit besteht noch eine Lücke von 2 600 Euro.

Es muss ein Betrag von monatlich 5 000 Euro ausgezahlt werden, um 2 600 Euro heutiger Kaufkraft zu entsprechen. Von diesem Betrag können Ausschüttungen und Renten der Direktversicherung – insgesamt 2400 Euro – abgezogen werden. Es verbleiben also wiederum 2600 Euro.

Um diese Renten bis zum 92. Lebensjahr auszahlen zu können, sollten die beiden mit 65 über ein Vermögen von 650000 Euro verfügen. Von diesem Betrag können die einmaligen Ausschüttungen aus Investmentfondssparplan und Kapitallebensversicherung – insgesamt 190000 Euro – abgezogen werden.

460000 Euro sind also das Vermögen, welches noch angespart werden muss. Es wäre also noch ein Betrag von rund 550 Euro monatlich zu sparen.

Beispielfall 7

Bernd B.
39 Jahre
verheiratet
keine Kinder
4900 Euro netto

Persönliche Angaben

Bernd ist 39 Jahre alt. Er ist seit einigen Jahren mit seiner Frau Claudia verheiratet. Claudia ist Hausfrau und seit längerem nicht mehr berufstätig. Sie hat auch noch nicht sehr viel in die Rentenkasse eingezahlt. Bernd ist leitender Angestellter in einem Industrieunternehmen. Hier ist er Gutverdiener und hat ein Nettoeinkommen von 4900 Euro.

Herr B. und seine Frau wohnen im eigenen Haus, das mit dem 60. Lebensjahr abbezahlt sein soll. Darüber hinaus besitzt er keine weiteren Immobilien, außer einem geschlossenen Immobilienfonds, Beteiligungshöhe 50000 Euro. Die Ausschüttungen sollen als Wiederanlage dienen. Ab dem 65. Lebensjahr sollen Ausschüttungen von ungefähr 500 Euro monatlich erfolgen.

Zudem haben die beiden für die Altersvorsorge noch eine fondsgebundene Lebensversicherung, Ausschüttung 330000 Euro. Dann wurde noch ein Investmentfondssparplan abgeschlossen, der im 65. Lebensjahr auch eine Ausschüttung von rund 350000

Euro bringen wird. Es existieren außerdem noch 50 000 Euro in Private Equity, die voraussichtlich auf 200 000 Euro ansteigen werden. Über die Firma von Bernd wurde eine Direktversicherung abgeschlossen, die eine Rente von 650 Euro monatlich ab dem 65. Lebensjahr garantiert.

Bernd B. ist nun aufgrund der Informationen über die gesetzliche Rentenversicherung verunsichert. Er fragt sich, warum er so viel sparen soll, wenn die Rentenversicherung doch eine solche Rente ausschüttet. Auch hier nehmen wir wiederum den Rentencheck vor!

Die Renteninformation

Rente wegen voller Erwerbsminderung Würden Sie heute voll erwerbsgemindert sein, bekämen Sie eine monatliche Rente von:	772,29 EUR
Hochrechnungen Ihrer künftigen Altersrente Ihre bislang erreichten Rentenanwartschaften würden nach heutigem Stand einer monatlichen Altersrente von 434,79 EUR entsprechen. Sollten Sie bis zur Vollendung des 65. Lebensjahres jährlich X Entgeltpunkte (wie im Durchschnitt der letzten fünf Kalenderjahre) erwerben, bekämen Sie ohne Berücksichtigung von Rentenanpassungen eine monatliche Altersrente von:	1645,34 EUR
Ihre Rente wird aber aufgrund künftiger Rentenanpassungen tatsächlich höher ausfallen. Leider können auch wir die Entwicklung nicht vorhersehen. Wir haben zwei Varianten für Sie gerechnet: Beträgt der jährliche Anpassungssatz 1,5 Prozent, so ergäbe sich zum 65. Lebensjahr eine Rente von monatlich 2422,99 EUR, bei 3,5 Prozent eine solche von 4023,62 EUR. Die Beträge sind – insbesondere wegen eines Anstiegs der Lebenshaltungskosten – in ihrer Kaufkraft nicht mit heutigen Einkommen vergleichbar.	

Abbildung 9.7 Auszug aus der Renteninformation von Bernd B. aus dem Jahr 2003. So wurden die Rentenformationen bis 2003 verschickt. Seit 2004 wird mit den Anpassungssätzen 1,5 Prozent und 2,5 Prozent gerechnet.

Renten-Check bei Renteneintrittsalter 65

Auch bei Bernd führen wir einen Renten-Check durch und berechnen die angegebenen Renten bei einer Kaufkraft von heute. Hier kann er dann feststellen, dass auch diese Renten nicht so hoch sein werden, wie diese dort auf der Renteninformation stehen.

Rentenanpassungssatz (in Prozent)	Rente lt. BfA (in Euro)	BfA-Rente mit der heutigen Kaufkraft (in Euro)	Rentenlücke (in Euro)
0	1645	763	4137
1,5	2423	1124	3776
2,5	3126	1450	3450

Tabelle 9.31 Renteneintrittsalter 65. Lebensjahr, Inflationsrate 3 Prozent, monatliches Einkommen 4900 Euro

Rentenanpassungssatz (in Prozent)	Rente lt. BfA (in Euro)	BfA-Rente mit der heutigen Kaufkraft (in Euro)	Rentenlücke (in Euro)
0	1645	983	3917
1,5	2423	1448	3452
2,5	3126	1868	3032

Tabelle 9.32 Renteneintrittsalter 65. Lebensjahr, Inflationsrate 2 Prozent, monatliches Einkommen 4900 Euro

Auch hier liegt die wirkliche Rente, bezieht man einen Kaufkraftverlust von 3 Prozent Inflation mit ein, etwas unter der Hälfte der von der BfA avisierten Rente; bei 2 Prozent Inflation liegt sie etwas über der Hälfte.

Zudem sind die Rentenlücken sehr hoch. Dies ist gerade bei Besserverdienenden oft der Fall. Hier klafft eine Rentenlücke zwischen 3000 und rund 4000 Euro. Ohne den Kaufkraftverlust mitzubedenken läge diese aufgrund der Renteninflation zwischen 1774 Euro und 3255 Euro. Sie wäre also viel zu positiv eingeschätzt worden.

Renten-Check bei Renteneintrittsalter 62

Im Folgenden berechnen wir wiederum mit einer Inflation von 3 und 2 Prozent, ob eine Frührente für Bernd weitere Nachteile hätte. Die erste Tabelle rechnet mit 3 Prozent Inflation und die zweite mit 2 Prozent, bis zu einem Lebensjahr von 62 Jahren.

Rentenanpassungs-satz (in Prozent)	Rente lt. BfA (in Euro)	BfA-Rente mit der heutigen Kaufkraft (in Euro)	Rentenlücke (in Euro)
0	1357	567	4333
1,5	1999	836	4064
2,5	2579	1078	3822

Tabelle 9.33 Renteneintrittsalter 62. Lebensjahr, Inflationsrate 3 Prozent, monatliches Einkommen 4900 Euro

Quelle: © Beratungsrechner von Dr. Kriebel und Bernd W. Klöckner, Verwendung in Vorträgen, Büchern oder Artikeln nur mit Genehmigung des Autors.

Rentenanpassungs-satz (in Prozent)	Rente lt. BfA (in Euro)	BfA-Rente mit der heutigen Kaufkraft (in Euro)	Rentenlücke (in Euro)
0	1357	710	4190
1,5	1999	1046	3854
2,5	2579	1349	3551

Tabelle 9.34 Renteneintrittsalter 62. Lebensjahr, Inflationsrate 2 Prozent, monatliches Einkommen 4900 Euro

Quelle: © Beratungsrechner von Dr. Kriebel und Bernd W. Klöckner, Verwendung in Vorträgen, Büchern oder Artikeln nur mit Genehmigung des Autors.

Auch hier können wir erkennen, dass die Frührente schon rund 300 Euro unter der Rente ab 65 liegt. Nach Berücksichtigung des Kaufkraftverlusts sinkt die Rente auf einen Betrag zwischen 570 und 1350 Euro. Somit ist eine Rentenlücke von bis zu 4300 Euro vorhanden.

Auch dieses Beispiel macht deutlich, dass die von der BfA angegebene Rente viel zu optimistisch eingeschätzt wird. Zudem gehen heutzutage viele Menschen schon vor dem 60. Lebensjahr in den Ruhestand, was dann zu noch mehr Rentenabschlägen führt.

Renten-Check nach Rentenkürzungen

Wie sieht nun die Rente von Bernd nach eventuellen Rentenkürzungen des Rentensatzes aus? Dies zeigt nun die nächste Tabelle. Hier können Sie wieder einen beliebigen Wert auswählen und die Rente ermitteln.

Rentenanpassung (in Prozent)	Inflation (in Prozent)					
	1,0	**1,5**	**2,0**	**2,5**	**3,0**	**3,5**
– 1,0	977,97	860,13	**756,97**	666,59	587,37	517,88
– 1,5	857,34	754,03	663,60	584,37	514,92	454,00
– 2,0	751,08	660,58	581,35	511,95	451,10	397,74
– 2,5	657,55	578,32	508,96	448,19	394,93	348,21
– 3,0	575,27	505,96	445,27	392,11	345,51	304,64
– 3,5	502,94	442,34	389,29	342,81	302,07	266,33
– 4,0	439,40	386,46	340,11	299,50	263,91	232,69

Tabelle 9.35 Renten-Check nach der Rentenkürzung durch die Inflationsrate und eine negative Rentenanpassung

Aus der Tabelle wird Folgendes ersichtlich: Kommen in den nächsten 26 Jahren, während Bernd noch fleißig in den Rententopf einzahlen wird, noch Rentenkürzungen dazu und außerdem eine recht hohe Inflation, so wird die Rentenlücke wohl doch so hoch sein wie angezeigt. Damit hat Bernd wahrscheinlich nicht gerechnet. Treten etwa eine Inflation von 3,5 Prozent und Rentenkürzungen von 4 Prozent ein, so kann Bernd mit einer Rente von 233 Euro rechnen.

Diese Vermutungen bezüglich möglicher Rentenkürzungen sind nicht aus der Luft gegriffen. Die Rentenzahler werden immer weniger, oder steigen später in den Beruf ein. Auch die Rentenempfänger werden immer mehr und vor allem auch älter. Somit wird der Rententopf immer leerer.

Zusammenfassung

Auch Bernd und seine Frau Claudia können nun erkennen, dass die Rente, die auf der Renteninformation angegeben ist, im Nachhinein nicht viel bringt. Sie sollten sich vielmehr auf die private oder betriebliche Vorsorge beschränken, die sie ja schon im großen Maße nutzen. Schauen wir uns noch einmal ihre Vermögensteile zusammengefasst an:

- geschlossener Immobilienfonds: monatliche Ausschüttung 500 Euro,
- Direktversicherung: monatliche Ausschüttung 650 Euro,
- Fondsgebundene Lebensversicherung: Ausschüttung 330 000 Euro,
- Fondssparplan: Ausschüttung 350 000 Euro,
- Private Equity: Ausschüttung 200 000 Euro.

Fraglich ist nun, ob diese Vermögenspositionen ausreichen. Vor allem: Alle Anlagen verlieren mit der Zeit an Kaufkraft.

Nur eine Anlage, die eigentlich keine Anlage ist, verliert weder an Kaufkraft, noch werden Miet- oder Zinserhöhungen verzeichnet – das Eigenheim.

Die Steuersituation sieht bei Bernd und Claudia auch sehr ausgewogen aus. Ein geschlossener Immobilienfonds, eine Direktversicherung und Private Equity schließen auf eine gute Anlagemischung und Steuersparprodukte.

Dennoch klafft noch in etwa eine Rentenlücke von rund 4 000 Euro, die Bernd und Claudia noch schließen müssen.

Lösung

Sehen wir uns Bernds und Claudias Anlagen einmal genauer an. Müssen sie nun noch zusätzlich etwas sparen oder nicht? Hier müssen wir wiederum die Rentenlücke, die ja bei 4 000 Euro liegt, genauer betrachten. Reichen die oben genannten Anlagen dazu aus, um diese zu schließen? Diese Frage klären wir nun.

Um ab dem 65. Lebensjahr eine Rente mit der Kaufkraft von 4 000 Euro zu haben, benötigen Bernd und Claudia eine Auszahlung von rund 7 400 Euro. Von diesem Betrag ziehen wir nun die monatlichen Renten aus geschlossenen Immobilienfonds und Direktversicherung ab – das ergibt zusammen 1 150 Euro.

Nun benötigen sie also noch eine Rente von 6 250 Euro. Für diesen Rentenbetrag ist mit dem 65. Lebensjahr ein Vermögen von 1,55 Millionen Euro notwendig. Sie bekommen durch die drei Altersvorsorgeprodukte insgesamt 880 000 Euro. Es besteht somit noch eine Rentenlücke von 680 000 Euro, die geschlossen werden muss. Um diese anzusparen, ist eine monatliche Sparrate von rund 1 000 Euro notwendig.

Beispielfall 8

Bernd W.
40 Jahre
ledig
keine Kinder
3500 Euro netto

Persönliche Angaben

Bernd, 40 Jahre, ist in einem großen Softwarekonzern tätig. Sein Schwerpunkt liegt auf der Softwareentwicklung. Die Auftragslage in der Wirtschaftskrise hat den Konzern nur leicht getroffen. Durch gute Kundenbetreuung, Fleiß und Wissen bezieht er derzeit durchschnittlich ein Nettoeinkommen von rund 3500 Euro. Bei steigenden Umsätzen konnte ihm das Unternehmen einen festen Arbeitsplatz zusichern.

Bernd ist seit vielen Jahren glücklicher Single und hat deshalb auch keine Kinder. Er wohnt in einer Mietwohnung in der Stadtmitte einer idyllischen Kleinstadt. Für die Mietwohnung zahlt er nicht viel, da ein älterer Herr und guter Bekannter der Vermieter ist. Ihm wurde die Wohnung schon oft zum Kauf angeboten, er möchte aber noch nicht kaufen.

Seine größte Sorge ist die Altersvorsorge. Doch hier macht er sich als Single kaum Gedanken darum, da er bisher schon rund 150000 Euro gespart hat. Sein Ziel ist es, bis zum 65. Lebensjahr Millionär zu sein, also eine Million Euro aus dem Gesparten zu erreichen, was auch möglich ist.

Erst letztens hat er die Renteninformation von der BfA erhalten. Auch Bernd ist verunsichert, da er nicht mit so einer hohen Rente gerechnet hat. Er überlegt nun doch, die Wohnung von dem ersparten Vermögen zu kaufen. Denn sein Bemühen um die Altersvorsorge hat sich ja somit erledigt, wenn er noch mit soviel Rente aus der gesetzlichen Rentenversicherung rechnen kann.

Die Renteninformation

Rente wegen voller Erwerbsminderung Würden Sie heute voll erwerbsgemindert sein, bekämen Sie eine monatliche Rente von:	1121,05 EUR
Hochrechnungen Ihrer künftigen Altersrente Ihre bislang erreichten Rentenanwartschaften würden nach heutigem Stand einer Altersrente von 519,52 EUR entsprechen. Sollten Sie bis zur Vollendung des 65. Lebensjahres jährlich X Entgeltpunkte (wie im Durchschnitt der letzten fünf Kalenderjahre) erwerben, bekämen Sie ohne Berücksichtigung von Rentenanpassungen eine Altersrente von:	1896,76 EUR
Ihre Rente wird aber aufgrund künftiger Rentenanpassungen tatsächlich höher ausfallen. Leider können auch wir die Entwicklung nicht vorhersehen. Deshalb haben wir zwei Varianten für Sie gewählt: Beträgt der jährliche Anpassungssatz 1,5 Prozent, so beliefe sich Ihre Rente zu Rentenbeginn auf:	2792,32 EUR
Beträgt der jährliche Anpassungssatz 3,5 Prozent, so beliefe sich Ihre Rente zu Rentenbeginn auf:	4641,40 EUR
Diese Beträge werden jährlich weiter angepasst.	

Abbildung 9.8 Auszug aus der Renteninformation von Bernd W. aus dem Jahr 2002. So wurden die Rentenformationen bis 2003 verschickt. Seit 2004 wird mit den Anpassungssätzen 1,5 Prozent und 2,5 Prozent gerechnet.

Renten-Check bei Renteneintrittsalter 65

Bernd kann sich nicht so richtig vorstellen, dass die Inflation so extrem auf die Rente wirkt. Im Folgenden werden wir also für Bernd einen Renten-Check durchführen, der ihm genau zeigt, welche Rente er nach Kaufkraftverlusten erhält und welche Rentenlücke er schließen muss.

Rentenanpassungssatz (in Prozent)	Rente lt. BfA (in Euro)	BfA-Rente mit der heutigen Kaufkraft (in Euro)	Rentenlücke (in Euro)
0	1897	880	2620
1,5	2792	1296	2204
2,5	3605	1672	1828

Tabelle 9.36 Renteneintrittsalter 65. Lebensjahr, Inflationsrate 3 Prozent, monatliches Einkommen 3500 Euro

Quelle: © Beratungsrechner von Dr. Kriebel und Bernd W. Klöckner, Verwendung in Vorträgen, Büchern oder Artikeln nur mit Genehmigung des Autors.

Rentenanpassungs-satz (in Prozent)	Rente lt. BfA (in Euro)	BfA-Rente mit der heutigen Kaufkraft (in Euro)	Rentenlücke (in Euro)
0	1897	1134	2366
1,5	2792	1670	1830
2,5	3605	2154	1346

Tabelle 9.37 Renteneintrittsalter 65. Lebensjahr, Inflationsrate 2 Prozent, monatliches Einkommen 3500 Euro

Quelle: © Beratungsrechner von Dr. Kriebel und Bernd W. Klöckner, Verwendung in Vorträgen, Büchern oder Artikeln nur mit Genehmigung des Autors.

Sie sehen also schon anhand der Rentenlücke, dass Bernd sich verschätzt hat. Geht er mit 65 in Rente, so hat er neben der Rente aus der gesetzlichen Rentenversicherung eine Rentenlücke von 1350 bis 2620 Euro. Er erhält vielleicht eine Rente von rund 1900 Euro, jedoch sind diese dann nur noch zwischen 900 und 1100 Euro wert.

Auch hier ist folgendes zu beachten: Viele verschätzen sich bei der Wirkung von Zins und Zinseszins genauso, wie bei der Wirkung von Kaufkraftverlusten.

Renten-Check bei Renteneintrittsalter 62

Bernd könnte auch schon mit 62 Jahren in Rente gehen. Hier sind die inflationären Verluste um drei Jahre gekürzt, jedoch genauso auch die Renten. Da er drei Jahre weniger in die Rentenkasse einzahlt und schon drei Jahre früher das Geld aus der Kasse herausnimmt, hat die Rente hohe Abschläge, wie wir in den nächsten Tabellen erkennen:

Rentenanpassungs-satz (in Prozent)	Rente lt. BfA (in Euro)	BfA-Rente mit der heutigen Kaufkraft (in Euro)	Rentenlücke (in Euro)
0	1565	654	2846
1,5	2305	964	2536
2,5	2974	1243	2257

Tabelle 9.38 Renteneintrittsalter 62. Lebensjahr, Inflationsrate 3 Prozent, monatliches Einkommen 3500 Euro

Quelle: © Beratungsrechner von Dr. Kriebel und Bernd W. Klöckner, Verwendung in Vorträgen, Büchern oder Artikeln nur mit Genehmigung des Autors.

Rentenanpassungs-satz (in Prozent)	Rente lt. BfA (in Euro)	BfA-Rente mit der heutigen Kaufkraft (in Euro)	Rentenlücke (in Euro)
0	1565	819	2681
1,5	2305	1206	2294
2,5	2974	1556	1944

Tabelle 9.39 Renteneintrittsalter 62. Lebensjahr, Inflationsrate 2 Prozent, monatliches Einkommen 3500 Euro

Quelle: © Beratungsrechner von Dr. Kriebel und Bernd W. Klöckner, Verwendung in Vorträgen, Büchern oder Artikeln nur mit Genehmigung des Autors.

Geht er in Frührente, so erhält Bernd schon rund 350 Euro weniger. Dazu kommen noch die Kaufkraftverluste, die seine Rente bei 3 Prozent Inflation auf eine heutige Kaufkraft von rund 650 Euro absinken lassen. Somit würde eine Rentenlücke von 2850 Euro bestehen.

Renten-Check nach Rentenkürzungen

Zu dem Kaufkraftverlust der Rente oder den bei einer Frührente erfolgenden Rentenkürzungen könnte auch eine Rente mit 65 noch gekürzt werden. Diese Kürzungen würden dann von der Bundesregierung festgelegt. In der folgenden Tabelle könnte Bernd nun seine Rente bei Rentenkürzungen von jeweils X Prozent ablesen.

Rentenanpassung (in Prozent)	Inflation (in Prozent)					
	1,0	**1,5**	**2,0**	**2,5**	**3,0**	**3,5**
– 1,0	1150,57	1016,94	899,38	795,89	704,72	624,36
– 1,5	1013,77	896,03	792,44	701,26	620,93	550,13
– 2,0	892,66	788,98	697,77	617,48	546,75	484,41
– 2,5	785,50	694,28	614,01	543,36	481,12	426,26
– 3,0	690,76	610,53	**539,95**	477,82	423,09	374,85
– 3,5	607,04	536,54	474,51	419,91	371,81	329,41
– 4,0	533,11	471,19	416,72	368,77	326,53	289,29

Tabelle 9.40 Renten-Check nach der Rentenkürzung durch die Inflationsrate und eine negative Rentenanpassung

Wenn Bernd annimmt, dass eine Rentenkürzung von durchschnittlich 3 Prozent erfolgen wird und eine Inflation von 2 Prozent herrscht, bekommt er lediglich eine Rente von 540 Euro. Diese Rente ist natürlich schon nach heutiger Kaufkraft berechnet.

Würde Bernd den wie hier dargestellt schlechtesten Fall annehmen, also 3,5 Prozent Inflation und 4 Prozent Rentenkürzung, so kämen nach heutiger Kaufkraft nur 290 Euro zur Auszahlung.

Würde Bernd von einer Rente von 1900 Euro ausgehen, wie in der Renteninformation angezeigt, so würde er bitter enttäuscht, beziehungsweise getäuscht sein, wenn er lediglich 290 Euro bekäme. Davon könnte er mit Sicherheit nicht leben.

Zusammenfassung

Fassen wir den Fall von Bernd noch einmal zusammen. Er hat jetzt bereits 150 000 Euro gespart. Aufgrund der Renteninformation und der darin angegebenen Rente denkt er: »Die Rente ist sicher, ich werde genug zum Leben haben«. Deshalb möchte er das Gesparte in Sachmittel umwandeln.

Einerseits wäre diese Umwandlung gut. Nach dem Kauf würde er keine Miete mehr zahlen. Das hieße, dass er für die Zukunft keine Mietsteigerungen mehr befürchten müsste. Doch andere Lebenshaltungskosten werden weiter steigen.

Sollte jedoch wirklich der Fall eintreffen, den wir auch später in der Lösung annehmen, dass eine Inflation von 3,5 Prozent auftritt und eine Rentenkürzung von 4 Prozent erfolgt, so wird er wohl kaum von 290 Euro leben können.

Würde er sein bisher Angespartes in die Wohnung investieren, so könnte er mit dem 65. Lebensjahr lediglich mit einem Vermögen von 350 000 Euro rechnen. Doch mit einer Rente aus diesem Betrag wird er wohl auch nicht die 290 Euro ausgleichen können.

Andernfalls hätte er schon mal weniger Belastungen in der Zukunft, da die Mietzahlungen für Ihn wegfallen.

Lösung

Die Frage, ob er die Wohnung kaufen sollte oder nicht, sollte gut überlegt sein. Schauen wir uns beide Szenarien einmal an, bei einer angenommenen Rentenlücke von rund 3 000 Euro:

1. Er kauft die Wohnung und hat somit mit dem 65. Lebensjahr ein Vermögen von 350 000 Euro zur Verfügung. Da die Mietzahlungen nicht mehr berücksichtigt werden müssen, ist nun eine etwas niedrigere Rentenlücke von 2 400 Euro anzunehmen.

   Um diese Rentenlücke auszugleichen, muss ihm mit dem 65. Lebensjahr ein Vermögen von 1,08 Millionen Euro zur Verfügung stehen. Es stehen ihm jedoch de facto nur 350 000 Euro zur Verfügung, sodass er noch ein Vermögen von 730 000 Euro ansparen muss. Bei einem Zins von 6 Prozent müsste Bernd deshalb einen monatlichen Sparbetrag von 1 170 Euro leisten.
2. Er kauft die Wohnung nicht und hat mit dem 65. Lebensjahr eine Million Euro zur Verfügung.

   Mit dem 65. Lebensjahr muss für einer Rente von 3 000 Euro nach heutiger Kaufkraft ein Vermögen von 1,35 Millionen Euro zur Verfügung stehen. Da er nun ein Vermögen von 1 Million Euro hat, muss er nur noch zusätzlich 350 000 Euro ansparen. Somit wäre nur eine Sparrate von 665 Euro notwendig.

Welche Version ist die bessere? In der zweiten Version wäre er nach wie vor Mieter, müsste also zusätzlich zur Sparrate noch die Miete zahlen. Da wir von einer Miete von 600 Euro ausgegangen sind, zahlt er in der zweiten Variante schließlich 1265 Euro. Bernd sollte sich also für den Wohnungskauf entscheiden.

Beispielfall 9

Maria B.
45 Jahre
ledig
keine Kinder
1400 Euro netto

Persönliche Angaben

Maria ist 45 Jahre alt und ledig. Sie hat auch keine Kinder, sodass sie alleine in einer Mietwohnung einer großen Stadt lebt. Für die Wohnung zahlt sie nicht viel, da es nur eine Zwei-Zimmer-Wohnung ist.

Maria arbeitet in einem Marketing-Institut in derselben Stadt. Dort arbeitet sie schon seit einigen Jahren, und erhält ein Nettoeinkommen von 1400 Euro. Ihre Firma hat ihr zugesichert, sie noch für einige Jahre zu behalten.

Maria genießt ihr Leben, spart jedoch auch einige größere Beträge für die Altersvorsorge. Auf diese Weise hat sie schon heute ein Vermögen von 100000 Euro erreicht. Sie spart in einige Altersvorsorgeprodukte wie in eine fondsgebundene Lebensversicherung, Sparbriefe, Investmentfonds und besitzt auch einige Aktien. Sie rechnet damit, dass sie mit dem 65. Lebensjahr ein Vermögen von rund 500000 Euro erreichen wird.

Den Rentenbescheid hat sie zur Kenntnis genommen und wundert sich über voraussichtliche Anwartschaften von rund 1233 Euro. In dieser Höhe, so sagt sie, hat sie ihre Wunschrente in etwa eingeschätzt. Sie fragt sich jedoch, warum die ganze Gesellschaft zum Sparen aufruft, wenn doch so eine hohe Rente gezahlt wird.

Immer sagten ihr Leute und ihr Finanzberater, dass sie mehr sparen solle, was sie dann meist auch getan hat.

Doch jetzt, nach Empfang der Renteninformation, wird sie ihre Spareinstellung ändern und nur noch das Nötigste sparen. Ihr voraussichtliches Vermögen von 500 000 Euro wird dann zwar nicht erreicht, sondern nur 300 000 Euro, doch das ist ihrer Meinung nach genug, um im Alter genug Liquidität zu haben.

Die Renteninformation

Rente wegen voller Erwerbsminderung Würden Sie heute voll erwerbsgemindert sein, bekämen Sie eine monatliche Rente von:	915,05 EUR
Hochrechnungen Ihrer künftigen Altersrente Ihre bislang erreichten Rentenanwartschaften würden nach heutigem Stand einer monatlichen Altersrente von 653,58 EUR entsprechen. Sollten Sie bis zur Vollendung des 65. Lebensjahres jährlich X Entgeltpunkte (wie im Durchschnitt der letzten fünf Kalenderjahre) erwerben, bekämen Sie ohne Berücksichtigung von Rentenanpassungen eine monatliche Altersrente von:	1233,11 EUR
Ihre Rente wird aber aufgrund künftiger Rentenanpassungen tatsächlich höher ausfallen. Leider können auch wir die Entwicklung nicht vorhersehen. Wir haben zwei Varianten für Sie gerechnet: Beträgt der jährliche Anpassungssatz 1,5 Prozent, so ergäbe sich zum 65. Lebensjahr eine Rente von monatlich 1636,12 EUR, bei 3,5 Prozent eine solche von 2369,95 EUR. Die Beträge sind – insbesondere wegen eines Anstiegs der Lebenshaltungskosten – in ihrer Kaufkraft nicht mit heutigen Einkommen vergleichbar.	

Abbildung 9.9 Auszug aus der Renteninformation von Maria B. aus dem Jahr 2003. So wurden die Rentenformationen bis 2003 verschickt. Seit 2004 wird mit den Anpassungssätzen 1,5 Prozent und 2,5 Prozent gerechnet.

Renten-Check bei Renteneintrittsalter 65

Nun prüfen wir, ob Maria Recht hat, und ob ihre Wunschrente erreicht wird. Maria hat nämlich nicht beachtet, dass es in 20 Jahren einen Kaufkraftverlust gibt. Im Folgenden werden wir in der Tabelle darstellen, wie hoch ihre Rente nach Inflationsverlusten von jährlich 3 Prozent sein wird.

Rentenanpassungs-satz (in Prozent)	Rente lt. BfA (in Euro)	BfA-Rente mit der heutigen Kaufkraft (in Euro)	Rentenlücke (in Euro)
0	1233	645	755
1,5	1636	856	544
2,5	1971	1031	369

Tabelle 9.41 Renteneintrittsalter 65. Lebensjahr, Inflationsrate 3 Prozent, monatliches Einkommen 1400 Euro

Quelle: © Beratungsrechner von Dr. Kriebel und Bernd W. Klöckner, Verwendung in Vorträgen, Büchern oder Artikeln nur mit Genehmigung des Autors.

Bei einer Inflation von 3 Prozent halbiert sich die Rente von Maria. Es klafft also eine Rentenlücke von rund 750 Euro, bei einem staatlichen Rentenanpassungssatz von 0 Prozent. Schauen wir uns nun im Folgenden die Tabelle bei einem Kaufkraftverlust von 2 Prozent an.

Rentenanpassungs-satz (in Prozent)	Rente lt. BfA (in Euro)	BfA-Rente mit der heutigen Kaufkraft (in Euro)	Rentenlücke (in Euro)
0	1233	777	623
1,5	1636	1030	370
2,5	1971	1241	159

Tabelle 9.42 Renteneintrittsalter 65. Lebensjahr, Inflationsrate 2 Prozent, monatliches Einkommen 1400 Euro

Quelle: © Beratungsrechner von Dr. Kriebel und Bernd W. Klöckner, Verwendung in Vorträgen, Büchern oder Artikeln nur mit Genehmigung des Autors.

Auch hier ist nach Kaufkraftverlust fast eine Halbierung der Rente zu verzeichnen. Bei einem Anpassungssatz von 2,5 Prozent würde jedoch nur eine Rentenlücke von 160 Euro zu schließen sein.

Renten-Check bei Renteneintrittsalter 62

Der Renten-Check fällt allerdings fataler aus, wenn Maria mit 62 Lebensjahren in Frührente geht. Hier erwarten sie Rentenabschläge. Aber auch hier sind noch 17 Jahre Kaufkraftverluste gegeben. Schauen wir uns als erstes die Tabelle mit einem Inflationssatz von 3 Prozent an.

Rentenanpassungssatz (in Prozent)	Rente lt. BfA (in Euro)	BfA-Rente mit der heutigen Kaufkraft (in Euro)	Rentenlücke (in Euro)
0	933	440	960
1,5	1238	584	816
2,5	1492	704	696

Tabelle 9.43 Renteneintrittsalter 62. Lebensjahr, Inflationsrate 3 Prozent, monatliches Einkommen 1400 Euro

Hier sehen Sie schon Rentenabschläge von 300 Euro im Vergleich zu einem Eintrittsalter von 65 Jahren. Marias Rente hätte dann lediglich noch eine Kaufkraft von 440 Euro. Die Rentenlücke kratzt hier schon an der Tausender-Marke. Nun die Tabelle bei einem Inflationssatz von 2 Prozent:

Rentenanpassungssatz (in Prozent)	Rente lt. BfA (in Euro)	BfA-Rente mit der heutigen Kaufkraft (in Euro)	Rentenlücke (in Euro)
0	933	515	885
1,5	1238	638	717
2,5	1492	823	577

Tabelle 9.44 Renteneintrittsalter 62. Lebensjahr, Inflationsrate 2 Prozent, monatliches Einkommen 1400 Euro

Auch hier sieht man mit 885 Euro eine hohe Rentenlücke, denn die Rente liegt bei lediglich 515 Euro heutiger Kaufkraft.

Renten-Check nach Rentenkürzungen

Im Folgenden finden Sie den Renten-Check für eine Rentenzahlung nach Rentenkürzungen.

Rentenanpassung (in Prozent)	Inflation (in Prozent)					
	1,0	**1,5**	**2,0**	**2,5**	**3,0**	**3,5**
– 1,0	826,49	748,77	678,68	615,45	558,37	506,83
– 1,5	746,90	676,65	613,32	556,17	504,60	458,02
– 2,0	674,62	611,17	553,96	502,35	455,78	413,69
– 2,5	609,01	551,74	**500,09**	453,50	411,44	373,46
– 3,0	549,50	497,83	451,23	409,19	371,24	336,97
– 3,5	495,54	448,94	406,92	369,00	334,78	303,88
– 4,0	446,64	404,64	366,76	332,59	301,75	273,89

Tabelle 9.45 Renten-Check nach der Rentenkürzung durch die Inflationsrate und eine negative Rentenanpassung

Nimmt Maria an, dass in nächster Zeit eine Inflation von 2 Prozent berücksichtigt werden muss und eine Rentenkürzung von 2,5 Prozent, so kann sie mit einer Rente von rund 500 Euro rechnen.

Beträgt die Inflation 3 Prozent, und findet jedoch nur eine Rentenkürzung von einem Prozent statt, so kann sie mit einer Rente von 560 Euro rechnen.

Im schlimmsten Fall müsste man von einer Inflation von 3,5 Prozent in den nächsten 20 Jahren und von einer Rentenanpassung von minus 4 Prozent ausgehen. Somit würde lediglich ein Betrag von 274 Euro nach heutiger Kaufkraft ausgezahlt werden.

Sollte es in der nächsten Zeit zu einem Rentenanpassungssatz von 0 Prozent kommen, so liegt Marias Rentenlücke bei mindestens 750 Euro, wird es Rentenkürzungen, also einen negativen Rentenanpassungssatz geben, so könnte es zu einer Rentenlücke in der Höhe von um die 1000 Euro kommen.

Zusammenfassung

Zusammengefasst kann gesagt werden, dass Maria heute noch viele Möglichkeiten hat. Sie verfügt schon einmal über ein Vermögen von 100 000 Euro, möchte jedoch in den nächsten Jahren die Sparraten senken.

Durch die BfA-Renteninformation wurde sie definitiv zu optimistisch informiert. Nach Berücksichtigung des Kaufkraftverlusts zeigt sich wiederum, dass die Rente um die Hälfte sinkt. Da Maria jedoch noch 20 Jahre Zeit hat, kann sie noch über dieses Defizit informiert werden.

Die Frage ist nun, ob Maria die Sparrate senkt oder nicht? Besser gesagt, kann Maria die Sparrate senken oder nicht? Es kommt ja definitiv auf ihr Vermögen mit dem 65. Lebensjahr an.

Durch die Mietwohnung und auch die Preissteigerungen bei den Lebenshaltungskosten wird Maria sehr Kaufkraftverlustanfällig sein. Hier muss sie darauf achten, dass sie die Inflation nicht zu sehr unterschätzt.

Gleichgültig ist, wie hoch der Rentenanpassungssatz der BfA angegeben ist. Nach der BfA hätte Maria bei 1,5 und 2,5 Prozent keine Rentenlücke, jedoch nach Berücksichtigung des Kaufkraftverlusts hat sie in jedem der obigen Fälle eine Rentenlücke – nur wie hoch nehmen wir diese für die Berechnung an?

Nehmen wir diejenige, bei der kein Rentenanpassungssatz gegeben ist, jedoch eine Inflation von 3 Prozent. Damit wäre Maria auf der sicheren Seite. Somit müsste sie eine Rentenlücke von 750 Euro schließen.

Lösung

Marias Rentenlücke hat die Höhe von 750 Euro. Ihre Rente bezieht sie voraussichtlich vom 65. bis zum 92. Lebensjahr. Das 92. Lebensjahr wird als Enderlebensalter angenommen.

Um diese Rentenlücke zu schließen, benötigt sie mit dem 65. Lebensjahr ein Vermögen von 307 000 Euro. Sie würde also selbst mit dem verringerten Sparbetrag auskommen, um eine Zusatzrente von 750 Euro zu erhalten.

Beispielfälle 10 und 11

Karin und Jürgen Z.
53 und 55 Jahre
verheiratet
2 Kinder
3000 und 800 Euro netto

Persönliche Angaben

Jürgen ist in einem Finanzunternehmen beschäftigt. Sein Nettoeinkommen beträgt 3000 Euro. Im Unternehmen ist er schon seit einigen Jahren beschäftigt und wird auch bis zur Rente dort bleiben.

Karin ist als Sekretärin in einer kleinen Firma beschäftigt. Ihr Einkommen beträgt 800 Euro netto. Auch sie wird bis zum 65. Lebensjahr dort arbeiten.

Die Familie lebt in einem Einfamilienhaus, welches schon abbezahlt ist. Das Haus soll als erster Baustein für die Altersvorsorge dienen. Als weitere Vorsorge dient beiden die betriebliche Altersvorsorge, es wird mit dem 65. Lebensjahr eine Rente von 1000 Euro gezahlt. Zudem bestehen Versicherungen, Sparbriefe, Aktien und Investmentfonds, die mit dem 65. Lebensjahr eine Auszahlungssumme von 400000 Euro bringen. Weitere Anlagen könnten noch geplant werden, jedoch glauben die beiden daran, dass die Vorsorge von gesetzlich, betrieblich und privat zusammengenommen ausreicht.

Erst letztens haben beide ihre Renteninformation erhalten. Jürgen weiß natürlich durch die Arbeit in dem Finanzunternehmen, dass die gesetzliche Rentenversicherung sehr unsicher ist und man eigentlich nicht mit der gesetzlichen Rente rechnen sollte. Wie es jetzt aber im Einzelnen mit der Inflation aussieht, kann er auch nicht genau sagen.

Die Renteninformation

Als Erstes sehen Sie die Renteninformation von Jürgen:

Rente wegen voller Erwerbsminderung Wären Sie heute wegen gesundheitlicher Einschränkungen voll erwerbsgemindert, bekämen Sie eine monatliche Rente von:	1201,10 EUR
Hochrechnungen Ihrer künftigen Altersrente Ihre bislang erreichten Rentenanwartschaften würden nach heutigem Stand einer monatlichen Altersrente von 1180,48 EUR entsprechen. Sollten Sie bis zur Vollendung des 65. Lebensjahres jährlich X Entgeltpunkte (wie im Durchschnitt der letzten fünf Kalenderjahre) erwerben, bekämen Sie ohne Berücksichtigung von Rentenanpassungen eine monatliche Altersrente von:	1614,17 EUR
Ihre Rente wird aber aufgrund künftiger Rentenanpassungen tatsächlich höher ausfallen. Leider können auch wir die Entwicklung nicht vorhersehen. Unter Berücksichtigung der von der Bundesregierung unterstellten Lohnannahmen haben wir beispielhaft zwei Varianten gerechnet: Beträgt der jährliche Anpassungssatz 1,5 Prozent, so ergäbe sich zum 65. Lebensjahr eine Rente von monatlich 1845,83 EUR, bei 2,5 Prozent eine solche von 2016,32 EUR. Die Beträge sind wegen des zu erwartenden Anstiegs der Lebenshaltungskosten und der damit verbundenen Geldentwertung (Inflation) in ihrer Kaufkraft nicht mit einem heutigen Einkommen in dieser Höhe vergleichbar. Es ist aber zu erwarten, dass der Kaufkraftverlust Ihrer Rente durch die Rentenanpassungen langfristig zumindest ausgeglichen wird.	

Abbildung 9.10 Auszug aus der Renteninformation von Jürgen Z. aus dem Jahr 2004.

Und nun die Renteninformation von Karin:

Rente wegen voller Erwerbsminderung Würden Sie heute voll erwerbsgemindert sein, bekämen Sie eine monatliche Rente von:	676,70 EUR
Hochrechnungen Ihrer künftigen Altersrente Ihre bislang erreichten Rentenanwartschaften würden nach heutigem Stand einer monatlichen Altersrente von 565,65 EUR entsprechen. Sollten Sie bis zur Vollendung des 65. Lebensjahres jährlich X Entgeltpunkte (wie im Durchschnitt der letzten fünf Kalenderjahre) erwerben, bekämen Sie ohne Berücksichtigung von Rentenanpassungen eine monatliche Altersrente von:	764,16 EUR
Ihre Rente wird aber aufgrund künftiger Rentenanpassungen tatsächlich höher ausfallen. Leider können auch wir die Entwicklung nicht vorhersehen. Wir haben zwei Varianten für Sie gerechnet: Beträgt der jährliche Anpassungssatz 1,5 Prozent, so ergäbe sich zum 65. Lebensjahr eine Rente von monatlich 913,68 EUR, bei 3,5 Prozent eine solche von 1154,80 EUR. Die Beträge sind – insbesondere wegen eines Anstiegs der Lebenshaltungskosten – in ihrer Kaufkraft nicht mit heutigen Einkommen vergleichbar.	

Abbildung 9.11 Auszug aus der Renteninformation von Karin Z. aus dem Jahr 2003. So wurden die Rentenformationen bis 2003 verschickt. Seit 2004 wird mit den Anpassungssätzen 1,5 Prozent und 2,5 Prozent gerechnet.

Renten-Check bei Renteneintrittsalter 65

Nun folgt wiederum der Renten-Check für das Eintrittsalter von 65 Jahren. Als erstes nehmen wir Jürgens Rente unter die Lupe. Die erste Tabelle wurde mit einem Inflationssatz von 3 Prozent berechnet.

Rentenanpassungssatz (in Prozent)	**Rente lt. BfA (in Euro)**	**BfA-Rente mit der heutigen Kaufkraft (in Euro)**	**Rentenlücke (in Euro)**
0	1614	1135	1865
1,5	1846	1297	1703
2,5	2016	1418	1582

Tabelle 9.46 Renteneintrittsalter 65. Lebensjahr, Inflationsrate 3 Prozent, monatliches Einkommen 3000 Euro

Quelle: © Beratungsrechner von Dr. Kriebel und Bernd W. Klöckner, Verwendung in Vorträgen, Büchern oder Artikeln nur mit Genehmigung des Autors.

Die Rente ab dem 65. Lebensjahr hat noch eine heutige Kaufkraft von 1135 Euro. Es würde also eine Rentenlücke von rund 1900 Euro gegeben sein, wenn eine Inflation von 3 Prozent auftritt.

Im Folgenden sehen Sie die Tabelle von Karins Rentenansprüchen ab dem 65. Lebensjahr.

Rentenanpassungssatz (in Prozent)	**Rente lt. BfA (in Euro)**	**BfA-Rente mit der heutigen Kaufkraft (in Euro)**	**Rentenlücke (in Euro)**
0	764	492	308
1,5	914	588	212
2,5	1027	661	139

Tabelle 9.47 Renteneintrittsalter 65. Lebensjahr, Inflationsrate 3 Prozent, monatliches Einkommen 800 Euro

Quelle: © Beratungsrechner von Dr. Kriebel und Bernd W. Klöckner, Verwendung in Vorträgen, Büchern oder Artikeln nur mit Genehmigung des Autors.

Auch bei Karin ist eine Rentenlücke von etwa 300 Euro gegeben, denn die Rente ist nach heutiger Kaufkraft auf einen Wert um 500 Euro gesunken. Hier ist jedoch zu sehen, dass nur noch eine geringe Rentenlücke zu finden ist. Bei einem Rentenanpassungssatz von 2,5 Prozent beträgt die Rentenlücke lediglich 139 Euro.

Schauen wir uns nun noch einmal die Kaufkraft bei einer Inflation von 2 Prozent an. Als erstes betrachten wir wiederum die Rente von Jürgen:

Rentenanpassungssatz (in Prozent)	**Rente lt. BfA (in Euro)**	**BfA-Rente mit der heutigen Kaufkraft (in Euro)**	**Rentenlücke (in Euro)**
0	1614	1239	1761
1,5	1846	1416	1584
2,5	2016	1548	1452

Tabelle 9.48 Renteneintrittsalter 65. Lebensjahr, Inflationsrate 2 Prozent, monatliches Einkommen 3000 Euro

Quelle: © Beratungsrechner von Dr. Kriebel und Bernd W. Klöckner, Verwendung in Vorträgen, Büchern oder Artikeln nur mit Genehmigung des Autors.

Auch hier erkennen wir noch große Rentenlücken, beziehungsweise gegenüber einer Inflation von 3 Prozent verringern sich diese lediglich um 100 Euro. Die Inflation wirkt sich natürlich nicht in dem Maße aus, da die Zeit bis zur Rente nicht mehr lang ist.

Schauen wir uns Karins Rente mit einer Inflation von 2 Prozent an:

Rentenanpassungssatz (in Prozent)	**Rente lt. BfA (in Euro)**	**BfA-Rente mit der heutigen Kaufkraft (in Euro)**	**Rentenlücke (in Euro)**
0	764	553	247
1,5	914	661	139
2,5	1027	743	57

Tabelle 9.49 Renteneintrittsalter 65. Lebensjahr, Inflationsrate 2 Prozent, monatliches Einkommen 800 Euro

Quelle: © Beratungsrechner von Dr. Kriebel und Bernd W. Klöckner, Verwendung in Vorträgen, Büchern oder Artikeln nur mit Genehmigung des Autors.

Hier ist nur noch eine Rentenlücke von rund 250 Euro gegeben.

Zusammen würden die beiden eine Rentenlücke bei einer Inflation von 3 Prozent von 2100 Euro und bei 2 Prozent von 2000 Euro haben.

Renten-Check bei Renteneintrittsalter 62

Machen wir nun den Renten-Check bei einem Renteneintrittsalter von 62 Jahren. Hier wird beiden ein großer Teil gestrichen, da die Rente drei Jahre früher ausbezahlt wird. Schauen wir uns wiederum als erstes die Rente von Jürgen mit einer Inflation von 3 Prozent an:

Rentenanpassungssatz (in Prozent)	Rente lt. BfA (in Euro)	BfA-Rente mit der heutigen Kaufkraft (in Euro)	Rentenlücke (in Euro)
0	1222	775	2225
1,5	1397	886	2114
2,5	1526	967	2033

Tabelle 9.50 Renteneintrittsalter 62. Lebensjahr, Inflationsrate 3 Prozent, monatliches Einkommen 3000 Euro

Quelle: © Beratungsrechner von Dr. Kriebel und Bernd W. Klöckner, Verwendung in Vorträgen, Büchern oder Artikeln nur mit Genehmigung des Autors.

Hier entsteht nicht nur von beiden zusammen eine Rentenlücke von 2100 Euro, sondern alleine nur bei Jürgen schon eine Lücke von 2225 Euro. Schauen wir uns dazu noch die Rentenlücke von Karin an:

Rentenanpassungssatz (in Prozent)	Rente lt. BfA (in Euro)	BfA-Rente mit der heutigen Kaufkraft (in Euro)	Rentenlücke (in Euro)
0	578	335	465
1,5	691	401	399
2,5	777	451	349

Tabelle 9.51 Renteneintrittsalter 62. Lebensjahr, Inflationsrate 3 Prozent, monatliches Einkommen 800 Euro

Quelle: © Beratungsrechner von Dr. Kriebel und Bernd W. Klöckner, Verwendung in Vorträgen, Büchern oder Artikeln nur mit Genehmigung des Autors.

Auch bei Karin erhöht sich die Lücke auf 465 Euro. Schon in Anbetracht der Renten, die sich bei beiden um 400, beziehungsweise 200 Euro senken, können Sie deutlich erkennen, dass bei einer Frührente ein klares Defizit zu verzeichnen ist.

Nun schauen wir uns im Folgenden die Renten der beiden an, wenn bis zum 62. Lebensjahr nur eine Preissteigerungsrate von 2 Prozent anfällt. Zuerst wieder die Tabelle von Jürgen:

Rentenanpassungssatz (in Prozent)	Rente lt. BfA (in Euro)	BfA-Rente mit der heutigen Kaufkraft (in Euro)	Rentenlücke (in Euro)
0	1222	821	2179
1,5	1397	939	2061
2,5	1526	1026	1974

Tabelle 9.52 Renteneintrittsalter 62. Lebensjahr, Inflationsrate 2 Prozent, monatliches Einkommen 3000 Euro

Quelle: © Beratungsrechner von Dr. Kriebel und Bernd W. Klöckner, Verwendung in Vorträgen, Büchern oder Artikeln nur mit Genehmigung des Autors.

Bei 2 Prozent Inflation wird nur eine Rente von 821 Euro nach heutiger Kaufkraft ausgezahlt, sodass eine Rentenlücke von 2200 Euro entsteht.

Schauen wir uns nun die Rentensituation von Karin an:

Rentenanpassungssatz (in Prozent)	Rente lt. BfA (in Euro)	BfA-Rente mit der heutigen Kaufkraft (in Euro)	Rentenlücke (in Euro)
0	578	366	434
1,5	691	438	362
2,5	777	492	308

Tabelle 9.53 Renteneintrittsalter 62. Lebensjahr, Inflationsrate 2 Prozent, monatliches Einkommen 800 Euro

Quelle: © Beratungsrechner von Dr. Kriebel und Bernd W. Klöckner, Verwendung in Vorträgen, Büchern oder Artikeln nur mit Genehmigung des Autors.

Auch Karin hat bei einer Frührente eine Lücke von rund 400 Euro.

Entscheiden sich beide für eine Frührente, so besteht bei 3 Prozent Inflation eine Rentenlücke von 2700 und bei 2 Prozent eine Lücke von 2600 Euro. Karin und Jürgen würden also letztlich nur eine Rente von 1100 Euro bekommen, mit der sie nicht auskämen.

Renten-Check nach Rentenkürzungen

Nun führen wir den Renten-Check für den Fall von Rentenkürzungen und Inflation durch. Die Basis-Rente von Jürgen liegt bei 1614 Euro und von Karin bei 764 Euro. Wir schauen als Erstes auf die Rentenveränderung von Jürgen:

Rentenanpassung (in Prozent)	**Inflation (in Prozent)**					
	1,0	**1,5**	**2,0**	**2,5**	**3,0**	**3,5**
– 1,0	1321,42	1257,75	1197,44	**1140,29**	1086,13	1034,79
– 1,5	1256,18	1195,65	1138,32	1038,99	1032,51	983,70
– 2,0	1193,85	1136,33	1081,84	1030,21	981,28	934,89
– 2,5	1134,32	1079,67	1027,89	978,84	932,35	888,27
– 3,0	1077,47	1025,56	976,38	929,78	885,62	843,76
– 3,5	1023,21	973,90	927,20	882,95	841,02	801,26
– 4,0	971,41	924,60	880,27	838,26	798,44	760,70

Tabelle 9.54 Renten-Check nach der Rentenkürzung durch die Inflationsrate und eine negative Rentenanpassung

© Bernd W. Klöckner, Verwendung in Vorträgen, Büchern oder Artikeln nur mit Genehmigung des Autors.

Würde Jürgen also eine Inflation von 2,5 Prozent und eine Rentenkürzung von einem Prozent annehmen, würde er eine Rente von nur 1140 Euro erhalten.

Nun schauen wir uns die Tabelle von Karin an:

Rentenanpassung	**Inflation**					
	1,0	**1,5**	**2,0**	**2,5**	**3,0**	**3,5**
– 1,0	600,98	566,40	533,97	**503,53**	474,97	448,16
– 1,5	565,55	533,01	502,49	473,85	446,97	421,74
– 2,0	532,05	501,43	472,72	445,78	420,49	396,75
– 2,5	500,37	471,58	444,58	419,24	395,46	373,13
– 3,0	470,43	443,37	417,98	394,16	371,80	350,81
– 3,5	442,14	416,70	392,84	370,45	349,44	329,71
– 4,0	415,42	391,52	369,10	348,07	328,32	309,79

Tabelle 9.55 Renten-Check nach der Rentenkürzung durch die Inflationsrate und eine negative Rentenanpassung

Würde auch bei Karin eine Inflation von 2,5 gegeben sein und eine Rentenkürzung von einem Prozent, so erhielte sie eine Rente von rund 500 Euro. 2160 Euro beträgt dann die Rentenlücke.

Auch hier ist es deutlich zu erkennen: Schon wenn die Inflation bedacht wird, sind hohe Rentenlücken zu verzeichnen, kommen noch Rentenkürzungen hinzu, so werden die Rentenlücken dramatisch größer.

Zusammenfassung

Jürgen und Karin haben, wie oben gesehen, wenn sie nur die gesetzliche Rentenversicherung als Altersvorsorge hätten, große Rentenlücken. Gehen sie mit dem 65. Lebensjahr in Rente, so erwartet sie zusammen eine Rente von rund 2400 Euro. Nach heutiger Kaufkraft ist diese Summe jedoch nur noch 1500 Euro wert. Es entsteht so eine Rentenlücke von 2300 Euro.

Diese Rentenlücke muss mit dem vorhandenen Kapital geschlossen werden. Jürgen und Karin haben hier gut vorgesorgt. Mit einem Vermögen von 400 000 Euro haben beide einiges gespart.

Zusätzlich besitzen sie ein Eigenheim und brauchen sich nicht über Mietsteigerungen zu ärgern.

Sie müssen sich lediglich über die Auswirkungen der Inflation bei den Lebenshaltungskosten Gedanken machen. Da die Inflation jedoch keinen allzu großen Einfluss hat, da beiden nur noch wenige Jahre bis zur Rente bleiben, muss die Inflation nicht ihre Hauptsorge sein.

Zusätzlich zu dem Vermögen von 400 000 Euro und dem Eigenheim kommt noch die monatliche Rente aus den betrieblichen Altersvorsorgeprodukten.

Die Frage ist nun, ob ihre Rentenlücke durch das Vermögen und die betrieblichen Renten geschlossen werden kann. Das Ergebnis haben wir auf der nächsten Seite in der Lösung ausführlich dargestellt.

Lösung

Als Lösung des Falles müsste die Rentenlücke von 2300 Euro geschlossen werden. Um eine zusätzliche Rente von 2300 Euro vom 65. bis zum 92. Lebensjahr zu erhalten, muss eine Rente von 2944 Euro nach Inflation ausgezahlt werden.

Da die betriebliche Altersvorsorge eine monatliche Rente von 1000 Euro auszahlt, muss nur noch eine Rente von 1944 Euro angespart werden.

Um diese Rente über 27 Jahre hinweg auszuzahlen, ist ein Vermögen von 485 000 Euro mit dem 65. Lebensjahr notwendig.

400 000 Euro wurden schon mit den Altersvorsorgeprodukten erspart. Somit steht noch ein Vermögen von 85 000 Euro aus, das angespart werden muss.

Um 85 000 Euro in zehn Jahren anzusparen, ist bei einem Zins von 6 Prozent eine monatliche Sparrate von 525 Euro notwendig.

Neue Praxisfälle 2007/2008

Es wird nun einige Leute unter Ihnen geben, die sagen: »Die Fälle aus dem Jahre 2003/2004 sind nicht mehr aktuell. Es hat sich ja viel geändert in den Renteninformationen und in der Rentenpolitik.« Sie haben Recht. Es hat sich viel getan in den letzten 5 (!) Jahren:

Viele junge Leute können sich heute nicht mehr leisten, mit 62 in Frührente zu gehen, da das Renteneintrittsalter auf 67 angehoben wurde. Hier wurde der früheste Rententermin auf das 63. Lebensjahr gelegt, jedoch mit einem Rentenabschlag von 14,4 Prozent, den die Deutsche Rentenversicherung (DRV) angibt.

Es wird nicht mehr mit Rentenanpassungen in den Renteninformationen von 1,5 und 2,5 (3,5) gerechnet, sondern lediglich mit einem und zwei Prozent.

Es gab einige »Nullrunden« für Rentner in den letzten Jahren, also keine Rentenerhöhungen.

Die Inflation liegt aktuell auf einem hohen Niveau von über drei Prozent.

Wer also sagt, dass die Renteninformationen vor 5 Jahren nicht mehr aktuell sind, hat Recht. Hat Recht in dem Sinne, dass es sich nur verschlechtert hat. Die Auswirkungen sollten also noch dramatischer in den aktuellen Renteninformationen ausfallen. Wir rechnen gemeinsam nach und machen einen Rentencheck in 10 weiteren Fällen.

Inhaltsübersicht

Beispielfall 12

Jürgen Z.
59 Jahre
verheiratet
2 Kinder
3 000 Euro netto
Sie erinnern sich sicherlich noch an den Fall 10. Seine Renteninformation stammt noch aus dem Jahre 2004, hier noch einmal dargestellt.

Die Renteninformation

Als Erstes sehen Sie die Renteninformation von Jürgen:

Rente wegen voller Erwerbsminderung Wären Sie heute wegen gesundheitlicher Einschränkungen voll erwerbsgemindert, bekämen Sie eine monatliche Rente von:	1 201,10 EUR
Hochrechnungen Ihrer künftigen Altersrente Ihre bislang erreichten Rentenanwartschaften würden nach heutigem Stand einer monatlichen Altersrente von 1 180,48 EUR entsprechen. Sollten Sie bis zur Vollendung des 65. Lebensjahres jährlich X Entgeltpunkte (wie im Durchschnitt der letzten fünf Kalenderjahre) erwerben, bekämen Sie ohne Berücksichtigung von Rentenanpassungen eine monatliche Altersrente von:	1 614,17 EUR
Ihre Rente wird aber aufgrund künftiger Rentenanpassungen tatsächlich höher ausfallen. Leider können auch wir die Entwicklung nicht vorhersehen. Unter Berücksichtigung der von der Bundesregierung unterstellten Lohnannahmen haben wir beispielhaft zwei Varianten gerechnet: Beträgt der jährliche Anpassungssatz 1,5 Prozent, so ergäbe sich zum 65. Lebensjahr eine Rente von monatlich 1 845,83 EUR, bei 2,5 Prozent eine solche von 2 016,32 EUR. Die Beträge sind wegen des zu erwartenden Anstiegs der Lebenshaltungskosten und der damit verbundenen Geldentwertung (Inflation) in ihrer Kaufkraft nicht mit einem heutigen Einkommen in dieser Höhe vergleichbar. Es ist aber zu erwarten, dass der Kaufkraftverlust Ihrer Rente durch die Rentenanpassungen langfristig zumindest ausgeglichen wird.	

Abbildung 9.20 Auszug aus der Renteninformation von Jürgen Z. aus dem Jahr 2004.

Möchten Sie weitere Informationen zu Jürgen Z. erfahren, so schauen Sie sich nochmals den Fall 10/11 an. In obiger Renteninformation war bei 0 Prozent Rentenanpassung eine Altersrente von 1614 Euro angegeben. In der Zeit nach der Renteninformation hat Jürgen ein Einkommen in etwa gleicher Höhe erhalten. Schauen wir nun, wie sich die Renteninformation zum Jahre 2008 geändert hat.

Rente wegen voller Erwerbsminderung
Wären Sie heute wegen gesundheitlicher Einschränkungen voll erwerbsgemindert, bekämen Sie von uns eine monatliche Rente von: **1.237,83 EUR**

Höhe Ihrer künftigen Regelaltersrente
Ihre bislang erreichte Rentenanwartschaft entspräche nach heutigem Stand einer monatlichen Rente von: **1.351,23 EUR**
Sollten bis zur Regelaltersgrenze Beiträge wie im Durchschnitt der letzten fünf Kalenderjahre gezahlt werden, bekämen Sie ohne Berücksichtigung von Rentenanpassungen von uns eine monatliche Rente von: **1.627,91 EUR**

Rentenanpassung
Aufgrund zukünftiger Rentenanpassungen kann die errechnete Rente in Höhe von 1.627,91 EUR tatsächlich höher ausfallen. Allerdings können auch wir die Entwicklung nicht vorhersehen. Deshalb haben wir - ohne Berücksichtigung des Kaufkraftverlustes - eine mögliche Variante für Sie gerechnet. Beträgt der jährliche Anpassungssatz 1 Prozent, so ergäbe sich eine monatliche Rente von etwa 1.740 EUR.

Abbildung 9.12 Auszug aus der Renteninformation von Jürgen Z. aus dem Jahr 2008.

Wie Sie erkennen, hat sich seine Altersrente um rund 14 Euro erhöht. Das entspricht einer Rentenanpassung von 0,21 Prozent pro Jahr in den vergangenen 4 Jahren. Schauen Sie nun noch einmal in die Renteninformation von 2004, so finden Sie folgenden Satz:

»Die Beträge sind wegen des zu erwartenden Anstiegs der Lebenshaltungskosten und der damit verbundenen Geldentwertung (Inflation) in ihrer Kaufkraft nicht mit einem heutigen Einkommen in dieser Höhe vergleichbar. Es ist aber zu erwarten, dass der Kaufkraftverlust Ihrer Rente durch die Rentenanpassungen zumindest ausgeglichen wird.«

Eine ganz fatale Rentenlüge, wie Sie im Buche bzw. in der Renteninformation 2004 steht. Gehen wir nun auf die statistische Inflation ein, die in den letzten Jahren 2,1/2,2/2,2/3,0 Prozent betrug, so stellen wir fest, dass die Rentenanpassung von 0,21 Prozent deutlich darunter lag. Der Satz in der Renteninformation von 2004 ist also glatt gelogen und das war eigentlich von vorneherein klar.

Hätte Jürgen auf die angegebenen Anpassungssätze von 1,5 bzw. 2,5 Prozent gesetzt, so wäre er spätestens 2008 bitter enttäuscht worden. Hier ist lediglich – und das ist auch gut so – von einem

Anpassungssatz von 1 Prozent die Rede. Stellen wir hier die Änderungen gegenüber:

Rentenanpassung in Renteninfo 2004	**Altersrente auf Basis 2004**	**Altersrente auf Basis 2008**	**Rentenanpassung in Renteninfo 2008**
0 Prozent	1 614,17 Euro	1 627,91 Euro	0 Prozent
1,5 Prozent	1 845,83 Euro	1 740,00 Euro	1 Prozent
2,5 Prozent	2 016,32 Euro	---	---

Tabelle 9.56 Gegenüberstellung Rentenanpassung in Renteninfo 2004 und 2008

Hätte er also auf die Rentenanpassungssätze in der Renteninformation 2004 vertraut, so wäre er schon in der Renteninformation von 2008 bitter enttäuscht worden. Hier hätte er seine Altersrente um 265 bzw. 105 Euro überschätzt. Soviel zu der Verlässlichkeit und Planbarkeit der Altersvorsorge mit einer Renteninformation, wie die DRV immer gerne behauptet. Hinzu kommt weiterhin die Angabe der Inflation mit 1,5 Prozent, die aktuell bei rund 3 Prozent liegt.

Der Rentencheck des vorigen Falls 19 ist damit noch aktuell. Er muss nicht verändert werden. Warum? Er kann weiterhin noch mit dem 65. Lebensjahr in Rente gehen. Die Rente hat sich nur geringfügig erhöht und wurde mit null Prozent Rentensteigerung angenommen. Die Inflation zwischen 2 und 3 Prozent trat in den letzten 3 Jahren auf – zumindest statistisch. Die Kaufkraft hat sich also schon vermindert, wenn man den Stand 2004 in Betracht zieht. Im Jahr 2004 war 1 614 Euro mehr wert, als 1 627 Euro im Jahre 2008. Denken Sie nur daran, wie viele Tankfüllungen Sie im Jahr 2004 mit 1 614 Euro erworben hätten und wie viele Sie heute mit 1 627 Euro erwerben könnten.

Jürgen befindet sich genau in der Abwärtsspirale, wie alle anderen Versicherten auch: Keine Rentenanpassungen und Inflationsverluste.

Zusammenfassung/Lösung

Jürgen und Karin Z. fehlen weiterhin etwa 85 000 Euro zum 65. Lebensjahr. Es hat sich seit 2004 nichts verändert an den negativen Prognosen. Sofern Jürgen eine Rentenanpassung von null Prozent und einer Inflation von rund 2,5 Prozent angenommen hat, bleiben die Zahlen aus 2004 etwa die gleichen.

Beispielfall 13:

Markus F.
27 Jahre
ledig
1 400 Euro netto

Persönliche Angaben

Markus ist ledig und arbeitet als Elektrotechniker. Er hat ein monatliches Nettoeinkommen von 1 400 Euro. Er lebt noch in einer Mietwohnung und hat auch nicht vor, in den nächsten Jahren ein Eigenheim zu erwerben. Er weiß, dass später weniger Renten gezahlt werden, kennt jedoch nicht die genauen Auswirkungen. Bisher konnte er auch noch nicht für die Altersvorsorge sparen. Er hat bisher gut gelebt und sein ganzes Gehalt konsumiert. Zudem hat sich aufgrund von Anschaffung eines Autos ein Schuldenberg angehäuft, den er erst in den nächsten 5 Jahren abbezahlen muss. Erst dann kann er etwas für die Altersvorsorge zur Seite legen, so sagt er. Markus zahlt schon seit dem 16. Lebensjahr in die Rentenkasse ein. Zwischenzeitlich hat er auch den Wehrdienst absolviert und war auch ein halbes Jahr arbeitslos. Zudem hat er eine 3-jährige Weiterbildung absolviert – seinen Lohn hat er jedoch während dieser Zeit von seinem vorigen Arbeitgeber weiter erhalten.

Insgesamt hat er also rund 10 Jahre in die Rentenkasse eingezahlt. Seine heutigen Rentenanwartschaften liegen dadurch auch bei 224,40 Euro. Zahlt er weiterhin, wie in den letzten 5 Jahren in die Rentenkasse ein, so erhielte er bei keiner Rentenanpassung eine Rente von 1 570,13 Euro. Markus sieht deswegen noch keine große Dringlichkeit für den Abschluss von Altersvorsorgeprodukten.

Die Renteninformation

Rente wegen voller Erwerbsminderung
Wären Sie heute wegen gesundheitlicher Einschränkungen voll erwerbsgemindert, bekämen Sie von uns eine monatliche Rente von: **1.174,39 EUR**

Höhe Ihrer künftigen Regelaltersrente
Ihre bislang erreichte Rentenanwartschaft entspräche nach heutigem Stand einer monatlichen Rente von: **224,40 EUR**
Sollten bis zur Regelaltersgrenze Beiträge wie im Durchschnitt der letzten fünf Kalenderjahre gezahlt werden, bekämen Sie ohne Berücksichtigung von Rentenanpassungen von uns eine monatliche Rente von: **1.573,13 EUR**

Rentenanpassung
Aufgrund zukünftiger Rentenanpassungen kann die errechnete Rente in Höhe von 1.573,13 EUR tatsächlich höher ausfallen. Allerdings können auch wir die Entwicklung nicht vorhersehen. Deshalb haben wir - ohne Berücksichtigung des Kaufkraftverlustes - zwei mögliche Varianten für Sie gerechnet. Beträgt der jährliche Anpassungssatz 1 Prozent, so ergäbe sich eine monatliche Rente von etwa 2.340 EUR. Bei einem jährlichen Anpassungssatz von 2 Prozent ergäbe sich eine monatliche Rente von etwa 3.470 EUR.

Abbildung 9.13 Auszug aus der Renteninformation von Markus F. aus dem Jahr 2007.

Renten-Check bei Renteneintrittsalter 67

Markus muss voraussichtlich bis zum 67. Lebensjahr arbeiten, also noch 40 Jahre. Wir werden nun alle in der angegebenen Hochrechnung der Renteninformation mit einer Inflation von zwei und drei Prozent vergleichen. Beachten Sie, dass in der Hochrechnung lediglich von einem Anpassungssatz von einem und zwei Prozent ausgegangen wird.

Erst gehen wir auf die Berechnung bei einer Inflation von 3 Prozent ein.

Rentenanpassungssatz (in Prozent)	Rente lt. DRV (in Euro)	DRV-Rente mit der heutigen Kaufkraft (in Euro)	Rentenlücke (in Euro)
0	1 573	482	918
1	2 340	717	683
2	3 470	1 064	336

Tabelle 9.57 Renteneintrittsalter 67. Lebensjahr, Inflationsrate 3 Prozent, monatliches Einkommen 1.400 Euro

Bei einer Inflation von 3 Prozent hat sich die Rente um zwei Drittel verringert. Die Rentenlücke liegt zwischen 918 und 336 Euro. Markus sollte jedoch mit keinem Rentenanpassungssatz rechnen. Schauen wir nun auf die Rente nach heutiger Kaufkraft bei einer Inflation von zwei Prozent.

Rentenanpassungssatz (in Prozent)	Rente lt. DRV (in Euro)	DRV-Rente mit der heutigen Kaufkraft (in Euro)	Rentenlücke (in Euro)
0	1 573	712	688
1	2 340	1 060	340
2	3 470	1 572	keine

Tabelle 9.58 Renteneintrittsalter 67. Lebensjahr, Inflationsrate 2 %, monatliches Einkommen 1 400 Euro

Hier sehen Sie die Wirkung der Inflation über lange Laufzeiten. Bei einer Inflationsrate von lediglich zwei Prozent sinken die Rentenlücken auf rund 700 bis keiner Rentenlücke ab. Hier ist auch die Zahl von 1,5 Prozent in der aktuellen Renteninformation zu nennen. Demnach hätte Markus lediglich eine Rentenlücke von rund 400 Euro bei keiner Rentenanpassung. Die Rente würde sich Markus also selber schön rechnen.

Grundsätzlich sollte Markus von einer Rentenlücke zwischen 700 und 900 Euro ausgehen, sollte er mit dem 67. Lebensjahr in Rente gehen. Junge Leute sollten zudem beachten, dass die Lebensarbeitszeit voraussichtlich weiter angehoben wird.

Renten-Check bei Renteneintrittsalter 63

Markus könnte ebenso in Frührente gehen. Hier nehmen wir das Renteneintrittsalter von 63 Jahren an. Hier muss Markus jedoch einen Abschlag von 14,4 Prozent auf seine monatliche Rente hinnehmen. Als erstes berechnen wir die Frührente mit einer Inflationsrate von 3 Prozent.

Rentenanpassungssatz (in Prozent)	Rente lt. DRV (in Euro)	Rente nach Abschlag (in Euro)	DRV-Rente mit der heutigen Kaufkraft (in Euro)	Rentenlücke (in Euro)
0	1 573	1 346	464	936
1	2 340	2 003	691	709
2	3 470	2 970	1 025	375

Tabelle 9.59 Renteneintrittsalter 63. Lebensjahr, Abschlag 14,4 %, Inflationsrate 3 %, monatliches Einkommen 1 400 Euro

Die Rentenlücke erhöht sich bei Rentenbeginn mit dem 63. Lebensjahr um knapp 40 Euro. Es muss hier jedoch beachtet werden, dass in allen Fällen auch die Inflation weiter auf die Renten einwirkt. Bleibt eine Rente also über die Gesamtlaufzeit gleich, so wird diese Rente an Wert verlieren. Nehmen wir in obigem Fall an, dass Markus bis zum 90. Lebensjahr lebt und keine Rentenanpassung erfolgt. Seine Rente hätte dann lediglich mit dem 90. Lebensjahr einen Wert von 209 Euro. Verstehen Sie! Beachten Sie auch die Inflation in der restlichen Rentenzeit. In genau diesem Dilemma stecken die Rentner heutzutage. Sie haben keine Rentenanpassungen in den letzten Jahren erlebt und stattdessen nur Preiserhöhungen.

Schauen wir nun jedoch wieder auf die Rentenhöhe nach Inflation von zwei Prozent.

Rentenanpassungssatz (in Prozent)	Rente lt. DRV (in Euro)	Rente nach Abschlag (in Euro)	DRV-Rente mit der heutigen Kaufkraft (in Euro)	Rentenlücke (in Euro)
0	1 573	1 346	647	753
1	2 340	2 003	963	437
2	3 470	2 970	1 427	keine

Tabelle 9.60 Renteneintrittsalter 63. Lebensjahr, Abschlag 14,4 %, Inflationsrate 2 %, monatliches Einkommen 1 400 Euro

Hier erhöht sich die Rentenlücke um rund 70 Euro.

Abschließend kann gesagt werden, dass auch bei Frührente eine Rentenlücke von 750 bis 950 Euro heutiger Kaufkraft besteht.

Renten-Check nach Rentenkürzungen

In 2008 und 2009 wurden Rentenerhöhungen vorgenommen. Was wir jedoch in den vorigen Kapiteln recherchiert haben, zeigte, dass bei schlechter werdender Wirtschaftslage es schnell zu Rentenkürzungen kommen kann. Es sollte daher auch auf Rentenkürzungen hingewiesen werden. Hier stellen wir Ihnen wie in den vorigen Kapiteln eine Tabelle zur Verfügung, in der Sie negative Rentenanpassungen und eine Inflation selber auswählen können. Als Rente wird wiederum die hochgerechnete Rente bei keiner Rentenanpassung als Grundlage genommen.

		Inflation					
		1,0	**1,5**	**2,0**	**2,5**	**3,0**	**3,5**
Rentenanpassung	**−1,0**	707	580	477	***392***	323	266
	−1,5	577	474	389	320	263	217
	−2,0	471	386	318	261	215	177
	−2,5	384	315	259	213	175	144
	−3,0	312	256	211	173	143	117
	−3,5	254	209	171	141	116	96
	−4,0	206	169	139	114	94	78

Tabelle 9.61 Renten-Check nach der Rentenkürzung durch die Inflationsrate und eine negative entenanpassung

Nimmt Markus also eine negative Rentenanpassung von minus einem Prozent an und eine Inflation von 2,5 Prozent, so kann er mit einer Rente von 392 Euro rechnen. Seine Rentenlücke liegt damit bei 1 008 Euro. Ihm fehlen also (Stand heute!) rund 1 000 Euro, die er privat ansparen müsste.

Zusammenfassung

Zusammenfassend kann gesagt werden, dass Markus eine Rentenlücke zu befürchten hat. Sorgt er nicht privat vor, so wird er wahrscheinlich zum Sozialamt gehen müssen, da sein Lebensstandard nicht mehr gesichert ist. Er muss also schnellstmöglich diese Situation ändern und für seine Alterssicherung vorsorgen.

In jedem Jahr, in dem er weiterhin heute gut lebt, wird sich sein Standard im Lebensabend verringern. Zudem kann er den Zinseszinseffekt nicht nutzen.

Um Markus eine konkrete Zahl zu nennen, muss eine Rentenlücke von rund 900 Euro, heutiger Kaufkraft, geschlossen werden. Wie er diese schließen kann, zeigen wir in der folgenden Lösung.

Lösung

Wir gehen hier auch weiterhin von Anlageprodukten aus, die einen Zins von durchschnittlich 6 Prozent erzielen. In der Rentenphase erzielen diese 4,5 Prozent. Da Markus noch sehr jung ist, kann davon ausgegangen werden, dass er eine höhere Lebenserwartung hat – nehmen wir das 95. Lebensjahr an. Die Rentenlücke von 900 Euro ist auf die heutige Kaufkraft zurückzuführen. Diese muss also bis zum Rentenbeginn (eigentlich auch darüber hinaus im Rentenalter) ausgeglichen werden. Bei einer angenommenen Inflation von 3 Prozent muss er sich mit dem 67. Lebensjahr eine Zusatzrente von 2 935 auszahlen lassen. Zahlt er sich diese vom 67. bis zum 95. Lebensjahr aus, so benötigt er ein Vermögen von rund 566 000 Euro zum 67. Lebensjahr. Um dieses Vermögen anzusparen, müsste er ab heute monatlich 297 Euro zur Seite legen. Das entspricht einer Sparquote von rund 21 Prozent.

In den persönlichen Angaben ist jedoch zu finden, dass er in den nächsten 5 Jahren aufgrund der Schulden nicht im Stande ist, etwas zur Seite zu legen. Dadurch verliert er 5 Jahre Zinseszinseffekt. Er hat also lediglich 35 Jahre zum Sparen. Somit muss er dann 412 Euro monatlich in Anlageprodukte einzahlen, um seine Rentenlücke zu schließen. Das sind 115 Euro mehr, als beim sofortigen Sparbeginn.

Beispielfall 14:

Holger W.
42 Jahre
verheiratet
2 Kinder
2 200 Euro netto

Persönliche Angaben

Holger W. ist verheiratet und hat mit seiner Ehefrau zwei Kinder. Er ist Vollverdiener und als Schreiner tätig. Seine Frau ist in einem Midi-Job tätig. Zusammen haben Sie ein Nettoeinkommen von 2 200 Euro. Vor ca. 10 Jahren haben sie ihr Eigenheim bezogen. Hier muss die Familie 800 Euro monatlich für das Darlehen zahlen. Für die Altersvorsorge wurde auch schon ein wenig vorgesorgt, jedoch aufgrund des Darlehens für das Haus kann nicht viel gespart werden. Im Alter werden Lebensversicherungen von voraussichtlich 150 000 Euro fällig. Zudem wurde eine Rentenversicherung abgeschlossen, die prognostizierte 500 Euro Rente erbringen soll.

Die Familie fühlt sich aufgrund des eigenen Hauses und der bisherigen Altersvorsorgeprodukte gut aufgestellt. Zudem erhalten sie die Renteninformation, die zudem noch eine gute Rente verspricht. Jedoch macht sich gerade Holger Gedanken, da er öfters die Rentendiskussionen im Fernsehen verfolgt.

Die Renteninformation

Rente wegen voller Erwerbsminderung Wären Sie heute wegen gesundheitlicher Einschränkungen voll erwerbsgemindert, bekämen Sie von uns eine monatliche Rente von:	978,23 EUR
Höhe Ihrer künftigen Regelaltersrente Ihre bislang erreichte Rentenanwartschaft entspräche nach heutigem Stand einer monatlichen Rente von:	614,94 EUR
Sollten bis zur Regelaltersgrenze Beiträge wie im Durchschnitt der letzten fünf Kalenderjahre gezahlt werden, bekämen Sie ohne Berücksichtigung von Rentenanpassungen von uns eine monatliche Rente von:	1.335,67 EUR

Rentenanpassung
Aufgrund zukünftiger Rentenanpassungen kann die errechnete Rente in Höhe von 1.335,67 EUR tatsächlich höher ausfallen. Allerdings können auch wir die Entwicklung nicht vorhersehen. Deshalb haben wir - ohne Berücksichtigung des Kaufkraftverlustes - zwei mögliche Varianten für Sie gerechnet. Beträgt der jährliche Anpassungssatz 1 Prozent, so ergäbe sich eine monatliche Rente von etwa 1.710 EUR. Bei einem jährlichen Anpassungssatz von 2 Prozent ergäbe sich eine monatliche Rente von etwa 2.190 EUR.

Abbildung 9.14 Auszug aus der Renteninformation von Holger W. aus dem Jahr 2008.

Laut Renteninformation muss Holger noch bis zum 67. Lebensjahr arbeiten. Es vergehen bis dahin also noch 25 Jahre. Die Frau erhält zudem eine Renteninformation, jedoch ist hier aufgrund von Kindererziehungszeiten und Midi-Job eine so geringe Rente vorhanden, dass wir diese nicht betrachten.

Renten-Check bei Renteneintrittsalter 67

Gehen wir nun auf den Renten-Check der Renteninformation ein. Hier betrachten wir die Rente der Zukunft bei heutiger Kaufkraft. Als Preissteigerungssätze (Inflation) nehmen wir wiederum 3 Prozent als Erstes an:

Rentenanpassungssatz (in Prozent)	**Rente lt. DRV (in Euro)**	**DRV-Rente mit der heutigen Kaufkraft (in Euro)**	**Rentenlücke (in Euro)**
0	1 336	638	1 562
1	1 710	817	1 383
2	2 190	1 046	1 154

Tabelle 9.62 Renteneintrittsalter 67. Lebensjahr, Inflationsrate 3 %, monatliches Einkommen 2 200 Euro

Die Rentenlücken liegen allesamt über der Tausendermarke. Das sollte Holger schon nachdenklich machen. Bei keiner weiteren Rentenanpassung und einer Inflation von drei Prozent bekommt er lediglich eine Rente von 638 Euro heutiger Kaufkraft. Schauen wir nun, wenn die Inflation lediglich bei zwei Prozent liegt.

Rentenanpassungssatz (in Prozent)	**Rente lt. DRV (in Euro)**	**DRV-Rente mit der heutigen Kaufkraft (in Euro)**	**Rentenlücke (in Euro)**
0	1 336	814	1 386
1	1 710	1 042	1 158
2	2 190	1 335	865

Tabelle 9.63 Renteneintrittsalter 67. Lebensjahr, Inflationsrate 2 %, monatliches Einkommen 2 200 Euro

Bei einer Inflation von zwei Prozent liegen die Renten bei einem annehmbaren Betrag. Für Leute, die das ganze Leben gearbeitet haben, ist es trotzdem eine bittere Pille.

Holger wird wahrscheinlich auf eine Rente der gesetzlichen Rentenversicherung von ca. 600 bis 900 Euro heutiger Kaufkraft bauen können.

Renten-Check bei Renteneintrittsalter 63

Der Beruf Schreiner beansprucht der Körper sehr stark – viele Schreiner unter Ihnen werden das bestätigen. Es ist also für Holger vielleicht nicht möglich, bis zum 67. Lebensjahr zu arbeiten. Hier würde eine Frührente ab dem 63. Lebensjahr in Frage kommen. Geht Holger genau mit dem 63. Lebensjahr in Rente, so hat er auf die Rentenwerte voraussichtlich einen Abschlag von 14,4 % hinzunehmen. Auch diese Werte schauen wir uns nach Inflation an. Bis zum 63. Lebensjahr verbleiben Holger noch 21 Jahre wahrscheinlich harter Arbeit.

Rentenanpassungssatz (in Prozent)	Rente lt. DRV (in Euro)	Rente nach Abschlag (in Euro)	DRV-Rente mit der heutigen Kaufkraft (in Euro)	Rentenlücke (in Euro)
0	1 336	1 144	615	1 585
1	1 710	1 464	787	1 413
2	2 190	1 875	1 008	1 192

Tabelle 9.64 Renteneintrittsalter 63. Lebensjahr, Abschlag 14,4 %, Inflationsrate 3 %, monatliches Einkommen 2 200 Euro

Die Rentenlücken erhöhen sich in diesem Fall um rund 20 bis 40 Euro. Auch bei einer geringeren Inflation von zwei Prozent sollten die Frührentenwerte betrachtet werden.

Rentenanpassungssatz (in Prozent)	Rente lt. DRV (in Euro)	Rente nach Abschlag (in Euro)	DRV-Rente mit der heutigen Kaufkraft (in Euro)	Rentenlücke (in Euro)
0	1336	1144	755	1445
1	1710	1464	966	1234
2	2190	1875	1237	963

Tabelle 9.65 Renteneintrittsalter 63. Lebensjahr, Abschlag 14,4%, Inflationsrate 2%, monatliches Einkommen 2200 Euro

Gegenüber dem Renteneintrittsalter von 67. Jahren erhöhen sich hier die Rentenlücken bei zwei Prozent Inflation um 60 bis 100 Euro.

Holger sollte dann entscheiden, ob er noch weiterarbeiten kann oder nicht. Jedes Jahr weiteres Arbeiten bringen ihm weniger Abschläge. Auch bei Frührente kann er sich auf Rentenlücken von über 1000 Euro einstellen, sofern er sein heutiges Einkommen als Wunschrente äußert.

Renten-Check nach Rentenkürzungen

Ein weiterer Punkt, worauf man Holger hinweisen sollte, sind Rentenkürzungen. Irgendwann wird es aufgrund schlechter Wirtschaftslage, leeren Staatskassen, Demografiefaktor nicht mehr möglich sein, den Rentensatz stabil zu halten. Es ist auch nicht immer möglich, höhere Steuern einzuführen oder höhere Beitragssätze für die Rentenversicherung zu verlangen. Beides hätte weiterhin fatale Auswirkungen auf die Wirtschaft, da dadurch Arbeitskosten teurer werden und der Konsum der Bürger eingeschränkt wird. Eine letzte Möglichkeit verbleibt dann dem Staat nur bei den »Kostenfaktoren« an der Schraube zu drehen. Heißt: Die Renten werden gekürzt, um die Ausgaben zu verringern. Wie sich Holgers Rente bei Rentenkürzungen verhält, wenn er mit dem 67. Lebensjahr in Rente geht, schauen wir uns im Folgenden an.

		Inflation					
		1,0	1,5	2,0	2,5	3,0	3,5
Rentenanpassung	-1,0	810	716	633	561	496	440
	-1,5	714	631	**558**	494	437	387
	-2,0	629	556	491	435	385	341
	-2,5	553	489	432	383	339	300
	-3,0	486	430	380	337	298	264
	-3,5	428	378	334	296	262	232
	-4,0	375	332	293	260	230	204

Tabelle 9.66 Renten-Check nach der Rentenkürzung durch die Inflationsrate und eine negative Rentenanpassung

Geht Holger also von einer Inflation von zwei Prozent aus und einer Rentenanpassung von minus 1,5 Prozent, so wird ihm eine Rente von 558 Euro heutiger Kaufkraft gezahlt. Seine Rentenlücke beträgt daraufhin 1 642 Euro.

Zusammenfassung

Für Holger W. und der Familie sieht es nicht allzu gut aus. Die Rentenlücken liegen meist oberhalb von 1 000 Euro. Natürlich braucht sich die Familie weniger über Preissteigerungen im Mietsektor Gedanken zu machen, da sie dann ein Eigenheim vollständig besitzen. Das lässt die Rentenlücke ein wenig schrumpfen. Wir gehen jedoch davon aus, dass die Rentenlücke von 1 000 Euro besteht.

Der Familie stehen noch Altersvorsorgeprodukte zur Verfügung, nämlich Lebensversicherungen von 150 000 Euro Auszahlsumme und monatlichen Renten aus einer Rentenversicherung von 500 Euro. Doch auch diese sind erst auf heutige Kaufkraft zu bewerten, das berechnen wir später bei der Lösung.

Eine Frührente ist für Holger in Betracht zu ziehen, sofern er nicht mehr arbeiten kann. Hier ist zwar ein hoher Abschlag fällig, jedoch kann dieser noch in Kauf genommen werden.

Lösung

Holger W. hat also eine Rentenlücke von rund 1 000 Euro im Alter – heutige Kaufkraft. Er muss sich also späterer Kaufkraft 2 090 Euro auszahlen lassen, bei einer angenommenen Inflation von 3 Prozent, um diese Rentenlücke zu schließen. Von diesem Betrag können die 500 Euro aus der privaten Rentenversicherung abgezogen werden. Es gilt danach noch eine Lücke von 1 590 Euro zu schließen. Gehen wir von einer Lebenserwartung von 92 Jahren aus, so zahlt er sich die Rente über 25 Jahre aus. Hierzu benötigt er bei einem Rentenentnahmezins von 4,5 Prozent ein Vermögen zum 67. Lebensjahr von rund 290 000 Euro. Ziehen wir hiervon die Ablaufleistung aus der Lebensversicherung von 150 000 Euro ab, muss Holger noch 140 000 Euro ansparen, um seine Rentenlücke vollständig zu schließen. Hierzu müsste er weitere 207 Euro monatlich bei einem angenommenen Anlagezins von 6 Prozent sparen.

Beispielfall 15:

Olaf A.
42 Jahre
ledig
2 000 Euro netto

Persönliche Angaben

Olaf A. ist ledig und arbeitet als kaufmännischer Angestellter. Netto hat er monatlich rund 2 000 Euro in der Tasche. Er wohnt noch in einer Mietswohnung und möchte auch kein Eigenheim erwerben. Zwischenzeitlich war er oft arbeitslos und hatte es zwischenzeitlich auch schon mit einer Selbstständigkeit versucht – die er dann jedoch wieder aufgegeben hat. Aufgrund dessen hat er bisher noch keine hohen Ansprüche aus der gesetzlichen Rentenversicherung, wie wir später sehen.

Olaf hat sich schon viele Gedanken über seine Altersvorsorge gemacht. Er möchte in keine Armutsfalle tappen. Ein guter Finanzberater hat ihm schon dabei geholfen und Olaf geht nur noch von einer geringen bis gar keinen Rente vom Staat aus. Er möchte selber für seine Altersvorsorge verantwortlich sein, so sagt er. Darum verwundert es nicht, welche bisherigen Verträge er schon für das Alter abgeschlossen hat. Eine betriebliche Altersvorsorge bringt ihm einen Anspruch von 1 000 Euro Rente im Monat. Zudem hat er Lebensversicherungen, die eine Ablaufleistung von rund 125 000 Euro bringen sollen. Eine private Rentenversicherung hat er vor wenigen Jahren zusätzlich abgeschlossen. Die Prognoserechnung berechnet eine monatliche Rente von rund 750 Euro. Wenn er noch am Monatsende Geld übrig behält, so spart er dieses in Investmentfonds. Hier ist auch schon ein Vermögen von 25 000 Euro vorhanden. Weiteres möchte/kann er jedoch nicht für die Altersvorsorge tun, so sagt er.

Die Renteninformation

Höhe Ihrer künftigen Regelaltersrente
Ihre bislang erreichte Rentenanwartschaft entspräche nach heutigem Stand einer monatlichen Rente von: 368,78 EUR
Sollten bis zur Regelaltersgrenze Beiträge wie im Durchschnitt der letzten fünf Kalenderjahre gezahlt werden, bekämen Sie ohne Berücksichtigung von Rentenanpassungen von uns eine monatliche Rente von: 932,34 EUR

Rentenanpassung
Aufgrund zukünftiger Rentenanpassungen kann die errechnete Rente in Höhe von 932,34 EUR tatsächlich höher ausfallen. Allerdings können auch wir die Entwicklung nicht vorhersehen. Deshalb haben wir - ohne Berücksichtigung des Kaufkraftverlustes - zwei mögliche Varianten für Sie gerechnet. Beträgt der jährliche Anpassungssatz 1 Prozent, so ergäbe sich eine monatliche Rente von etwa 1.190 EUR. Bei einem jährlichen Anpassungssatz von 2 Prozent ergäbe sich eine monatliche Rente von etwa 1.530 EUR.

Abbildung 9.15 Auszug aus der Renteninformation von Olaf A. aus dem Jahr 2007.

Renten-Check bei Renteneintrittsalter 67

Auch wenn Olaf nur gering auf die gesetzliche Rente vertraut, sollten wir auf die Zahlen eingehen und ihm eine realistische Einschätzung geben. Wir gehen hier auf die Renteninformation bei einer Inflation von drei Prozent ein, wenn er mit dem 67. Lebensjahr in Rente geht.

Rentenanpassungssatz (in Prozent)	Rente lt. DRV (in Euro)	DRV-Rente mit der heutigen Kaufkraft (in Euro)	Rentenlücke (in Euro)
0	932	445	1555
1	1190	568	1432
2	1530	731	1269

Tabelle 9.67 Renteneintrittsalter 67. Lebensjahr, Inflationsrate 3%, monatliches Einkommen 2000 Euro

Bei einer Inflation von drei Prozent halbieren sich etwa die von der DRV angegebenen Rentenwerte. Er hat Rentenlücken von über 1000 Euro. Schauen wir zunächst jedoch bei einer Inflation von zwei Prozent auf die heutige Kaufkraft der Renten und die jeweilige Rentenlücke.

Rentenanpassungssatz (in Prozent)	Rente lt. DRV (in Euro)	DRV-Rente mit der heutigen Kaufkraft (in Euro)	Rentenlücke (in Euro)
0	932	568	1432
1	1190	725	1275
2	1530	933	1067

Tabelle 9.68 Renteneintrittsalter 67. Lebensjahr, Inflationsrate 2%, monatliches Einkommen 2000 Euro

Auch bei einer Inflation von zwei Prozent hat Olaf noch Rentenlücken von über 1000 Euro. Grundsätzlich sollte er bei einem Rentenbeginn von 67 Jahren mit einer gesetzlichen Rente von rund 400 bis 600 Euro ausgehen, wenn Olaf auf keine positiven Rentenanpassungen setzt.

Renten-Check bei Renteneintrittsalter 63

Möchte oder muss Olaf A. in Frührente gehen, so muss er zusätzliche Abschläge hinnehmen. Schauen wir uns die Frührente nach heutiger Kaufkraft bei einem Kaufkraftverlust von 3 Prozent an.

Rentenanpassungssatz (in Prozent)	Rente lt. DRV (in Euro)	Rente nach Abschlag (in Euro)	DRV-Rente mit der heutigen Kaufkraft (in Euro)	Rentenlücke (in Euro)
0	932	798	429	1571
1	1190	1019	548	1452
2	1530	1310	704	1296

Tabelle 9.69 Renteneintrittsalter 63. Lebensjahr, Abschlag 14,4%, Inflationsrate 3%, monatliches Einkommen 2000 Euro

Geht Olaf in Frührente, so wird er nach heutiger Kaufkraft nur eine sehr geringe Rente erhalten. Schauen wir nun bei einer geringeren Inflation von zwei Prozent, welche Frührente er nach heutiger Kaufkraft erwarten kann.

Rentenanpassungssatz (in Prozent)	Rente lt. DRV (in Euro)	Rente nach Abschlag (in Euro)	DRV-Rente mit der heutigen Kaufkraft (in Euro)	Rentenlücke (in Euro)
0	932	798	526	1474
1	1190	1019	672	1328
2	1530	1310	864	1136

Tabelle 9.70 Renteneintrittsalter 63. Lebensjahr, Abschlag 14,4%, Inflationsrate 2%, monatliches Einkommen 1400 Euro

Auch bei einer Inflation von zwei Prozent wird die Rente zwischen 500 und 650 Euro liegen. Bei einer Frührente hat Olaf also rund 50 Euro weniger in der Tasche als wenn er mit dem 67. Lebensjahr in Rente geht. Wichtig ist hierbei auch immer zu betrachten, dass mit der Zeit die Renten durch die Inflation weiter verringert werden.

Renten-Check nach Rentenkürzungen

Schauen wir nun auf Olafs Rente. Sollten Rentenkürzungen in der Zukunft folgen. Zudem ist als weiterer negativer Faktor die Inflation zu berechnen. Schauen Sie selbst auf Olafs Rente mit dem 67. Lebensjahr bei bestimmten Rentenkürzungen und Inflationssätzen.

		Inflation					
		1,0	1,5	2,0	2,5	3,0	3,5
Rentenanpassung	-1,0	565	500	442	391	346	307
	-1,5	498	440	389	345	305	270
	-2,0	439	388	343	303	**269**	238
	-2,5	386	341	302	267	236	209
	-3,0	339	300	265	235	208	184
	-3,5	298	264	233	206	183	162
	-4,0	262	231	205	181	160	142

Tabelle 9.71 Renten-Check nach der Rentenkürzung durch die Inflationsrate und eine negative Rentenanpassung

Geht Olaf von einer negativen Rentenanpassung von minus zwei Prozent und einer Inflation von drei Prozent aus, so würde er eine Rente von 269 Euro heutige Kaufkraft erhalten. Das läge unter dem Existenzminimum und wenn er privat nicht ansparen würde, müsste er Sozialhilfe beantragen.

Zusammenfassung

Olaf ging klugerweise von einer geringen bis keiner Rente staatlicherseits aus. Dadurch hat er einige Altersvorsorgeprodukte abgeschlossen. Reichen diese jedoch aus, um die voraussichtliche Rentenlücke von rund 1.400 Euro heutiger Kaufkraft zu schließen? Hierauf gehen wir gleich in der Lösung ein.

Lösung

Um die Rentenlücke von 1400 Euro heutiger Kaufkraft zu schließen, sollten wir erst erfahren, wie hoch die Rentenlücke nach späterer Kaufkraft ist. Bei einer Inflation von 3 Prozent beträgt diese rund 2 930 Euro. Hiervon kann nun die betriebliche Altersvorsorgerente von 1 000 Euro und auch die Rente aus der privaten Rentenversicherung in Abzug gebracht werden. Es bleibt also weiterhin eine Lücke von 1 180 Euro bestehen. Gehen wir davon aus, dass Olaf eine Rente bis zum 92. Lebensjahr bezieht, muss er mit dem 67. Lebensjahr ein Vermögen von 215 000 Euro zur Verfügung haben. Hierbei gingen wir von einem Zins in der Rentenphase von 4,5 Prozent aus. Aus einer Lebensversicherung werden ihm 125 000 Euro ausgezahlt. Somit verbleibt noch ein anzusparendes Vermögen von 90 000 Euro. Diese muss er in den kommenden 25 Jahren versuchen anzusparen. Heute besitzt er schon Investmentfonds von 25 000 Euro. Legt er diese auch für die Altersvorsorge an – hier nehmen wir 6 Prozent Wertsteigerung pro Jahr an – so benötigt er keine weitere Sparraten. Mit den jetzigen Anlagen und Sparverträgen wird er voraussichtlich seine Rentenlücke schließen können.

Beispielfall 16 und 17:

Jürgen und Petra F.
41 und 43 Jahre
verheiratet
2 Kinder
3 000 und 400 Euro netto

Persönliche Angaben

Jürgen, 41 Jahre, ist seit 1998 von der Rentenversicherung befreit. Er ist Finanzberater. Seine Frau Petra war seit 12 Jahren aufgrund Mutterschaft nicht mehr berufstätig, arbeitet aber seit knapp 9 Monaten auf 400-Euro-Basis. Die Familie hat zwei Kinder und bewohnt seit 7 Jahren eine Eigentumswohnung, die bald schuldenfrei ist.

Jürgen weiß aufgrund seines Berufes, dass nicht mehr viel aus der gesetzlichen Rentenversicherung »herausspringt«. Auch aufgrund der Tatsache, dass er selbstständig ist und nichts mehr einzahlt und seine Frau wegen des Beschäftigungsverhältnisses auf 400-Euro-Basis arbeitet, werden keine hohen Beträge in die Rentenkasse fließen. Doch seitdem sie ins Berufsleben eingestiegen sind, – er mit 16 und seine Frau mit 19 Jahren –, flossen schon einige Beträge in den Rententopf, was einer geringen Rente entspricht. Die Renteninformation gibt später mehr Klarheit.

Jürgen hat einige Altersvorsorgeverträge bzw. spart in unterschiedliche Wege. Einmal prognostiziert er mit einer Rentenauszahlung aus einer privaten Rentenversicherung von monatlich 400 Euro. Seine Frau spart in einen Riestervertrag monatlich 5 Euro. Hier werden die Zulagen soweit es geht mitgenommen. Mit einer großen Rente aus diesem Riester-Vertrag ist jedoch nicht zu rechnen – daher betrachten wir diesen nicht. Zudem werden monatlich rund 190 Euro in einen guten Investmentfonds investiert. Bisher sind hier rund 14 000 Euro vorhanden. Zudem werden bald 500 Euro, die zurzeit noch zur Abbezahlung des Hauses benötigt werden, frei, die Jürgen zusätzlich in die Altersvorsorge investieren möchte. Ob diese reichen, sehen wir später in der Lösung. Als weitere Altersvorsorge sollte das Haus der Eltern betrachtet werden. Sollten die Eltern von Petra nicht zum Pflegefall werden, kann das Haus zusätzlich zur Altersvorsorge genutzt werden, so sagt Jürgen.

Die Renteninformation

Schauen wir erst auf die Renteninformation von Jürgen:

Höhe Ihrer künftigen Regelaltersrente
Ihre bislang erreichte Rentenanwartschaft entspräche nach heutigem Stand einer monatlichen Rente von: **395,32 EUR**
Eine Hochrechnung Ihrer Rente haben wir nicht vorgenommen, da Sie versicherungsfrei bzw. von der Rentenversicherungspflicht befreit sind.

Rentenanpassung
Aufgrund zukünftiger Rentenanpassungen kann die errechnete Rente in Höhe von 395,32 EUR tatsächlich höher ausfallen. Allerdings können auch wir die Entwicklung nicht vorhersehen. Deshalb haben wir - ohne Berücksichtigung des Kaufkraftverlustes - zwei mögliche Varianten für Sie gerechnet. Beträgt der jährliche Anpassungssatz 1 Prozent, so ergäbe sich eine monatliche Rente von etwa 510 EUR. Bei einem jährlichen Anpassungssatz von 2 Prozent ergäbe sich eine monatliche Rente von etwa 660 EUR.

Abbildung 9.16 Auszug aus der Renteninformation von Jürgen F. aus dem Jahr 2008.

Nun die Renteninformation von Petra:

Rente wegen voller Erwerbsminderung
Wären Sie heute wegen gesundheitlicher Einschränkungen voll erwerbsgemindert, bekämen Sie von uns eine monatliche Rente von: **753,21 EUR**

Höhe Ihrer künftigen Regelaltersrente
Ihre bislang erreichte Rentenanwartschaft entspräche nach heutigem Stand einer monatlichen Rente von: **396,84 EUR**
Sollten bis zur Regelaltersgrenze Beiträge wie im Durchschnitt der letzten fünf Kalenderjahre gezahlt werden, bekämen Sie ohne Berücksichtigung von Rentenanpassungen von uns eine monatliche Rente von: **597,09 EUR**

Rentenanpassung
Aufgrund zukünftiger Rentenanpassungen kann die errechnete Rente in Höhe von 597,09 EUR tatsächlich höher ausfallen. Allerdings können auch wir die Entwicklung nicht vorhersehen. Deshalb haben wir - ohne Berücksichtigung des Kaufkraftverlustes - zwei mögliche Varianten für Sie gerechnet. Beträgt der jährliche Anpassungssatz 1 Prozent, so ergäbe sich eine monatliche Rente von etwa 750 EUR. Bei einem jährlichen Anpassungssatz von 2 Prozent ergäbe sich eine monatliche Rente von etwa 960 EUR.

Abbildung 9.17 Auszug aus der Renteninformation von Petra F. aus dem Jahr 2007.

Renten-Check bei Renteneintrittsalter 67

Beide müssen bis zu ihrem 67. Lebensjahr arbeiten, um die gesetzliche Rente zu erhalten. Da lediglich zwei Jahre Altersunterschied zwischen beiden Personen liegt, addieren wir der Einfachheit halber beide Renten. Bis zur Rentenzahlung (von Petra) vergehen noch 24 Jahre. Gehen wir erst auf den Renten-Check bei drei Prozent Inflation ein.

Rentenanpassungssatz (in Prozent)	Rente lt. DRV (in Euro)	DRV-Rente mit der heutigen Kaufkraft (in Euro)	Rentenlücke (in Euro)
0	992	488	2 912
1	1 260	620	2 780
2	1 620	797	2 603

Tabelle 9.72 Renteneintrittsalter 67. Lebensjahr, Inflationsrate 3 %, monatliches Einkommen 3 400 Euro

Beachtet die Familie nicht die Inflation, so sehen die addierten Renten aus den Renteninformationen gar nicht schlecht aus. Nach Inflation von drei Prozent entstehen jedoch Rentenlücken von 2 600 bis 2 900 Euro.

Rentenanpassungssatz (in Prozent)	Rente lt. DRV (in Euro)	DRV-Rente mit der heutigen Kaufkraft (in Euro)	Rentenlücke (in Euro)
0	992	617	2783
1	1260	783	2617
2	1620	1007	2393

Tabelle 9.73 Renteneintrittsalter 67. Lebensjahr, Inflationsrate 2%, monatliches Einkommen 3 400 Euro

Auch bei einer Inflation von zwei Prozent verbleiben Rentenlücken von 2400 bis 2800 Euro, die es gilt zu schließen.

Renten-Check bei Renteneintrittsalter 63

Gehen wir nun auf eine evtl. Frührente ein. Hier werden Abschläge von 14,4 Prozent lt. DRV fällig. Wie hoch ist also wiederum die heutige Kaufkraft der verringerten Frührente erst bei 3 Prozent und dann 2 Prozent Inflation. Auch hier nehmen wir wiederum das Alter von Petra an. Es verbleiben somit noch genau 20 (Inflations-)Jahre bis zum 63. Lebensjahr.

Rentenanpassungssatz (in Prozent)	Rente lt. DRV (in Euro)	Rente nach Abschlag (in Euro)	DRV-Rente mit der heutigen Kaufkraft (in Euro)	Rentenlücke (in Euro)
0	992	849	470	2 930
1	1 260	1 079	597	2 803
2	1 620	1 387	768	2 532

Tabelle 9.74 Renteneintrittsalter 63. Lebensjahr, Abschlag 14,4%, Inflationsrate 3%, monatliches Einkommen 3 400 Euro

Rentenanpassungssatz (in Prozent)	Rente lt. DRV (in Euro)	Rente nach Abschlag (in Euro)	DRV-Rente mit der heutigen Kaufkraft (in Euro)	Rentenlücke (in Euro)
0	992	849	571	2 829
1	1 260	1 079	726	2 674
2	1 620	1 387	933	2 467

Tabelle 9.75 Renteneintrittsalter 63. Lebensjahr, Abschlag 14,4 %, Inflationsrate 2 %, monatliches Einkommen 3 400 Euro

Die Rentenlücken erhöhen sich um rund 20 bis 70 Euro heutiger Kaufkraft, sollten Petra und Jürgen mit dem 63. Lebensjahr in Frührente gehen. Es ist jedoch mit weiteren Kaufkraftverlusten in der Rentenzeit zu rechnen – die Rentenlücke wird sich somit bis zum eigentlichen Rentenbeginn vergrößern. Auch diese Folge ist zu beachten.

Renten-Check nach Rentenkürzungen

Kommen wir nun zum Renten-Check bei Rentenkürzungen, wenn Petra und Jürgen mit dem 67. Lebensjahr in Rente gehen. Diese würde die Renten der beiden stark belasten, da sie weniger einzahlen als der Durchschnitt. Die früher angesammelten Entgeltpunkte, die für die Rentenberechnung zuständig sind, werden dadurch weniger Wert. Schauen wir uns die Auswirkungen im Detail an:

		Inflation					
		1,0	1,5	2,0	2,5	3,0	3,5
Rentenanpassung	-1,0	614	545	485	431	383	341
	-1,5	544	483	429	382	340	**302**
	-2,0	481	427	380	338	300	268
	-2,5	426	378	336	299	266	237
	-3,0	376	334	297	264	235	209
	-3,5	332	295	262	233	208	185
	-4,0	293	261	232	206	183	163

Tabelle 9.76 Renten-Check nach der Rentenkürzung durch die Inflationsrate und eine negative Rentenanpassung

Jürgen kennt als Finanzberater die Wirkung der höheren Rentnerinflation und nimmt somit eine Inflation von 3,5 Prozent an. Zudem nehmen beide eine negative Rentenanpassung von minus 1,5 Prozent an. Die Rente würde damit einer heutigen Kaufkraft von 302 Euro entsprechen. Die Rentenlücke beträgt dadurch rund 3 100 Euro.

Zusammenfassung

Dieser Fall könnte als Muster für die meisten Selbstständigen gelten. Es wurde in jungen Jahren als Arbeitnehmer in die Rentenkasse eingezahlt und einige Entgeltpunkte gesammelt. Hieraus entstand ein Rentenanspruch. In der Selbstständigkeit wird meist auf die Zahlung in die Rentenkasse verzichtet. Doch meist arbeitet die Frau noch auf 400-Euro-Basis weiter, wenn die Kinder alt genug sind. Sind Sie selbstständig, so können Sie obigen Fall auch für Ihre Renteninformation annehmen. Sie werden sicherlich noch die aktuelle Renteninformation zur Hand haben. Nehmen Sie diese nun und schauen Sie, wie hoch Ihr Rentenanspruch ist.

Jürgen ist Finanzberater und sollte seine Altersvorsorge gut durchkalkuliert haben. Die Produkte zeigen, dass er breit aufgestellt ist. Neben Immobilien, wird eine Rentenversicherung und ein Riester-Fondssparplan geführt, sowie ein Fondssparplan. Die Immobilie bietet Inflationsschutz, ein Fondssparplan für Rendite, der Riester-Vertrag um die staatlichen Zulagen zu vereinnahmen, sowie eine Rentenversicherung für Sicherheit. Ein guter Mix. Zudem könnte eine weitere Immobilie geerbt werden, welche dann zum Verkauf oder zur Weitervermietung zur Verfügung steht. Auch hier bieten die Mieten oder der Verkaufspreis Inflationsschutz. Das alles sollte zur Schließung der Rentenlücke beachtet werden. Die Rentenlücke nehmen wir mit etwa 2 800 Euro an. Da jedoch Miete durch die Eigentumswohnung eingespart wird, verringern wir diesen Betrag auf 2 400 Euro, der schlussendlich zum sorgenfreien Leben genügen sollte.

Lösung

Um eine Rentenlücke von 2 400 Euro heutiger Kaufkraft zu schließen, muss die Rente mit dem 67. Lebensjahr bei drei Prozent Inflation über 4 880 Euro lauten. Von diesem Betrag kann nun die Rente der privaten Rentenversicherung abgezogen werden. Es verbleiben noch 4 480 Euro. Leben Jürgen und Petra bis zum 92. Lebensjahr, so müssen 4 480 Euro über 25 Jahre ausgezahlt werden. Bei einem Rentenauszahlungszins von 4,5 Prozent wird ein Vermögen von rund 800 000 Euro benötigt. Aus dem Fondssparplan werden voraussichtlich 225 000 Euro fließen. Es fehlt damit noch ein Vermögen von 575 000 Euro. Bei einem Anlagezins von 6 Prozent müssten Jürgen und Petra ab heute beginnend rund 920 Euro monatlich zur Seite legen. 500 Euro werden bald monatlich frei – jedoch auch dadurch wird die Rentenlücke nicht vollständig geschlossen.

Szenario: Nehmen wir nun an, Jürgen und Petra erben von den Eltern die Immobilie zu Rentenbeginn und können hieraus Mieten nach Kosten mit heutiger Kaufkraft von 500 Euro erzielen. Dadurch verkleinert sich die Rentenlücke auf 1 900 Euro. Hiernach gehen wir wiederum obigen Weg. Es wird eine Rente von 3.860 Euro mit 67 benötigt – nach privater Rentenversicherung lediglich 3 460 Euro. Das Vermögen zur Rentenauszahlung sinkt dadurch auf rund 625 000 Euro. Die Lücke beträgt nach Abzug des Vermögens aus dem Fondssparplan auf 400 000 Euro. Um diese anzusparen, müssen ab heute rund 640 Euro in Anlageprodukte eingezahlt werden, die 6 Prozent Zins erzielen. Selbst dann wird die Rentenlücke wahrscheinlich nicht vollständig geschlossen. Jedoch werden Petra und Jürgen, sollten sie die Immobilie erben, mit einer guten Rente auskommen.

Beispielfall 18:

Ute B.
51 Jahre
verheiratet
2 Kinder
1300 Euro netto

Persönliche Angaben

Ute B. ist Bürokauffrau, arbeitet seit dem 16. Lebensjahr und zahlt seitdem in die Rentenkasse ein. Zwischenzeitlich legte sie aufgrund von Mutterschaft eine etwa 5-jährige Pause ein. Nach der Pause arbeitete sie in Teilzeit weitere 18 Jahre und seit 6 Jahren wieder ganztägig.

Ihr Mann, den wir jedoch nicht beachten, ist zudem in der Metallbranche tätig. Ute B. erreicht mit dem 66. Lebensjahr ihre Regelaltersgrenze, bis zu diesem Sie arbeiten müsste, um die volle Rente zu erhalten.

Die Renteninformation

Rente wegen voller Erwerbsminderung
Wären Sie heute wegen gesundheitlicher Einschränkungen voll erwerbsgemindert, bekämen Sie von uns eine monatliche Rente von: **746,68 EUR**

Höhe Ihrer künftigen Regelaltersrente
Ihre bislang erreichte Rentenanwartschaft entspräche nach heutigem Stand einer monatlichen Rente von: **613,87 EUR**
Sollten bis zur Regelaltersgrenze Beiträge wie im Durchschnitt der letzten fünf Kalenderjahre gezahlt werden, bekämen Sie ohne Berücksichtigung von Rentenanpassungen von uns eine monatliche Rente von: **886,70 EUR**

Rentenanpassung
Aufgrund zukünftiger Rentenanpassungen kann die errechnete Rente in Höhe von 886,70 EUR tatsächlich höher ausfallen. Allerdings können auch wir die Entwicklung nicht vorhersehen. Deshalb haben wir - ohne Berücksichtigung des Kaufkraftverlustes - zwei mögliche Varianten für Sie gerechnet. Beträgt der jährliche Anpassungssatz 1 Prozent, so ergäbe sich eine monatliche Rente von etwa 1.020 EUR. Bei einem jährlichen Anpassungssatz von 2 Prozent ergäbe sich eine monatliche Rente von etwa 1.190 EUR.

Abbildung 9.18 Auszug aus der Renteninformation von Ute B. aus dem Jahr 2008.

Renten-Check bei Renteneintrittsalter 66

Rentenanpassungssatz (in Prozent)	Rente lt. DRV Z(in Euro)	DRV-Rente mit der heutigen Kaufkraft (in Euro)	Rentenlücke (in Euro)
0	886	569	731
1	1 020	655	645
2	1 190	764	536

Tabelle 9.77 Renteneintrittsalter 66. Lebensjahr, Inflationsrate 3 %, monatliches Einkommen 1 300 Euro

Bei einer Preissteigerungsrate von drei Prozent liegt Utes Rentenlücke zu ihrem jetzigen Einkommen zwischen 530 und 730 Euro.

Rentenanpassungssatz (in Prozent)	Rente lt. DRV (in Euro)	DRV-Rente mit der heutigen Kaufkraft (in Euro)	Rentenlücke (in Euro)
0	886	658	642
1	1 020	758	542
2	1 190	884	416

Tabelle 9.78 Renteneintrittsalter 66. Lebensjahr, Inflationsrate 2 %, monatliches Einkommen 1 300 Euro

Bei einer geringen Inflationsrate von zwei Prozent verringert sich die Rentenlücke auf 416 bis 642 Euro. Ute B. sollte sich fragen, ob sie selber mit einer Rente heutiger Kaufkraft von etwa 570 bis 660 Euro auskommen kann, vorausgesetzt es erfolgen keine weiteren Rentensteigerungen. Möchte sie auch in der Rentenzeit ihr heutiges Einkommen halten, so hat sie eine Rentenlücke von 642 bis 731 Euro.

Renten-Check bei Renteneintrittsalter 63

Geht Ute B. in Frührente, so ist das mit dem 63. Lebensjahr möglich. Da sie mit ihrem 66. Lebensjahr ihre volle Rente erhält, und nicht erst mit dem 67. Lebensjahr, nehmen wir geringere Abschläge als von der DRV angegeben an (hier 10,8 Prozent Abschlag). Bis zur Frührente vergehen noch weitere zwölf Jahre, in der sie Preissteigerungen hinnehmen muss.

Rentenanpassungssatz (in Prozent)	Rente lt. DRV (in Euro)	Rente nach Abschlag (in Euro)	DRV-Rente mit der heutigen Kaufkraft (in Euro)	Rentenlücke (in Euro)
0	886	790	554	746
1	1020	910	638	662
2	1190	1061	744	556

Tabelle 9.79 Renteneintrittsalter 63. Lebensjahr, Abschlag 10,8%, Inflationsrate 3%, monatliches Einkommen 1300 Euro

Würde Ute B. mit dem 63. Lebensjahr in Frührente gehen, so wird sie gegenüber der Regelaltersrente rund 15 bis 20 Euro heutiger Kaufkraft weniger in der Tasche haben.

Rentenanpassungssatz (in Prozent)	Rente lt. DRV (in Euro)	Rente nach Abschlag (in Euro)	DRV-Rente mit der heutigen Kaufkraft (in Euro)	Rentenlücke (in Euro)
0	886	790	623	677
1	1020	910	718	582
2	1190	1061	837	463

Tabelle 9.80 Renteneintrittsalter 63. Lebensjahr, Abschlag 10,8%, Inflationsrate 2%, monatliches Einkommen 1300 Euro

Bei einer Inflation von zwei Prozent muss sie Abschläge von 20 bis 54 Euro heutiger Kaufkraft hinnehmen. Ob diese Zahlen zutreffen, sollte dann mit dem 63. Lebensjahr mit der DRV geklärt werden. Ein Kaufkraftverlust wird bis dahin ohnehin hinzunehmen sein.

Renten-Check nach Rentenkürzungen

Zudem sollte betrachtet werden, ob es in den nächsten 15 Jahren durchschnittlich zu Rentenkürzungen kommt. Zwar wurden gerade die Renten geringfügig angehoben, jedoch wird die Rentenkasse dadurch zusätzlich belastet. Sollte sich die wirtschaftliche Lage, bzw. der Arbeitsmarkt in naher Zukunft ins Negative umkehren, so könnte es zu Rentenkürzungen kommen. Schauen wir uns den konkreten Fall bei Ute an:

		Inflation					
		1,0	**1,5**	**2,0**	**2,5**	**3,0**	**3,5**
Rentenanpassung	**-1,0**	656	609	566	**526**	489	455
	-1,5	608	565	525	488	453	422
	-2,0	564	523	486	452	420	391
	-2,5	522	485	450	418	389	362
	-3,0	483	449	417	387	360	335
	-3,5	447	415	386	358	333	310
	-4,0	414	384	357	332	308	287

Tabelle 9.81 Renten-Check nach der Rentenkürzung durch die Inflationsrate und eine negative Rentenanpassung

Geht Ute also von einer Inflation in den nächsten Jahren von 2,5 Prozent aus und einer durchschnittlichen Rentenanpassung von minus 1 Prozent, so kann sie mit einer Rente heutiger Kaufkraft von 526 Euro rechnen. Die Rentenlücke würde dann zu ihrem jetzigen Einkommen rund 774 Euro lauten.

Zusammenfassung

Wir haben die gesetzliche Rente diesmal nicht von Utes Ehemann mit einbezogen. Der Grund ist, dass auch Frauen einen Blick auf die eigene Altersvorsorge werfen sollten. Im Fall Ute B. kann mit einer Rente von 550 bis 650 Euro heutiger Kaufkraft gerechnet werden. Möchte Ute ihr heutiges Einkommen auch im

Alter halten, so besteht eine Rentenlücke von 650 bis 750 Euro. Diese in den verbleibenden 15 Jahren zu schließen, wird nur schwer möglich sein. Bei Ute B. haben wir auch keine Altersvorsorgeprodukte angenommen.

Lösung

Eine Rentenlücke heutiger Kaufkraft von rund 700 Euro bedeutet für Ute mit dem 66. Lebensjahr bei 3 Prozent Inflation rund 1 090 Euro auszahlen zu lassen. Lässt sie sich die Rente über 25 Jahre auszahlen, benötigt sie mit dem 66. Lebensjahr bei einem Rentenzins von 4,5 Prozent ein Vermögen von rund 200 000 Euro. Um dieses Vermögen bei einem angenommenen Sparzins von 6 Prozent anzusparen, muss Ute ab heute monatlich 697 Euro sparen. Hat Ute allerdings schon Anlageprodukte, die ein Vermögen von 200 000 Euro auszahlen, so ist sie für ihr heutiges Nettoeinkommen ausreichend abgesichert. Hat sie lediglich 100 000 Euro Auszahlung zum 66. Lebensjahr, so halbiert sich die Sparrate auf rund 350 Euro.

Beispielfall 19 und 20:

Walter und Renate K.
53 und 50 Jahre
verheiratet
3 Kinder
2 250 Euro netto

Persönliche Angaben

Walter, 53 Jahre, und Renate K., 50 Jahre, zahlen schon seit der Ausbildung in die Rentenkasse ein. Walter ist Krankenpfleger und zahlt hier seit dem 14. Lebensjahr durchgehend seine Rentenversicherungsbeiträge. Er war nie arbeitslos. Renate zahlt seit dem 17. Lebensjahr in die Rentenkasse ein. Zwischendurch war Sie ca. 19 Jahre zur Erziehung der drei Kinder im Mutterschutz und als Hausfrau tätig. Zudem war sie auch für wenige Monate arbeitslos gemeldet. Zurzeit zahlt sie nicht mehr in die Rentenkasse ein, da sie sich selbstständig gemacht hat. Von dem Familiennettoeinkommen steuert sie durch die Selbstständigkeit rund 250 Euro hinzu. Den Rest von 2 000 Euro netto verdient Walter als Krankenpfleger.

Zurzeit leben sie in einem Einfamilienhaus. Bis zum Rentenalter sollen die Darlehen für das Haus vollständig zurückgezahlt sein. Das Haus soll als Altersvorsorge genutzt werden. Zuletzt wurden einige Lebensversicherungen verkauft, um ein neues Auto anzuschaffen, sowie um einen größeren Teil der Darlehen abzulösen. Weitere Altersvorsorgeprodukte haben Walter und Renate K. nicht. Walter entnimmt aus der Renteninformation, dass er dadurch doch recht gut aufgestellt ist, so vermutet er zumindest.

Die Renteninformation

Rente wegen voller Erwerbsminderung
Wären Sie heute wegen gesundheitlicher Einschränkungen voll erwerbsgemindert, bekämen Sie von uns eine monatliche Rente von: **1.882,61 EUR**

Höhe Ihrer künftigen Regelaltersrente
Ihre bislang erreichte Rentenanwartschaft entspräche nach heutigem Stand einer monatlichen Rente von: **1.719,97 EUR**
Sollten bis zur Regelaltersgrenze Beiträge wie im Durchschnitt der letzten fünf Kalenderjahre gezahlt werden, bekämen Sie ohne Berücksichtigung von Rentenanpassungen von uns eine monatliche Rente von: **2.548,83 EUR**

Rentenanpassung
Aufgrund zukünftiger Rentenanpassungen kann die errechnete Rente in Höhe von 2.548,83 EUR tatsächlich höher ausfallen. Allerdings können auch wir die Entwicklung nicht vorhersehen. Deshalb haben wir - ohne Berücksichtigung des Kaufkraftverlustes - zwei mögliche Varianten für Sie gerechnet. Beträgt der jährliche Anpassungssatz 1 Prozent, so ergäbe sich eine monatliche Rente von etwa 2.900 EUR. Bei einem jährlichen Anpassungssatz von 2 Prozent ergäbe sich eine monatliche Rente von etwa 3.290 EUR.

Abbildung 9.19 Auszug aus der Renteninformation von Walter K. aus dem Jahr 2007.

Rente wegen voller Erwerbsminderung
Wären Sie heute wegen gesundheitlicher Einschränkungen voll erwerbsgemindert, bekämen Sie von uns eine monatliche Rente von: **580,57 EUR**

Höhe Ihrer künftigen Altersrente
Ihre bislang erreichte Rentenanwartschaft entspräche zum 65. Lebensjahr nach heutigem Stand einer monatlichen Altersrente von: **353,17 EUR**
Sollten bis zu Ihrem 65. Lebensjahr Beiträge wie im Durchschnitt der letzten fünf Kalenderjahre gezahlt werden, bekämen Sie ohne Berücksichtigung von Rentenanpassungen von uns eine monatliche Altersrente von: **626,84 EUR**

Rentenanpassung
Aufgrund zukünftiger Rentenanpassungen kann die errechnete Altersrente in Höhe von 626,84 EUR tatsächlich höher ausfallen. Allerdings können auch wir die Entwicklung nicht vorhersehen. Deshalb haben wir - ohne Berücksichtigung des Kaufkraftverlustes - zwei mögliche Varianten für Sie gerechnet. Beträgt der jährliche Anpassungssatz 1 Prozent, so ergäbe sich ab dem 65. Lebensjahr eine monatliche Rente von etwa 730 EUR. Bei einem jährlichen Anpassungssatz von 2 Prozent ergäbe sich eine monatliche Rente von etwa 860 EUR.

Abbildung 9.20 Auszug aus der Renteninformation von Renate K. aus dem Jahr 2007.

Walter K. hat die höchste Rentenangabe in allen unseren Beispielfällen. Das liegt an der durchgehenden Einzahlung in die Rentenkasse seit dem 14. Lebensjahr. Er kann deshalb auch schon mit dem 65. Lebensjahr in Rente gehen, da er mehr als 45 Jahre in die Rentenkasse eingezahlt hat. Normalerweise müssen Geburtenjahrgänge von 1955 neun Monate länger arbeiten. Renate muss bis zum 66. Lebensjahr arbeiten, da sie im Jahr 1958 geboren ist und keine 45 Jahre in die Rentekasse eingezahlt hat. 1958er Jahrgänge erhalten seit der jüngsten Anhebung der Regelarbeitszeit ihre Regelaltersrente genau mit dem 66. Lebensjahr.

Renten-Check bei Renteneintrittsalter 65/66

Da zwischen dem Beginn der Regelaltersrente von Renate und Walter K. 4 Jahre liegen, sollten wir die Fälle einzeln betrachten.

Walter K.:

Wir gehen erst auf Walter K. ein. Er hat ein Nettoeinkommen von 2 000 Euro, worauf sich die Rentenlücke bezieht. Nehmen wir wiederum als Erstes eine Inflation von drei Prozent an.

Rentenanpassungssatz (in Prozent)	Rente lt. DRV (in Euro)	DRV-Rente mit der heutigen Kaufkraft (in Euro)	Rentenlücke (in Euro)
0	2 549	1 788	212
1	2 900	2 034	keine
2	3 290	2 308	keine

Tabelle 9.82 Renteneintrittsalter 65. Lebensjahr, Inflationsrate 3 %, monatliches Einkommen 2 000 Euro

Liegt die Inflation bei 3 Prozent, so hat Walter zum Renteneintritt in 12 Jahren lediglich eine Rentenlücke bei einem Rentenanpassungssatz von null Prozent. Schauen wir uns nun die Rentenlücke bei einer Inflation von zwei Prozent an.

Rentenanpassungssatz (in Prozent)	Rente lt. DRV (in Euro)	DRV-Rente mit der heutigen Kaufkraft (in Euro)	Rentenlücke (in Euro)
0	2 549	2 010	keine
1	2 900	2 287	keine
2	3 290	2 594	keine

Tabelle 9.83 Renteneintrittsalter 65. Lebensjahr, Inflationsrate 2 %, monatliches Einkommen 2 000 Euro

Bei einer Inflation von zwei Prozent hat Walter keine Rentenlücke zu befürchten.

Renate K.:

Renate hat zurzeit aus der Selbstständigkeit ein Nettoeinkommen von 250 Euro. Sie wird erst mit dem 66. Lebensjahr in Rente gehen, also in 16 Jahren. Basierend auf dem jetzigen Einkommen schauen wir uns die Rentenlücken bei drei Prozent an.

Rentenanpassungssatz (in Prozent)	Rente lt. DRV (in Euro)	DRV-Rente mit der heutigen Kaufkraft (in Euro)	Rentenlücke (in Euro)
0	627	391	keine
1	730	455	keine
2	860	536	keine

Tabelle 9.84 Renteneintrittsalter 66. Lebensjahr, Inflationsrate 3 %, monatliches Einkommen 250 Euro

Möchte Renate eine Rente von heutiger Kaufkraft über 250 Euro erhalten, so wird selbst bei einer Inflation von 3 Prozent keine Rentenlücke gegeben sein. Sie wird sogar wahrscheinlich eine um 140 Euro höhere Rente nach heutiger Kaufkraft erwarten können.

Rentenanpassungs-satz (in Prozent)	Rente lt. DRV (in Euro)	DRV-Rente mit der heutigen Kaufkraft (in Euro)	Rentenlücke (in Euro)
0	627	457	keine
1	730	532	keine
2	860	626	keine

Tabelle 9.85 Renteneintrittsalter 66. Lebensjahr, Inflationsrate 2 %, monatliches Einkommen 250 Euro

Auch bei einer Inflation von zwei Prozent ist keine Rentenlücke vorhanden.

Zusammenfassung

Gehen beide Personen mit Regelarbeitszeit in Rente, so sind folgende Renten nach heutiger Kaufkraft zu erwarten:

	Inflation	
Rentenanpassung	2 %	3 %
0 %	2 467 Euro	2 179 Euro
1 %	2 819 Euro	2 489 Euro
2 %	3 220 Euro	2 844 Euro

Tabelle 9.86 Addierte Renten zum Rentenbeginn nach heutiger Kaufkraft

Es besteht somit nur eine geringe Rentenlücke bei einer Inflation von 3 Prozent und keiner Rentenanpassung. Diese Zahlen basieren zumindest auf den Rentenbeginn. Doch wie sieht es aus, wenn die Inflation auch bis zum Rentenende berücksichtigt wird. Denken Sie daran, dass auch in der Rentenzeit die Inflation an der Kaufkraft der Rente nagt. Heutige Rentner bekommen es schon zu spüren, da es in den letzten Jahren Nullrunden für Rentner gegeben hat. Die Rentner konnten sich einfach weniger von ihrer Rente leisten. Der Unmut ist hier verständlich.

Zurück zum obigem Fall: Nehmen wir hier an, die Renten von Walter und Renate werden über 25 Jahre ausgezahlt, also bis zum 90., bzw. 91. Lebensjahr. Wie hoch ist die Kaufkraft der Renten im letzten Jahr?

	Inflation	
Rentenanpassung	**2%**	**3%**
0%	1 504 Euro	1 178 Euro
1%	2 204 Euro	1 525 Euro
2%	3 220 Euro	2 228 Euro

Tabelle 9.87 Addierte Renten zum Rentenende nach heutiger Kaufkraft

Sollten von heute an durchgehend keine weiteren Rentenanpassungen erfolgen und eine Inflation von drei Prozent gelten, so hat die letzte Rente einen Wert von heute 1 178 Euro.

Sollte von heute an jährlich eine Rentenanpassung von einem Prozent erfolgen und eine Inflation von zwei Prozent zu tragen kommen, so beträgt die letzte Rentenzahlung einer heutigen Kaufkraft von 2 204 Euro.

Renten-Check bei Renteneintrittsalter 63

Walter und Renate könnten zum 63. Lebensjahr in Frührente gehen. Gerade Walter, der mit dem 63. Lebensjahr schon 49 Jahre in die Rentenkasse gezahlt hat, könnte schon ein früheres Arbeitsende wünschen.

Walter:

Normalerweise liegt der Abschlag bei Frührente mit dem 63. Lebensjahr bei 14,4%. Das gilt jedoch nur für die Rente zum 67. Lebensjahr. Da Walter mit 65 seine Regelaltersgrenze erreicht, halbieren wir den Abschlag auf 7,2 Prozent. Gehen wir erst auf die Berechnung bei einer Inflation von drei Prozent ein.

Rentenanpas-sungssatz (in Prozent)	Rente lt. DRV (in Euro)	Rente nach Abschlag (in Euro)	DRV-Rente mit der heutigen Kaufkraft (in Euro)	Rentenlücke (in Euro)
0	2 549	2 365	1 760	240
1	2 900	2 691	2 002	keine
2	3 290	3 053	2 272	keine

Tabelle 9.88 Renteneintrittsalter 63. Lebensjahr, Abschlag 7,2 %, Inflationsrate 3 %, monatliches Einkommen 2 000 Euro

Auch bei Frührente besteht zu Rentenbeginn eine Rentenlücke von 240 Euro lediglich bei keinem Rentenanpassungssatz. Schauen wir nun auf den Fall bei einer verminderten Inflation von zwei Prozent.

Rentenanpas-sungssatz (in Prozent)	Rente lt. DRV (in Euro)	Rente nach Abschlag (in Euro)	DRV-Rente mit der heutigen Kaufkraft (in Euro)	Rentenlücke (in Euro)
0	2 549	2 365	1 940	60
1	2 900	2 691	2 208	keine
2	3 290	3 053	2 505	keine

Tabelle 9.89 Renteneintrittsalter 63. Lebensjahr, Abschlag 7,2 %, Inflationsrate 2 %, monatliches Einkommen 2 000 Euro

Auch bei einer verminderten Inflation besteht bei lediglich keiner Rentenanpassung eine geringe Rentenlücke von 60 Euro zu Rentenbeginn.

Renate:

Auch bei Renate kürzen wir den Abschlagssatz von 14,4 Prozent. Sie müsste normalerweise bis zum 66. Lebensjahr arbeiten. Wir nehmen einen Abschlag von 10,8 Prozent an.

Rentenanpassungssatz (in Prozent)	Rente lt. DRV (in Euro)	Rente nach Abschlag (in Euro)	DRV-Rente mit der heutigen Kaufkraft (in Euro)	Rentenlücke (in Euro)
0	627	559	380	keine
1	730	651	443	keine
2	860	767	522	keine

Tabelle 9.90 Renteneintrittsalter 63. Lebensjahr, Abschlag 10,8 %, Inflationsrate 3 %, monatliches Einkommen 250 Euro

Rentenanpassungssatz (in Prozent)	Rente lt. DRV (in Euro)	Rente nach Abschlag (in Euro)	DRV-Rente mit der heutigen Kaufkraft (in Euro)	Rentenlücke (in Euro)
0	627	559	432	keine
1	730	651	503	keine
2	860	767	593	keine

Tabelle 9.91 Renteneintrittsalter 63. Lebensjahr, Abschlag 10,8 %, Inflationsrate 2 %, monatliches Einkommen 250 Euro

Bei Renate besteht auch bei Frührente keine Rentenlücke.

Zusammenfassend kann gesagt werden, dass auch eine Frührente für beide möglich wäre. Die Rentenlücken zum heutigen Einkommen wären dann nur gering. Jedoch ist auch hier wiederum auf die Inflation in der Rentenphase hinzuweisen. Durch den Abschlag könnte sich die Rentenlücke in der Rentenzeit vergrößern, wenn keine Rentensteigerungen erfolgen.

Renten-Check nach Rentenkürzungen

Nun gehen wir auf den negativen Fall ein, dass es in den nächsten Jahren zu Rentenkürzungen kommt. Wie hoch die Renten der beiden bei Rentenbeginn dann nach heutiger Kaufkraft sein werden, stellen wir Ihnen nun dar:

Walter:

		Inflation					
		1,0	1,5	2,0	2,5	3,0	3,5
Rentenanpassung	-1,0	2.005	1.890	1.782	1.680	1.585	1.495
	-1,5	1.887	1.778	1.676	1.581	1.491	1.407
	-2,0	1.775	1.673	1.577	1.487	1.403	1.324
	-2,5	1.669	1.573	1.483	1.399	1.319	1.245
	-3,0	1.570	1.479	1.395	1.315	**1.240**	1.170
	-3,5	1.475	1.390	1.311	1.236	1.166	1.100
	-4,0	1.386	1.306	1.231	1.161	1.095	1.034

Tabelle 9.92 Renten-Check nach der Rentenkürzung durch die Inflationsrate und eine negative Rentenanpassung

Geht Walter von dem negativen Fall aus, dass die Rente bis zum Rentenbeginn um jährlich drei Prozent gekürzt wird und zudem ein Kaufkraftverlust von drei Prozent besteht, sinkt seine Rente auf 1 240 Euro nach heutiger Kaufkraft. Seine Rentenlücke beträgt dann zum 65. Lebensjahr 760 Euro.

Renate:

		Inflation					
		1,0	1,5	2,0	2,5	3,0	3,5
Rentenanpassung	-1,0	455	421	389	360	333	308
	-1,5	420	388	359	332	307	284
	-2,0	387	358	331	306	283	262
	-2,5	357	330	305	282	261	241
	-3,0	328	303	281	259	**240**	222
	-3,5	302	279	258	239	221	204
	-4,0	278	257	238	220	203	188

Tabelle 9.93 Renten-Check nach der Rentenkürzung durch die Inflationsrate und eine negative Rentenanpassung

Geht Renate von einer Inflation von 1,5 Prozent aus und einer negativen Rentenanpassung von minus 1,5 Prozent, so würde Sie nach heutiger Kaufkraft eine Rente von 388 Euro mit dem 66. Lebensjahr erhalten.

Zusammenfassung

Kurz gesagt, in diesem Fall sieht die gesetzliche Rente der beiden gut aus. Voraussetzung hierfür ist, dass Walter bis zum Rentenbeginn weiterhin in die Rentenkasse einzahlt, wie in den vergangenen 5 Jahren. Sollte die Inflation nicht dauerhaft bei 3 Prozent liegen und die Renten nicht gekürzt werden, so können beide den Lebensabend im Eigenheim genießen. Um Mietsteigerungen brauchen sich beide keine Gedanken zu machen, da sie in der eigenen Immobilie wohnen. Einziges Risiko wäre noch der Pflegefall. Hierfür wird dann wahrscheinlich das Haus verkauft werden müssen. Sollte auch die Altersvorsorge nicht reichen, könnte das Haus dafür geopfert werden.

Lösung

Es ist keine Rentenlücke zu erwarten.

Beispielfall 21:

Ruth L.
55 Jahre
verheiratet
2 Kinder
400 Euro netto

Persönliche Angaben

Ruth ist 55 Jahre jung und verheiratet. Vor ca. 16 Jahren kam sie aus dem Ausland nach Deutschland. Sie arbeitet zurzeit in einem Mini-Job. Der Ehemann ist in Vollzeit auf dem Bau tätig. Zusammen haben beide etwa ein Nettoeinkommen von 1 300 Euro.

Auch in diesem Fall betrachten wir nicht den Ehemann, sondern lediglich die Frau. Sie muss bis zum 66. Lebensjahr arbeiten.

Die Renteninformation

Rente wegen voller Erwerbsminderung
Wären Sie heute wegen gesundheitlicher Einschränkungen voll erwerbsgemindert, bekämen Sie von uns eine monatliche Rente von: 461,80 EUR

Höhe Ihrer künftigen Regelaltersrente
Ihre bislang erreichte Rentenanwartschaft entspräche nach heutigem Stand einer monatlichen Rente von: 396,32 EUR
Sollten bis zur Regelaltersgrenze Beiträge wie im Durchschnitt der letzten fünf Kalenderjahre gezahlt werden, bekämen Sie ohne Berücksichtigung von Rentenanpassungen von uns eine monatliche Rente von: 489,17 EUR

Rentenanpassung
Aufgrund zukünftiger Rentenanpassungen kann die errechnete Rente in Höhe von 489,17 EUR tatsächlich höher ausfallen. Allerdings können auch wir die Entwicklung nicht vorhersehen. Deshalb haben wir - ohne Berücksichtigung des Kaufkraftverlustes - zwei mögliche Varianten für Sie gerechnet. Beträgt der jährliche Anpassungssatz 1 Prozent, so ergäbe sich eine monatliche Rente von etwa 540 EUR. Bei einem jährlichen Anpassungssatz von 2 Prozent ergäbe sich eine monatliche Rente von etwa 600 EUR.

Abbildung 9.21 Auszug aus der Renteninformation von Ruth L. aus dem Jahr 2007.

Renten-Check bei Renteneintrittsalter 66

Machen wir nun den Renten-Check für Ruth, wenn bis zum Rentenbeginn eine Inflation von 3 Prozent gegeben ist.

Rentenanpassungssatz (in Prozent)	Rente lt. DRV (in Euro)	DRV-Rente mit der heutigen Kaufkraft (in Euro)	Rentenlücke (in Euro)
0	489	353	47
1	540	390	10
2	600	433	keine

Tabelle 9.94 Renteneintrittsalter 66. Lebensjahr, Inflationsrate 3%, monatliches Einkommen 400 Euro

Möchte Ruth ihr jetziges Nettoeinkommen auch im Rentenalter erhalten, so hat sie eine Rentenlücke von 47 Euro bei einer Inflation von 3 Prozent und keiner Rentenanpassung. Diese Werte zählen jedoch nur bis zum Rentenbeginn.

Rentenanpassungs-satz (in Prozent)	Rente lt. DRV (in Euro)	DRV-Rente mit der heutigen Kaufkraft (in Euro)	Rentenlücke (in Euro)
0	489	393	7
1	540	434	keine
2	600	483	keine

Tabelle 9.95 Renteneintrittsalter 66. Lebensjahr, Inflationsrate 2%, monatliches Einkommen 400 Euro

Bei einer Inflation von zwei Prozent besteht nur bei keiner Rentenanpassung eine nicht nennenswerte Rentenlücke.

Renten-Check bei Renteneintrittsalter 63

Ruth könnte ebenso in Frührente mit dem 63. Lebensjahr gehen. Hier wird sie jedoch Abschläge von 10,8% hinnehmen müssen. Wie stellt sich dann mit dem 63. Lebensjahr ihre Rentenlücke dar? Als Erstes gehen wir wiederum auf einen Kaufkraftverlust von 3 Prozent ein.

Rentenanpassungssatz (in Prozent)	Rente lt. DRV (in Euro)	Rente nach Abschlag (in Euro)	DRV-Rente mit der heutigen Kaufkraft (in Euro)	Rentenlücke (in Euro)
0	489	436	344	56
1	540	482	380	20
2	600	535	422	keine

Tabelle 9.96 Renteneintrittsalter 63. Lebensjahr, Abschlag 10,8%, Inflationsrate 3 Prozent, monatliches Einkommen 400 Euro

Ist mit einem Kaufkraftverlust in den nächsten 8 Jahren von drei Prozent zu rechnen, so vergrößert sich die Rentenlücke von Ruth bei Frührente um ca. 10 Euro.

Rentenanpassungssatz (in Prozent)	Rente lt. DRV (in Euro)	Rente nach Abschlag (in Euro)	DRV-Rente mit der heutigen Kaufkraft (in Euro)	Rentenlücke (in Euro)
0	489	436	372	28
1	540	482	411	keine
2	600	535	457	keine

Tabelle 9.97 Renteneintrittsalter 63. Lebensjahr, Abschlag 10,8%, Inflationsrate 2%, monatliches Einkommen 400 Euro

Besteht ein Kaufkraftverlust hingegen in den nächsten 8 Jahren von zwei Prozent, so vergrößert sich die Rentenlücke bei Frührente um 20 Euro heutiger Kaufkraft.

Renten-Check nach Rentenkürzungen

Ruth sollte ebenso beachten, dass in der nächsten Wirtschaftsflaute Rentenkürzungen die Folge sein könnten. Schauen Sie auf die nachfolgende Tabelle, bei welchen Rentenkürzungen und Inflationssätzen Ruth welche Rente nach heutiger Kaufkraft zum 66. Lebensjahr erhält.

		Inflation					
		1,0	1,5	2,0	2,5	3,0	3,5
Rentenanpassung	-1,0	392	372	352	334	316	300
	-1,5	371	352	333	316	299	284
	-2,0	351	332	315	298	283	268
	-2,5	332	314	298	282	267	254
	-3,0	314	297	281	267	253	240
	-3,5	296	281	266	252	239	226
	-4,0	280	265	251	238	225	214

Tabelle 9.98 Renten-Check nach der Rentenkürzung durch die Inflationsrate und eine negative Rentenanpassung

Geht Ruth von einer Inflation von 2,5 Prozent und einer Rentenanpassung von minus 1,5 Prozent aus, so erhält sie lediglich eine Rente von 316 Euro nach heutiger Kaufkraft. Die Rentenlücke besteht somit bei 84 Euro.

Zusammenfassung

Ruth kann von Rentenlücken um die 50 Euro ausgehen, sollte die Inflation auf dem gleichen Niveau, wie im Jahr 2007/2008 liegen. Die Rentenlücke bezieht sich lediglich auf dem jetzigen Nettoeinkommen von 400 Euro. Sollte keine nennenswerte Rente des Mannes zur Erhöhung beitragen, so wird das Ehepaar unter dem Sozialhilfesatz liegen. Geht Ruth in Frührente, so erhöht sich die Rentenlücke um 10 Euro.

Lösung

Um die Rentenlücke von 50 Euro heutiger Kaufkraft zu Rentenbeginn zu schließen, muss sie sich in 11 Jahren eine Rente von 70 Euro auszahlen lassen. Liegt die Rentendauer bei 25 Jahren, so muss sie ein Vermögen von rund 13 000 Euro bei einem Rentenauszahlungszins von 4,5 Prozent besitzen. Mit diesem Vermögen kann Sie sich bei diesem Zins 70 Euro monatlich auszahlen lassen. Um das Vermögen bei einem Ansparzins von 6 Prozent zu erreichen, müsste sie monatlich 70 Euro in den nächsten 11 Jahren zur Seite legen.

Auswertung der Ergebnisse

Allgemeines

Es wurden 20 Personen in 17 Familien untersucht. Davon sind fünf Personen ledig und fünfzehn verheiratet. Das Durchschnittsalter der untersuchten Personen liegt bei 42 Jahre und streut zwischen dem 27. und 55. Lebensjahr.

Das monatliche Durchschnittsnettoeinkommen der Personen liegt bei 2 316,65 Euro, wobei das geringste Einkommen bei 250

Euro und das höchste bei 7100 Euro liegt. Damit ergibt sich die folgende Aufschlüsselung des Einkommens:

Einkommen netto	Anzahl der untersuchten Personen
< 1000 Euro	4
1000 bis 1500 Euro	4
1500 bis 2000 Euro	3
2000 bis 3000 Euro	4
3000 bis 4000 Euro	2
> 4000 Euro	3

Tabelle 9.98 Aufschlüsselung der untersuchten Personen nach Einkommen

Dass die Rentenkassen leer sind und auch die demografische Entwicklung schlecht ist, zeigen auch die untersuchten Personen, sieht man deren durchschnittliche Kinderzahl an. Diese liegt bei 0,89 Kindern. Bei den unter 40-Jährigen liegt sie bei 0,89 und bei den über 40-Jährigen bei durchschnittlich 1,38 Kindern pro Familie.

Detaillierte Ergebnisse

Damit Sie einen guten Überblick über die obigen Ergebnisse bekommen, möchten wir Ihnen nun eine Zusammenfassung der einzelnen Rentenlücken, Renten und Sparraten geben.

Thema: Rentenhochrechnung

Die Hochrechnung der Rente auf das 65. bzw. 67. Lebensjahr sollte zeigen, mit welcher Rente man rechnen kann. Das ist jedoch schon sehr umstritten, da ein regelmäßiger Rentenanpassungssatz von durchschnittlich 1 oder gar 2 Prozent in der Zukunft nicht erreicht werden kann. Bei unseren 20 Personen wurden folgende Rentenhochrechnungen aus den Renteninformationen entnommen:

Rente ohne Rentenanpassungssatz	Anzahl der Auswertungen
< 1000 Euro	7
1000 bis 1300 Euro	1
1300 bis 1600 Euro	6
1600 bis 2000 Euro	6
> 2000 Euro	1

Tabelle 9.99 Auswertung der Rentenhochrechnungen nach untersuchten Personen

Wie die Tabelle 9.103 zeigt, ist für die kommenden Vergleiche ein ausgeglichenes Verhältnis gegeben. Die oben genannten Renten sind jedoch sehr hoch, die Kaufkraftverluste wurden noch nicht berücksichtigt.

Betrachten die Renteninformationsempfänger die obigen Renten ohne Kaufkraftverlust, so werden Sie auf folgende Rentenlücken kommen. Die Rentenlücke wird folgendermaßen berechnet:

Nettoeinkommen – Hochgerechnete Rente der DRV

Gehen wir im ersten Kreisdiagramm auf die Rentenlücke ein, die sich bei einer Rentenanpassung von null Prozent bei den 19 Personen/Familien ergibt.

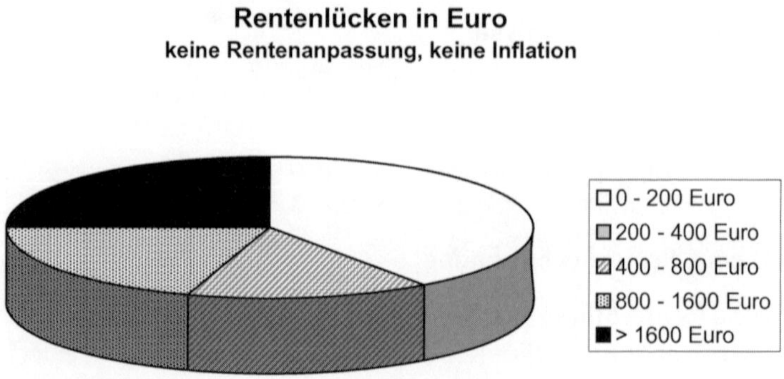

Abbildung 9.22 Rentenlücken in Euro, keine Rentenanpassung, keine Inflation

Die Rentenlücken sind sehr ausgeglichen. Es ist jedoch zu erkennen, dass bei rund einem Drittel der Personen eine Rentenlücke von 0–200 Euro besteht. Ein Viertel der Personen wird eine Rentenlücke von über 1 600 Euro haben. Das Einkommen dieser Personen liegt jedoch meist im oberen Sektor. Rechnen die Renteninformationsempfänger mit einer Rentenanpassung von 1,5 bzw. einem Prozent, so verringern sich die Rentenlücken noch weiter.

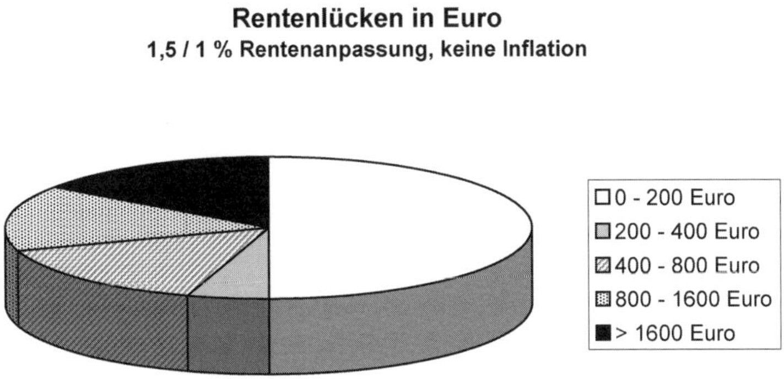

Abbildung 9.23 Rentenlücken in Euro, 1,5 %/1 % Rentenanpassung, keine Inflation

Verwendung in Vorträgen, Büchern oder Artikeln nur mit schriftlicher Genehmigung der Autoren.

Hier hat die Hälfte der Empfänger eine Rentenlücke von 0 bis 200 Euro. Das »falsche Bild« wird noch deutlicher, wenn von einer Rentenanpassung von 2,5 bzw. zwei Prozent ausgegangen wird.

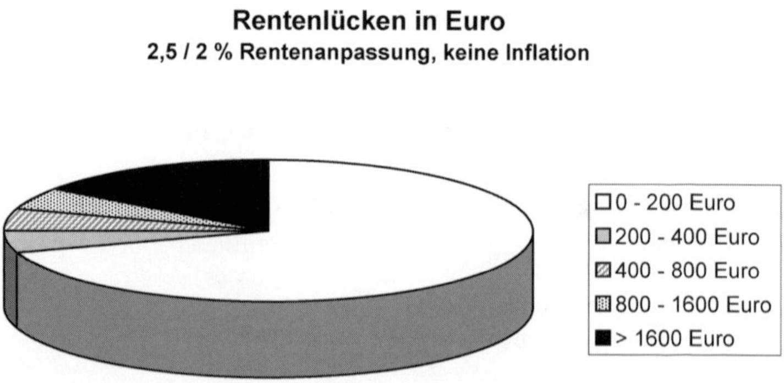

Abbildung 9.24 Rentenlücken in Euro, 2,5%/2% Rentenanpassung, keine Inflation

Zwei Drittel der Personen würden demnach nur eine Rentenlücke von 0 bis 200 Euro haben.

Fatal an allen Zahlen ist, dass es die Zahlen der ersten Seite der Renteninformation sind. Gehen Sie als Rentenempfänger bei der Berechnung der Rentenlücke von einer Inflation von null Prozent aus, so werden Sie sich in Sicherheit wiegen. In falscher Sicherheit, die zu fatalen Auswirkungen im Alter führt! Sie werden wenig für das Alter sparen und dadurch droht Ihnen die Altersarmut!

Thema: Inflation

Glücklicherweise sind in den jetzigen Renteninformationen Hinweise zur Inflation gegeben. Hier wird der Kaufkraftverlust bis zum Rentenbeginn von 100 Euro Rente dargestellt. Wie schon im Teil 1 des Buches bemängelt, wird die Inflation als zu gering angenommen. Zudem muss hier noch eigenhändig von Ihnen berechnet werden, in welcher Höhe sie sich auf Ihre Rente auswirkt. Haben Sie diese Berechnung schon durchgeführt? Für unsere 20 Personen/Familien haben wir diese Berechnung vollzogen und bei einer realistischen Inflationsrate von zwei und drei Prozent berechnet. Schauen wir uns die hochgerechneten Renten der DRV nach Inflation an. Wir nehmen hier keine Rentenanpassungen an.

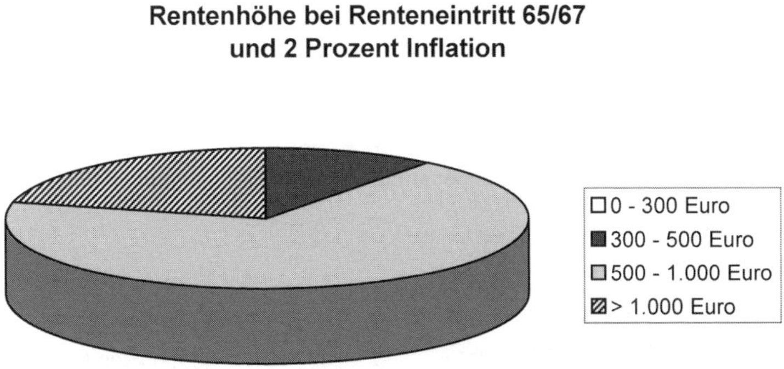

Abbildung 9.25 Rentenhöhe bei Renteneintritt 65/67 und 2 % Inflation

Bei einer angenommenen Inflation von zwei Prozent und keinen Rentenerhöhungen bis zum Rentenalter, wird die Mehrheit mit einer Rente von 500 bis 1 000 Euro heutiger Kaufkraft auskommen müssen. Die Inflationsrate liegt derzeit bei über drei Prozent. Auch hier sollten wir darstellen, wie sich die Renten nach heutiger Kaufkraft ändern.

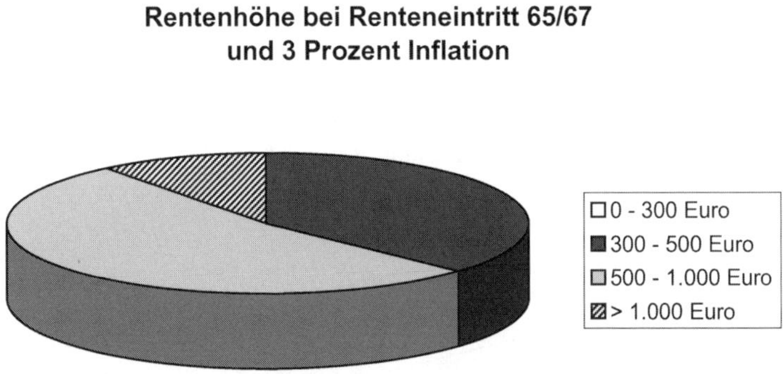

Abbildung 9.26 Rentenhöhe bei Renteneintritt 65/67 und 3 % Inflation

Gehen die 20 Personen von einer Inflation von drei Prozent aus, so wird rund die Hälfte mit einer Rente von 500 bis 1 000 Euro auskommen müssen. Nahe dem Existenzminimum mit einer Rente von 300 bis 500 Euro liegen rund ein Drittel der Personen.

Nun schauen wir nochmals auf die Rentenlücken, die bei der Inflationsannahme bei den 20 Personen entsteht. Hier erst die Grafik für die Inflationsannahme von zwei Prozent.

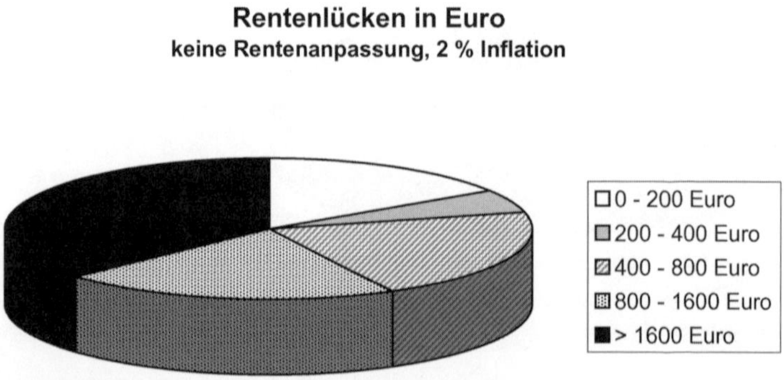

Abbildung 9.27 Rentenlücken in Euro, keine Rentenanpassung, 2 % Inflation

Vergleichen Sie diese Grafik nun mit den Rentenlücken ohne Inflationsannahme, so werden Sie feststellen, dass sich die Rentenlücken erheblich erhöht haben. Nun zu den Rentenlücken bei einer Inflation von drei Prozent.

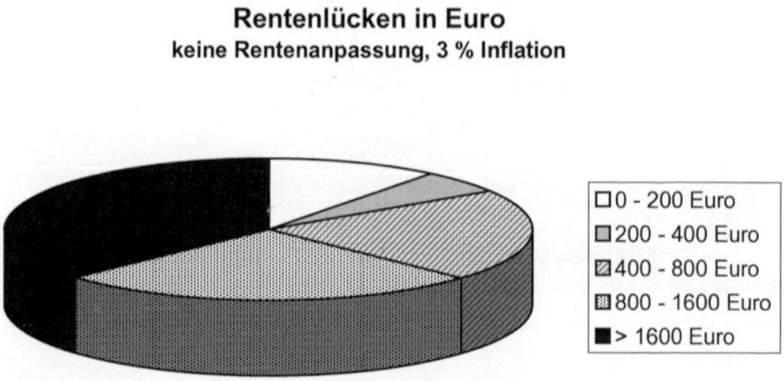

Abbildung 9.28 Rentenlücken in Euro, keine Rentenanpassung, 3 % Inflation

Bei einer angenommenen Inflation hat mehr als drei Viertel der 20 Personen/Familien eine Rentenlücke, die mehr als 500 Euro beträgt. Mehr als die Hälfte der Personen hat eine Rentenlücke größer als 1 000 Euro. Diese Zahlen sollten Ihnen Kopfzerbrechen bereiten.

Nehmen Sie die Inflation ernst! Sprechen Sie mit einem Finanzberater, so sollte er eine realistische Inflation annehmen können und Ihre staatliche Rente nach heutiger Kaufkraft berechnen. Hieran erkennen Sie qualifizierte Finanzberater. Dieser muss in der Lage sein, solche Berechnungen durchzuführen. Weitere wichtige Fragen, anhand derer Sie qualifizierte Berater erkennen können, finden Sie in dem Kapitel Rentenlüge, Rentenlücke, Finanzberater, Finanzrater®.

Thema: Weitere Rentenlücken

Obige Rentenlücken berücksichtigen keine Rentensteigerungen. Im Folgenden erhalten Sie ausgewählte Diagramme, die darüber informieren, wie hoch bei unseren 20 Personen/Familien die Rentenlücken in Anbetracht von Inflation und Rentensteigerungen ausfallen. Damit ein reales Bild entsteht, werden zudem die Rentenlücken ins Verhältnis zum Nettoeinkommen gesetzt.

Sehen wir uns den optimalen Fall an, nämlich mit einer Rentenanpassung von 2,5/2 Prozent jährlich und einer Inflation von zwei Prozent. Die Rentenlücken stellen sich dann wie folgt dar:

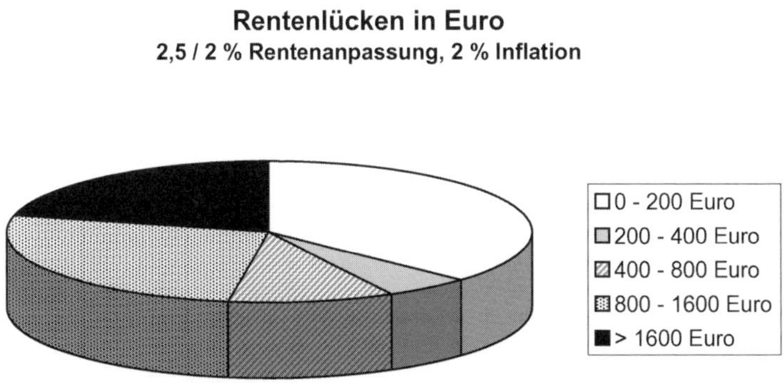

Abbildung 9.29 Rentenlücken in Euro, 2,5/2 % Rentenanpassung, 2 % Inflation

Es fällt auf, dass über die Hälfte der Personen eine Rentenlücke von mindestens 400 Euro haben. Gehen wir nun darauf ein, wie hoch die Rentenlücken jeweils prozentual auf das Nettoeinkommen der Personen/Familien aufzuteilen sind.

Abbildung 9.30 Rentenlücke im Verhältnis zum Nettoeinkommen, 2% Inflation, Renteneintritt 65/67, 2,5/2% Rentenanpassung

Über die Hälfte der Personen hat mindestens eine Rentenlücke von mehr als 20 Prozent. Das bedeutet, dass bei mehr als der Hälfte der Personen später die Rente um 20 Prozent geringer sein wird als es ihr jetziges Einkommen ist. Sehen Sie zurzeit obige Zahlen von zwei Prozent Inflation und einer Rentenanpassung von zwei Prozent zu unrealistisch an? Dann sollten Sie einen Blick auf die nächste Grafik werfen. Hier gehen wir von dem Fall aus, wenn lediglich eine jährliche Rentenanpassung von einem Prozent erfolgt und ein Kaufkraftverlust von drei Prozent in den nächsten Jahren gegeben ist.

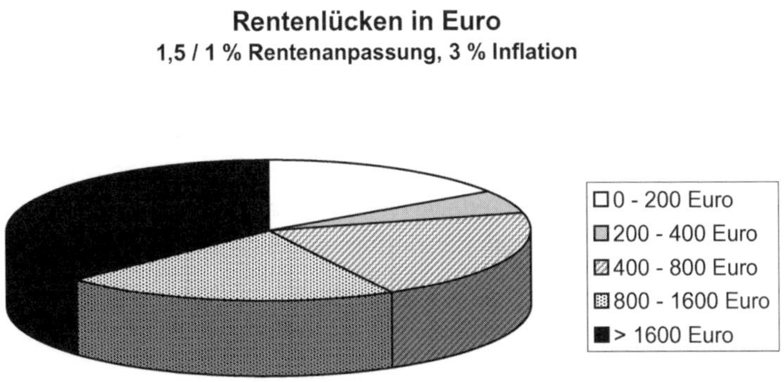

Abbildung 9.31 Rentenlücken in Euro, 1,5/1 % Rentenanpassung, 3 % Inflation

Hier verschlechtern sich die Zahlen noch mehr. Rund ein Drittel der Personen hat eine Rentenlücke von über 1 600 Euro. Drei Viertel der Personen muss mit einer höheren Rentenlücke als 400 Euro zum jetzigen Nettoeinkommen rechnen. Prozentual zum Nettoeinkommen ergibt sich folgendes Bild der Rentenlücken.

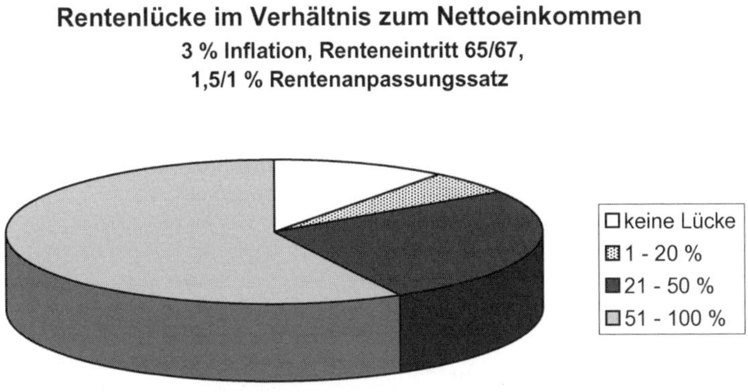

Abbildung 9.32 Rentenlücke im Verhältnis zum Nettoeinkommen, 3 % Inflation, Renteneintritt 65/67, 1,5/1 % Rentenanpassungssatz

Mehr als die Hälfte der Personen hat als Rentner in diesem Szenario ein um 50 Prozent geringeres Nettoeinkommen in der Tasche.

Übrigens: Obiges Bild ergibt sich in etwa auch, wenn wir keine Rentenanpassung annehmen, bei einer Inflation von lediglich zwei Prozent.

Gehen wir nun auf den schlechtesten Fall der Renteninformation ein. Es wird keine Rentenanpassung in den nächsten Jahren angenommen, dafür ist jedoch ein Kaufkraftverlust von drei Prozent gegeben. Folgende Rentenlücken entstehen.

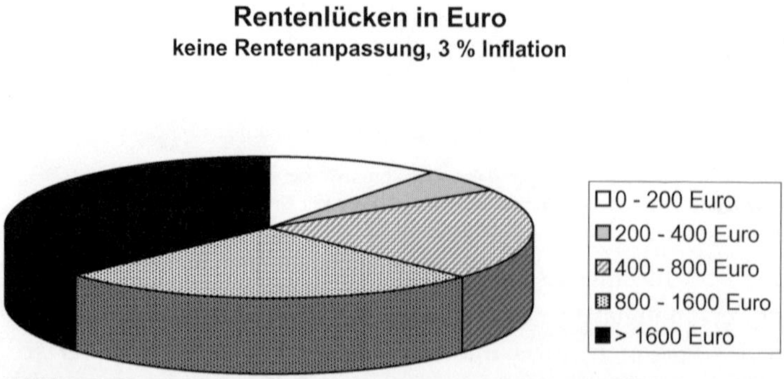

Abbildung 9.33 Rentenlücken in Euro, keine Rentenanpassung, 3% Inflation

Obige Grafik haben Sie schon im vorigen Thema kennen gelernt. Stellen wir diese Rentenlücken dem Nettoeinkommen der Personen gegenüber:

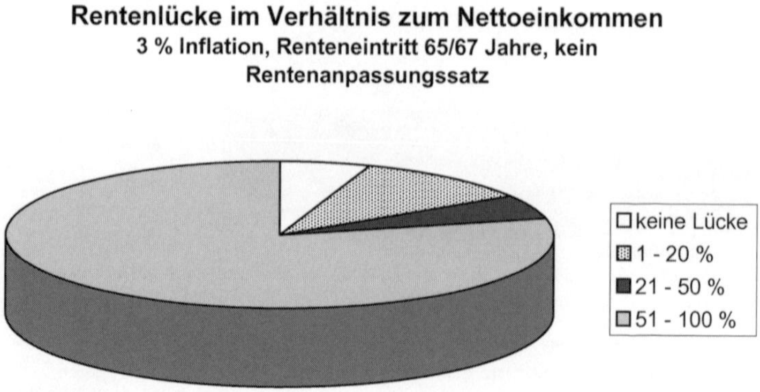

Abbildung 9.34 Rentenlücke im Verhältnis zum Nettoeinkommen, 3% Inflation, Renteneintritt 65/67 Jahre, kein Rentenanpassungssatz

In diesem Fall haben drei Viertel unserer Personen/Familien ein um mehr als 50 Prozent geringeres Nettoeinkommen im Alter. Spätestens diese Zahlen sollten Ihnen Anlass zur Besorgnis geben. Prüfen Sie nun Ihre DRV-Renteninformation.

Die Rentenlücken in den verschiedenen Szenarien zeigen ein klares Bild. Es ist bei den meisten Personen mit Einkommenseinbußen im Alter zu rechnen. Die Inflation, die zurzeit auf Höchstniveau liegt, senkt die Kaufkraft der Renten erheblich.

Thema: Frührente

Die vorangegangenen Themen gehen davon aus, dass die Personen die Regelarbeitszeit bis zu ihrem 65./67. Lebensjahr erreichen. Schauen wir uns nun eine Zusammenfassung der Ergebnisse für unsere Personen/Familien an, wenn diese in Frührente mit dem 62/63 Lebensjahr gehen. Sind dadurch weitere Einschnitte hinzunehmen?

Gehen wir auf die Rentenhöhe der heutigen Kaufkraft ein, bei einem Renteneintritt mit 62/63 und einem Kaufkraftverlust von zwei Prozent, wenn keine Rentensteigerungen in den nächsten Jahren erfolgen.

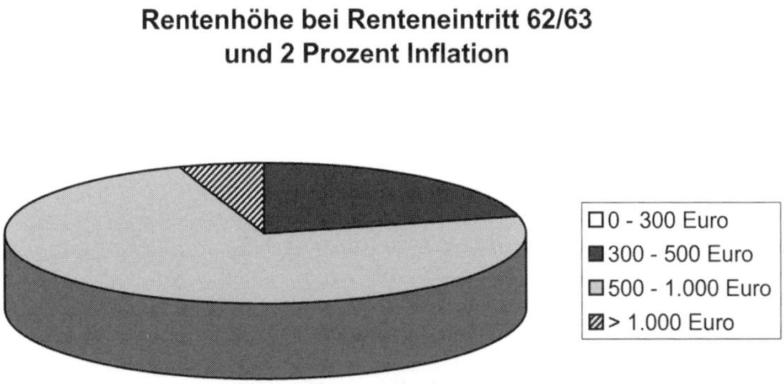

Abbildung 9.35 Rentenhöhe bei Renteneintritt mit 62/63 Jahren und 2% Inflation

Es ist ersichtlich, dass rund ein Viertel der Personen mit einer Rente von 300-500 Euro auskommen muss. Drei Viertel der Personen kann sich über eine Rente von 500-1 000 Euro »freuen«, wenn diese in Frührente gehen. Sehen wir uns nun die Frührentenhöhe bei einer Inflation von drei Prozent an

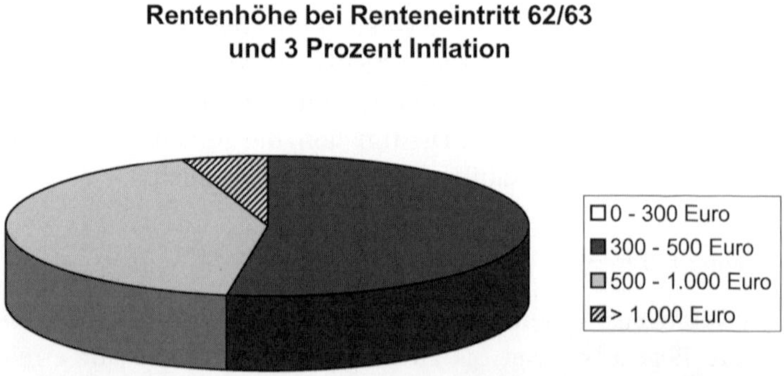

Abbildung 9.36 Rentenhöhe bei Renteneintritt mit 62/63 Jahren und 3% Inflation

Sollte in den nächsten Jahren ein Kaufkraftverlust von über drei Prozent gegeben sein, so liegt die Rente von über der Hälfte der obigen Personen zwischen 300 und 500 Euro mit dem 62./63. Lebensjahr. Ein weiteres Drittel liegt zwischen 500 und 1 000 Euro.

Schauen wir uns hierzu die Rentenlücken prozentual zum heutigen Nettoeinkommen an. Erst der Fall, bei einer Inflation von zwei Prozent und einer Rentenanpassung von 1,5 bzw. einem Prozent.

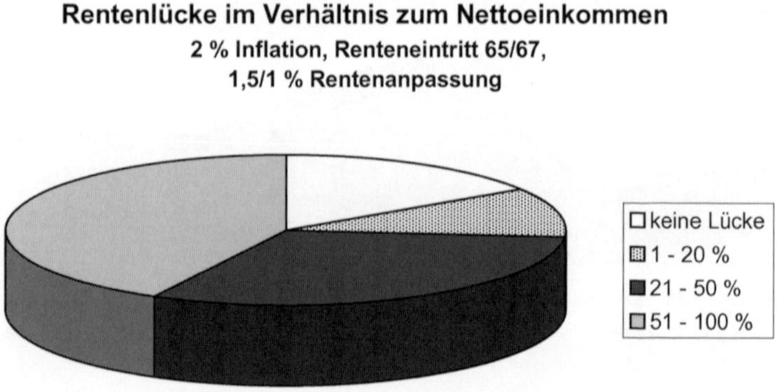

Abbildung 9.37 Rentenlücke im Verhältnis zum Nettoeinkommen, 2% Inflation, Renteneintritt 65/67, 1,5%/1% Rentenanpassung

Rund ein Drittel der Personen müsste im Alter mit mindestens 50 Prozent weniger Nettoeinkommen leben. Ein weiteres Drittel hat zwischen 20 und 50 Prozent weniger. Gehen wir von dem Fall aus, dass keine weiteren Rentenanpassungen erfolgen, und eine Inflation von drei Prozent gegeben ist, verändert sich das Bild wie folgt.

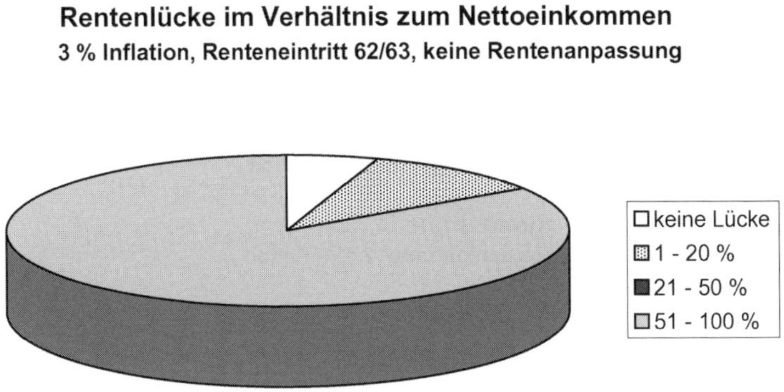

Abbildung 9.38 Rentenlücke im Verhältnis zum Nettoeinkommen, 3% Inflation, Renteneintritt mit 62/63 Jahren, keine Rentenanpassung

Dieser Fall ist nicht unrealistisch. Er trifft aller Voraussicht nach auf die Mehrheit der Rentner zu! Verschweigen uns die Politiker, dass es keine Rentensteigerungen mehr gibt, bleibt die Inflation auf einem Niveau von drei Prozent und wenn Sie vielleicht nicht mehr bis zur Regelaltersgrenze arbeiten können, so ist obiges Bild sehr schnell Realität geworden. Hier müssen rund 80 Prozent dieser Personen mit einer Rentenlücke von über 50 Prozent gegenüber dem heutigen Nettoeinkommen rechnen. Genau genommen liegt der Durchschnitt bei 78 Prozent. 78 Prozent weniger, als ihr heutiges Nettoeinkommen! Führen Sie es sich vor Augen: Sie haben ein Nettoeinkommen von heute 2 000 Euro? 78 Prozent bedeuten 1 560 Euro Abschlag zum heutigen Nettoeinkommen! Könnten Sie mit einer Rente von 440 Euro leben?

Thema: Rentenkürzungen

In letzter Zeit waren Nullrunden die Regel. Nun erfolgt noch in diesem Jahr eine Rentensteigerung. Doch wie lange ist es noch finanzierbar? Es sollte also auch auf Rentenkürzungen eingegangen werden. Entweder erfolgen diese offen, indem einfach die Renten gekürzt werden oder sie erfolgen versteckt. Versteckte Kürzungen wären beispielsweise die Erhöhung des Pflege- oder Krankenversicherungsbeitrags. Schauen wir uns also die Rentenhöhe der obigen 20 Personen/Familien an, wenn die Renten gekürzt werden. Zuerst bei einer Rentenkürzung von 1,5 Prozent jährlich und einem Kaufkraftverlust von zwei Prozent.

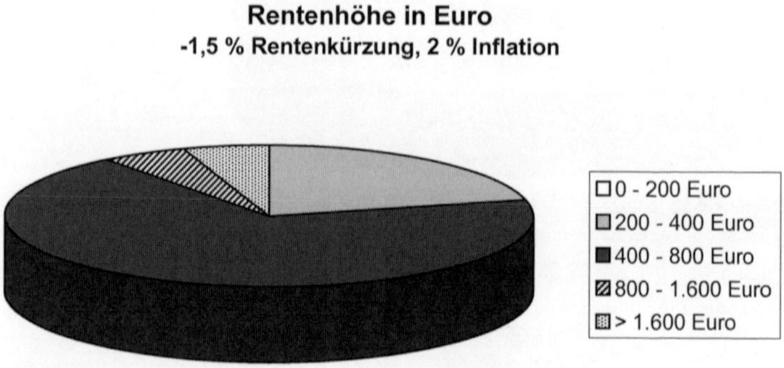

Abbildung 9.39 Rentenhöhe in Euro, -1,5 Prozent Rentenkürzung, 2% Inflation

Die Rentenhöhe liegt hier bei den 20 Personen im größten Teil zwischen 400 und 800 Euro. Bei rund 20 Prozent der Personen liegt ihre Rente jedoch zwischen 200 und 400 Euro. Die Rentenlücken sind dadurch ungemein groß. Schauen wir uns diese im Folgenden an.

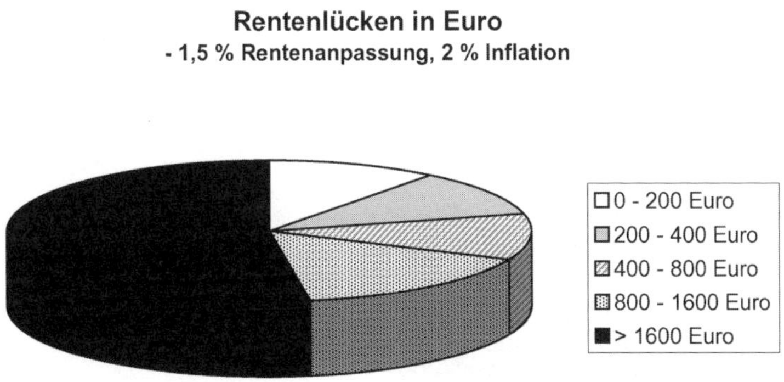

Abbildung 9.40 Rentenlücken in Euro, -1,5% Rentenanpassung, 2% Inflation

Über die Hälfte der Personen hat demnach eine Rentenlücke von über 1 600 Euro. Schauen wir nun auf den negativen, aber durchaus realistischen Fall, wenn die Renten um jährlich 2,5 Prozent gekürzt werden und ein Kaufkraftverlust von drei Prozent besteht.

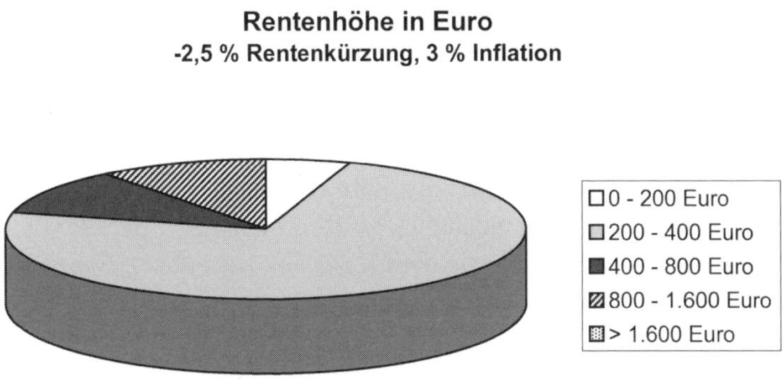

Abbildung 9.41 Rentenhöhe in Euro, -2,5% Rentenkürzung, 3% Inflation

Hier müssten rund drei Viertel der obigen 20 Personen von einer Rente zwischen 200 und 400 Euro leben. Die Rentenlücken vergrößern sich in diesem Szenario umso mehr.

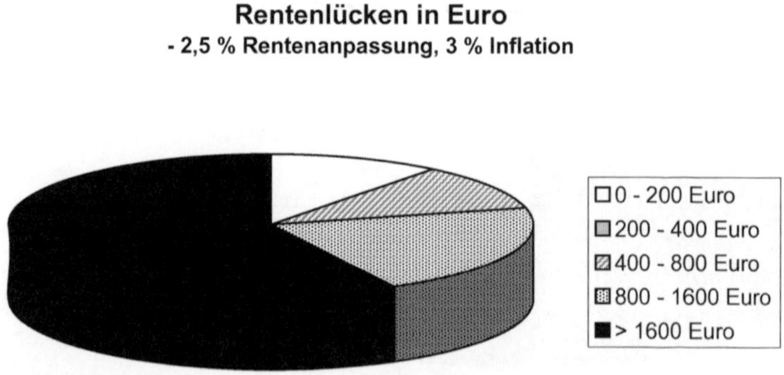

Abbildung 9.42 Rentenlücken in Euro, -2,5% Rentenanpassung, 3% Inflation

Über die Hälfte der Personen müsste eine Rentenlücke von 1 600 Euro schließen. Das ist in den meisten Fällen nur durch immens hohe Sparraten möglich.

Thema: Sparen

Wir haben obige 20 Personen/Familien genau untersucht. Wir haben die Altersvorsorgeverträge, Immobilien, ihre aktuelle Vermögen in die Berechnungen einbezogen. Trotzdem reichten die meisten Sparverträge nicht aus. Wir möchten Ihnen darstellen, was die Personen noch zusätzlich zu ihren jetzigen Sparverträgen sparen müssten. Denken Sie daran, dass es zusätzliche Sparraten sind. Die Leute sparen bereits regelmäßig in verschiedene Anlageformen an. Die Frage heißt: Wie hoch muss die zusätzliche Sparquote der Personen lauten? Die Sparquote ist der Betrag, der vom Nettoeinkommen gespart wird. Heutzutage wird von den meisten Experten empfohlen, mindestens 10 Prozent des Nettoeinkommens zu sparen. Diese Sparquote wird auch von den meisten Deutschen eingehalten und liegt derzeit bei sogar elf Prozent.

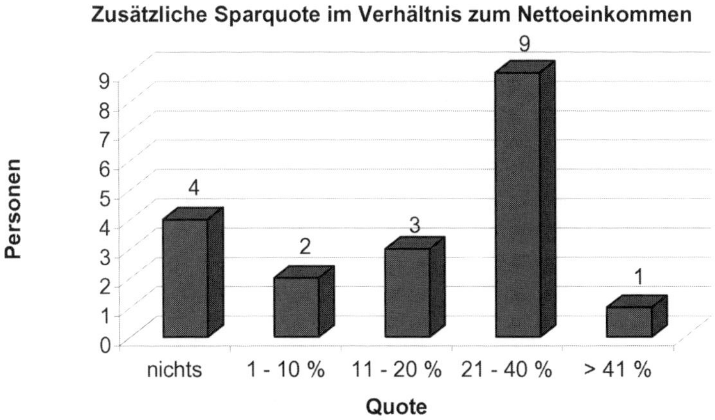

Abbildung 9.43 Zusätzliche Sparquote im Verhältnis zum Nettoeinkommen

Obige Grafik zeigt, dass vier Personen nichts zusätzlich sparen müssen. Ihre derzeitigen Sparverträge reichen aus. Fünf Personen liegen bei der Quote von einem bis zwanzig Prozent. Die meisten Personen/Familien weisen jedoch eine Sparquote von 21 bis 40 Prozent auf. Sie müssten also nun noch zusätzlich mehr als 20 Prozent von ihrem Nettoeinkommen sparen, um einer Rentenlücke zu entgehen. Berechnen Sie nun Ihre derzeitige Sparrate und checken Sie am besten mit dem Finanzberater Ihres Vertrauens, ob Sie noch zusätzlich sparen müssten.

10.
Finanzieller Erfolg
Über Rendite, Performance und Strategien zum Vermögensaufbau

Zum Vermögensaufbau gibt es eine einfache Formel: Zeit mal Geld mal Ertrag. Hinsichtlich des Ertrages, also der Rendite einer Kapitalanlage wie des gesamten Depots gibt es einige wesentliche Details, die erfolgreiche Anleger bei Auswahl von Kapitalprodukten unbedingt beachten müssen.

Rendite & Performance

Was ist was?

Rendite, das ist die tatsächliche Verzinsung des Kapitals. Die Rendite wird in Prozent benannt und auf das Jahr umgerechnet. Es gibt Begriffe wie Bruttorendite, in der Praxis gemeint als Rendite vor Steuern und Nettorendite, entsprechend die Rendite nach Steuern. Hin und wieder taucht der englische Begriff »yield« auf. Oder es ist die Rede von der Effektivverzinsung, was ebenfalls die Rendite meint. Dann gibt es den Begriff »Ehrlicher Effektivzins« oder »Ehrlicher effektiver Jahreszins«. Das wiederum ist der Jahreszins unter Berücksichtigung aller Kosten. Die Performance ist wiederum die Wertentwicklung. Diese errechnet sich nach einer einfachen Formel:

$$\frac{\text{Aktueller Preis} - \text{Preis beim Kauf}}{\text{Preis beim Kauf}} * 100 = \text{Wertentwicklung}$$

Ein Beispiel aus der Praxis: Sie haben zehn Fondsanteile gekauft. Kaufpreis: 100 Euro pro Anteil. Ein Jahr darauf kostet jeder Anteil bereits 130 Euro. Die Wertentwicklung war folglich:

$$\frac{130\,€ - 100\,€}{100\,€} * 100 = 30\,\%\ \text{Wertentwicklung}$$

Die Rentenlüge. Bernd W. Klöckner und Werner Dütting

ISBN 978-3-527-50411-4

Wie aus 20 Prozent Performance 6,7 Prozent Rendite werden

»600 Prozent Wertentwicklung in 30 Jahren. Das sind durchschnittlich 20 Prozent pro Jahr«. So und ähnlich wird noch immer von verschiedenen Anlageanbietern geworben. Was auf den ersten Blick gut klingt, erweist sich beim Nachrechnen oft als mittelmäßige bis schlechte Kapitalanlage. Konkret: Wenn aus 100 Euro in 30 Jahren 700 Euro werden, dann sind das plus 600 Prozent Wertentwicklung. Inklusive Zinseszins entspricht das jedoch lediglich einer Rendite pro Jahr in Höhe von 6,7 Prozent. Handelt es sich um eine klassische Fondsanlage und angenommen, der Ausgabeaufschlag beträgt fünf Prozent, sinkt die ehrliche Rendite nach Kosten auf 6,53 Prozent jährlich.

Rendite-Anlageregel Nr.1:

Anleger und Finanzberater sollten stets auf die (durchschnittliche) jährlich, ehrliche Rendite nach Kosten achten. Ob beim Sparen oder Finanzieren: Der ehrliche Effektivzins ist eine wichtige Kennzahl als Voraussetzung für richtige Geldentscheidungen. Angaben zur durchschnittlichen (gesamten) Wertentwicklung klingen oft besser, sind jedoch wenig aussagefähig.

Magere Rendite = schlechte Kapitalanlage?

Klassische Kapitallebensversicherungen wie andere klassische Anlageformen gelten oft als langweilig, teuer, renditearm. Von »legaler Betrug« und anderem mehr ist die Rede. Ein Blick auf die Zahlen zeigt: Ein vermeintlich langweiliger Sparplan mit vermeintlich mickriger Rendite kann durchaus der Gewinner sein.

	Kapital-LV	Fonds
Spardauer	12 Jahre	12 Jahre
Sparbetrag/Monat	200 Euro	200 Euro
Ausgabeaufschlag	——	4%
Rendite in % Jahr 1-7	4	8
Rendite in % Jahr 8-9	4	minus 15
Rendite in % Jahr 10-12	4	8
Ergebnis in Euro	36.718	32.178
Rendite in % p.a.	4	1,84

Tabelle 9.100 Rendite Vergleich Kapitallebensversicherung und Fonds mit mittleren Laufzeiten

(gerechnet wurde bei der Kapital-LV mit der Beitragsrendite)

Das bedeutet: Ausgehend von einer durchschnittlichen, sich unter Schwankungen ergebenden Rendite pro Jahr von acht Prozent effektiv bei der Fondsanlage und ausgehend von lediglich zwei Verlustjahren (hier im 8. und 9.Jahr) ergibt sich eine ehrliche Rendite pro Jahr von 1,84 Prozent. In diesem Fall wäre die Entscheidung für die vermeintlich langweilige Kapital-LV die bessere Variante. Anders sieht es bei langen Laufzeiten aus:

	Kapital-LV	Fonds
Spardauer	30 Jahre	30 Jahre
Sparbetrag/Monat	200 Euro	200 Euro
Ausgabeaufschlag	——	4%
Rendite in % Jahr 1-7	4	8
Rendite in % Jahr 8-9	4	minus 15
Rendite in % Jahr 10-20	4	8
Rendite in % Jahr 21-22	4	minus 15
Rendite in % Jahr 23-30	4	8
Ergebnis in Euro	137.054	146.438
Rendite p.a.	4	4,38

Tabelle 9.101 Renditevergleich Kapitallebensversicherung und Fonds mit langen Laufzeiten

Das bedeutet: Bei diesem Vergleich über eine lange Laufzeit bleibt die Fondsanlage trotz heftiger Verlustjahre die bessere Anlagevariante. Voraussetzung ist ein aktives Fondsmanagement und ein qualifiziertes Ablaufmanagement zum Ende der geplanten Spardauer.

Rendite-Anlageregel Nr.2:

Vermeintlich langweilige und renditearme Sparpläne können am Ende die Nase vorne haben. In Einzelfällen und insbesondere abhängig von der geplanten Anlagedauer kann eine Entscheidung für einen langweiligen Sparplan die bessere sein. Bedingung bei Fondsanlagen: Ein professionelles eigenes oder fremdes Fondsmanagement. Und: Sie dürfen niemals zu einem festen Zeitpunkt verkaufen müssen.

Fonds contra Fondspolice

Wer nun noch eine entsprechend lange Anlagedauer sparen kann und wer eben nicht zu einem festen Zeitpunkt verkaufen muss, ist mit Fonds und fondsorientierten Geldanlagen gut beraten. Ein Blick in die Vergangenheit dokumentiert: Ab Laufzeiten von zwölf Jahren aufwärts bieten aktien(fonds)gebundene Anlageformen die besseren Renditen. Wer nun aktien(fonds)orientierte Geldanlagen wählt, steht vor der grundsätzlichen Wahl a) direkte Investition in Fonds oder b) Investition in gut gemanagte Fondspolicen. Daher im Folgenden auch hier ein Vergleich. Als Grundlage für eine persönliche Anlageentscheidung. Zunächst: Auf den ersten Blick ist die Variante »Fondspolice« teuer. Weil: Die hohen Abschlusskosten mindern das Ergebnis und damit die Rendite. Auf den zweiten Blick bieten Fondspolicen auch Vorteile, insbesondere den komplett kostenlosen, steuerfreien Fondswechsel während der Laufzeit.

	Einzel-Fonds	**Fondspolice**
Laufzeit Sparvertrag	25 Jahre	25 Jahre
Sparbetrag/Monat	200 Euro	200 Euro
Ausgabeaufschlag (auch bei Wechsel)	3,5 %	——
Kostenanteil	——	25 Euro (je 200 Euro)
Rendite/Annahme eff.	9 %	9 %
Ergebnis in Euro	185.796	185.094

Tabelle 9.102 Renditevergleich Fonds und Fondspolicen (Annahme: Fondswechsel alle fünf Jahre)

Das bedeutet: Unter Renditegesichtspunkten erscheint die Fondspolice auf den ersten Blick teuer, ist es jedoch – werden die Zusatzleistungen wie kostenloser, steuerfreier Fondswechsel berücksichtigt und in Anspruch genommen – nicht.

Rendite-Anlageregel Nr. 3:

Wer auf eine gute Rendite achtet und die Leistungen einer Fondspolice wie den kostenlosen Fondswechsel in Anspruch nimmt, trifft mit gut gemanagten Fondspolicen eine gute Wahl. Auf den ersten Blick mindern die Kosten der Fondspolice die Rendite. Auf den zweiten Blick kann allein die Leistung »kostenloser Fondswechsel« diesen Renditenachteil wieder ausgleichen.

Never put all your eggs...

Vollständig wiedergegeben lautet diese alte und wichtige Börsenweisheit «Never put all your eggs in one basket". Die Investition in Aktien und festverzinsliche Wertpapiere alleine bietet keine ausgewogene, so genannte »Risk-Return Struktur. Denn: Beide Anlageklassen sind – als Vorteil gesehen – sehr fungibel und unterliegen einer ständigen Bewertung auf einem standardisierten Marktplatz. Nachteil: Hinsichtlich ihrer Entwicklung sind sie eher gleich geschaltet und sind damit, wenn der Markt dreht, schwankungsanfällig. Die Lösung: Renditeorientierte Anleger sollten in jedem Fall auch Beteiligungen am Produktivkapital derart berücksichtigen, das auch in Anlageklassen wie Venture Capital investiert wird. Die Grundregel lautet: Je niedriger die Renditeerwartung, desto höher sollte der Anteil der Investition in festverzinsliche und Immobilien(fonds) sein. Hier in erster Linie deutsche Immobilienfonds. Je höher die Renditeerwartung, desto höher sollte der Anteil an beispielsweise Schiffsfonds, ausländischen Immobilienfonds und Venture Capital Beteiligungen sein.

Renditevorteil durch Venture Capital

Im Folgenden ein Vergleich, wie sich eine Einmalanlage entwickeln könnte a) bei Investition in eine Festzinsanlage und b) bei Investition in eine Venture Capital Anlage, beispielsweise gut gemanagte, nachweislich erfolgreich Mittelstandsfonds. Fonds, von denen Sie wissen, wohin Ihr Geld fließt. Meiden Sie so genannte Blind-Pools, bei denen das Geld ins Unbekannte fließt. Als erfolgreiches Beispiel mit sauberer Leistungsbilanz nehmen wir hier die MIG Mittelstandsfonds der Alfred Wieder AG. Das spannende Ergebnis: Selbst dann, wenn bei der Venture Capital-Anlage abzüglich Vertriebskosten von angenommen 15 Prozent (ausgewiesene und interne Vertriebskosten) nochmals 25 Prozent ein Komplettverlust wäre (ein Viertel der ausgewählten Beteiligungen würden also in einem Totalverlust enden), steht der Anleger am Ende – je nach Laufzeit – weitaus besser da, als wenn er ausschließlich in festverzinsliche Wertpapiere investiert. Voraussetzung: Ein – wie bei den MIG Fonds – qualifiziertes Fondsmanagement bei der Venture Capital-Variante. Dann sind zweistellige Renditen, hier gerechnet mit 14 Prozent, möglich.

Als Beispiel nehmen wir hier die Mittelstandsfonds der Alfred Wieder AG. Das spannende Ergebnis: Selbst dann, wenn bei der Venture Capital-Anlage abzüglich Vertriebskosten von angenommen 15 Prozent (ausgewiesene und interne Vertriebskosten) nochmals 25 Prozent ein Komplettverlust wäre (ein Viertel der ausgewählten Beteiligungen würden also in einem Totalverlust enden), steht der Anleger am Ende – je nach Laufzeit – weitaus besser da, als wenn er ausschließlich in festverzinsliche Wertpapiere investiert. Voraussetzung: Ein qualifiziertes Fondsmanagement bei der Venture Capital Variante. Dann sind zweistellige Renditen, hier gerechnet mit 14 Prozent, möglich.

	Festgeld	**Venture Capital Zum Beispiel Mittelstands-Fonds**
Anlage in Euro	50.000	50.000
Laufzeit	10 Jahre	10 Jahre
Abschluss/Kaufgebühr	1.000	7.500
Anlagewirksam	49.000	42.500
Ausfallrisiko in %	——	25
Ausfallrisiko in Euro	——	10.625
Anlagewirksam nach theoret. Ausfallrisiko	49.000	31.875

	Festgeld	Venture Capital Zum Beispiel Mittelstands-Fonds
Rendite in %	5	14
Ergebnis vor Steuern	79.816	118.168
Eff. Rendite p.a. bezogen auf die Anlagesumme in %	4,79	8,98

Tabelle 9.103 Renditevergleich Festgeld und Venture Capital

Die Zahlen dokumentieren: Trotz weitaus höherer Vertriebs/Abschlusskosten und unter Annahme, dass die Geldanlage bei der Venture Capital Variante für ein Viertel des tatsächlich zur Anlage kommenden Betrages mit einem Totalverlust endet, ist der Ertrag für den Anleger in diesem Fall weitaus höher als bei der vermeintlich sicheren Geldanlage. Zwei weitere Zahlen zu oben genanntem Beispiel: Damit die Venture Capital-Beteiligung in unserem Beispiel zumindest auf die 79 816 Euro (Anlageergebnis der Festgeldanlage) kommt, müsste die erzielte Rendite pro Jahr bei 9,61 Prozent liegen. Oder: Von 14 Prozent über Venture Capital erzielbarer Rendite ausgehend würden selbst dann die 79.816 Euro der »sicheren« Anlage erreicht, wenn rund 50 Prozent der Venture Capital-Beteiligung mit einem Totalverlust enden würde. Was bei einem qualifizierten Management sehr unwahrscheinlich ist. Hinweis: Immer wieder erleben wir es, dass Anlageberater gegen solche Venture Capital-Anlagen argumentieren. Hier gilt: Bilden Sie sich aufgrund der oben genannten Zahlen selbst ein Urteil.

Rendite-Anlageregel Nr. 4:

Wer seine Rendite und den Anlageertrag optimieren, sich von reinen Aktienmärkten unabhängig machen und seinen Kapitalaufbau optimieren will, muss in jedem Fall neben anderen Anlageklassen in ausgewählte »spekulative« Anlageformen wie Venture Capital oder andere Fondsvarianten investieren. Die Zahlen dokumentieren ebenso: Wer sich lediglich an Abschlusskosten orientiert, verzichtet im Zweifel auf ein gutes Geschäft. Verzichtet auf Rendite.

11.
Zuviel gespart hat noch keiner!

Es gibt zwei Wege des Sparens: Spare mit der Zeit, dann hast du in der Not! Oder: Spare in der Not, dann hast du für die Zeit!

K. Walter

Dieses Kapitel liefert Ihnen das nötige Handwerkszeug, mit dem Sie selbst Ihre Rentensituation überprüfen können. Ich habe Ihnen die nötigen Zahlen zusammengestellt, damit Sie sich nun selbst ein Bild über Ihre eigene Lage machen können. Wenn Sie über weitergehende Lösungsansätze für Ihre eigene Rentensituation nachdenken möchten, dann finden Sie hier zusätzlich verschiedene Informationen für den eigenen Gebrauch.

Die oben stehenden Worte des amerikanischen Erfolgspsychologen enthalten eine nicht übersehbare und entscheidende Wahrheit: Wir müssen im jungen Alter sparen! Mehr als wir je gedacht haben. Die Generationen laufen sonst in eine gigantische Altersarmut. Also: Sparen und investieren Sie so früh wie möglich. Das heißt, wer jetzt nicht spart, wird im Alter die Konsequenzen tragen müssen. Beherzigen Sie diese Worte, wenn Sie in die praktische Planung einsteigen. Sie weisen den richtigen Weg.

Nun geht es Schritt für Schritt weiter. Im ersten Schritt bestimmen Sie Ihre gewünschte private Zusatzrente im Alter, Ihr Wunsch-Vorsorgeziel. Zunächst legen Sie Ihr Vorsorgeziel anhand von einer Liste mit Fragen fest. Mit Hilfe von den Tabellen, die ich Ihnen zusammengestellt habe, ermitteln Sie dann die notwendige Investition. So erfahren Sie, wie viel Geld Sie insgesamt brauchen werden, um Ihre gewünschte Zusatzrente zu finanzieren. Mit dem ermittelten Betrag haben Sie dann einen wichtigen, ersten Anhaltspunkt für eine sichere Vorsorgeplanung. Aber Achtung: In den Tabellen zählt jedes Jahr! Denn wie gesagt, es gibt nur zwei Wege. Entweder: Spare mit der Zeit, dann hast du in der Not! Oder: Spare in der Not, dann hast du für die Zeit.

Wer also zum Beispiel mit 25 Jahren beschließt, mit 65 Jahren Millionär zu sein, muss bei einer angenommenen Verzinsung von

Die Rentenlüge. Bernd W. Klöckner und Werner Dütting

ISBN 978-3-527-50411-4

effektiv 8 Prozent circa 290 Euro monatlich zur Seite legen. Dies entspricht einer Investition von 104400 Euro über 40 Jahre. In einer Rentenzeit von 30 Jahren könnte er sich dann bei einem angenommenen Zinsertrag von effektiv 5 Prozent 5300 Euro pro Monat auszahlen lassen. Bei 20 Jahren Entnahmezeit wären es dann immerhin 6500 Euro.

Wer dagegen erst mit 40 Jahren über Altersvorsorge und Altersarmut nachdenkt, und ebenfalls bis zum 65 Lebensjahr in den verbleibenden 25 Jahren 1 Million Euro ansparen will, muss monatlich bereits 1100 Euro sparen. Dies entspricht wiederum einer Investition von 330000 Euro über 25 Jahre. Er müsste dann also mehr als das Dreifache der Investitionssumme einsetzen.

Erster Schritt: Ihr Wunsch-Vorsorgeziel

Frage 1: Wann wollen Sie aufhören zu arbeiten?
Mit ________ Jahren

Frage 2: Wie hoch soll Ihre monatlich gewünschte Zusatzrente sein.

Wichtig: In Ihrer Pensions- oder Rentenzeit haben Sie 365 Tage »Urlaub« im Jahr. Also denken Sie bitte nicht, dass Sie im Alter weniger Geld brauchen. Sie wollen doch Ihre Rentenjahre genießen, oder nicht? Notieren Sie jetzt Ihre Zahl:
Monatliche Zusatzrente ________ Euro

Frage 3: Wie lange soll diese Zusatzrente gezahlt werden?
Wie lang ist Ihre Entnahmezeit:
Entnahmedauer ________ Jahre

Beispiel:
Heute sind Sie 35 Jahre alt und wollen sich mit 60 Jahren eine monatliche Zusatzrente von 1500 Euro leisten. Diesen Betrag wollen Sie über 20 Jahre zusätzlich zur Verfügung haben.

Ihr persönlicher Entnahmewunsch:
Ich möchte mit ________ Jahren über ________ Jahre Ihre (Entnahmezeit) monatlich ________ Euro Zusatzrente erhalten.

Bevor wir nun zu den Tabellen kommen, aus denen Sie die notwendigen Zahlen entnehmen können, tragen Sie bitte nun hier ein letztes Mal Ihre gewünschte Zusatzrente ein:

Meine Zusatzrente soll in ________ Jahren monatlich betragen: ________ Euro

Sie finden Ihre Wunschentnahme in den Tabellen 11.1, 11.2 und 11.3. Die Tabellen zeigen Ihnen unterschiedliche Zinsannahmen. Sie können in Tabelle 11.1 die Zahlen bei 3 Prozent, bei Tabelle 11.2 bei 2 Prozent und bei Tabelle 11.3 bei 1 Prozent Inflation betrachten.

Es wird Ihnen eventuell passieren, dass Ihre Wunschentnahme nicht an jeder Stelle genau ist. Runden Sie hier großzügig nach unten oder oben ab – wie es Ihnen besser gefällt. Wenn Sie Ihre Zusatzrente eher niedrig eingestuft haben, runden Sie sie in jedem Fall nach oben auf.

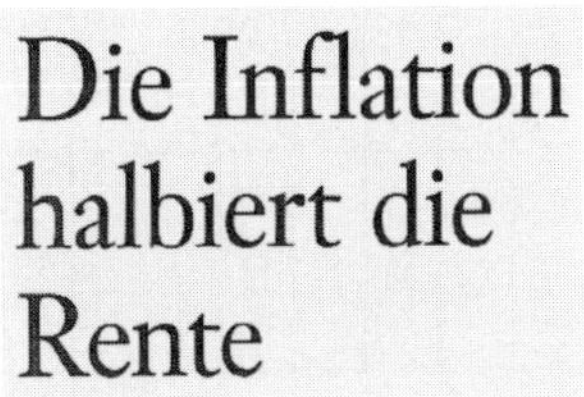

Abbildung 11.1 Die Inflation halbiert die Rente

Denken Sie an die Inflation!

In den Tabellen 11.1, 11.2 und 11.3 wird von verschiedenen Inflationsraten in Prozent ausgegangen. Hierzu ein Beispiel: Sie haben sich eine Zusatzrente von 1700 Euro gewünscht, jetzt runden Sie nach oben auf 2000 Euro auf. Ihre Rentenentnahmezeit beginnt in 15 Jahren. In der Tabelle lesen Sie Ihre Koordinaten 3116 Euro ab. Sie meinen also mit anderen Worten: »Ich hätte gerne eine Zusatzrente von 2000 Euro!« dann meinen Sie 2000 Euro heutige Kaufkraft. Aber bei einer unterstellten Inflation von 3 Prozent muss in 15 Jahren eigentlich 3116 Euro ausgezahlt werden, um Ihrem wirklichen Vorsorgeziel zu entsprechen. Ermitteln Sie nun Ihr persönliches Wunschziel pro Monat aus den Tabellen 11.1, 11.2 und 11.3:

Tabelle 11.1 Inflation 1 Prozent, in der Tabelle finden Sie die wirkliche monatliche Entnahmehöhe

Ihr Wunschziel pro Monat	Notwendiger Betrag in X Jahren (bei einer Inflation von 1 Prozent)									
	10	15	20	25	30	35	40	45	50	55
500	552	580	610	641	674	708	744	782	822	864
1.000	1.105	1.161	1.220	1.282	1.348	1.417	1.489	1.565	1.645	1.729
1.500	1.657	1.741	1.830	1.924	2.022	2.125	2.233	2.347	2.467	2.593
2.000	2.209	**2.322**	2.440	2.565	2.696	2.833	2.978	3.130	3.289	3.457
2.500	2.762	2.902	3.050	3.206	3.370	3.542	3.722	3.912	4.112	4.321
3.000	3.314	3.483	3.661	3.847	4.044	4.250	4.467	4.694	4.934	5.186
3.500	3.866	4.063	4.271	4.489	4.717	4.958	5.211	5.477	5.756	6.050
4.000	4.418	4.644	4.881	5.130	5.391	5.666	5.955	6.259	6.579	6.914
4.500	4.971	5.224	5.491	5.771	6.065	6.375	6.700	7.042	7.401	7.778
5.000	5.523	5.805	6.101	6.412	6.739	7.083	7.444	7.824	8.223	8.643
5.500	6.075	6.385	6.711	7.053	7.413	7.791	8.189	8.606	9.045	9.507
6.000	6.628	6.966	7.321	7.695	8.087	8.500	8.933	9.389	9.868	10.371
7.000	7.732	8.127	8.541	8.977	9.435	9.916	10.422	10.954	11.512	12.100
8.000	8.837	9.288	9.762	10.259	10.783	11.333	11.911	12.518	13.157	13.828
9.000	9.942	10.449	10.982	11.542	12.131	12.749	13.400	14.083	14.802	15.557
10.000	11.046	11.610	12.202	12.824	13.478	14.166	14.889	15.648	16.446	17.285

Tabelle 11.2 Inflation 2 Prozent, in der Tabelle finden Sie die wirkliche monatliche Entnahmehöhe

Ihr Wunschziel pro Monat	**Notwendiger Betrag in X-Jahren (bei einer Inflation von 2 Prozent)**									
	10	**15**	**20**	**25**	**30**	**35**	**40**	**45**	**50**	**55**
500	609	673	743	820	906	1.000	1.104	1.219	1.346	1.486
1.000	1.219	1.346	1.486	1.641	1.811	2.000	2.208	2.438	2.692	2.972
1.500	1.828	2.019	2.229	2.461	2.717	3.000	3.312	3.657	4.037	4.458
2.000	2.438	**2.692**	2.972	3.281	3.623	4.000	4.416	4.876	5.383	5.943
2.500	3.047	3.365	3.715	4.102	4.528	5.000	5.520	6.095	6.729	7.429
3.000	3.657	4.038	4.458	4.922	5.434	6.000	6.624	7.314	8.075	8.915
3.500	4.266	4.711	5.201	5.742	6.340	7.000	7.728	8.532	9.421	10.401
4.000	4.876	5.383	5.944	6.562	7.245	8.000	8.832	9.751	10.766	11.887
4.500	5.485	6.056	6.687	7.383	8.151	9.000	9.936	10.970	12.112	13.373
5.000	6.095	6.729	7.430	8.203	9.057	9.999	11.040	12.189	13.458	14.859
5.500	6.704	7.402	8.173	9.023	9.962	10.999	12.144	13.408	14.804	16.345
6.000	7.314	8.075	8.916	9.844	10.868	11.999	13.248	14.627	16.150	17.830
7.000	8.533	9.421	10.402	11.484	12.680	13.999	15.456	17.065	18.841	20.802
8.000	9.752	10.767	11.888	13.125	14.491	15.999	17.664	19.503	21.533	23.774
9.000	10.971	12.113	13.374	14.765	16.302	17.999	19.872	21.941	24.224	26.746
10.000	12.190	13.459	14.859	16.406	18.114	19.999	22.080	24.379	26.916	29.717

Tabelle 11.3 Inflation 3 Prozent, in der Tabelle finden Sie die wirkliche monatliche Entnahmehöhe

Ihr Wunschziel pro Monat	**Notwendiger Betrag in X-Jahren (bei einer Inflation von 3 Prozent)**									
	10	**15**	**20**	**25**	**30**	**35**	**40**	**45**	**50**	**55**
500	672	779	903	1.047	1.214	1.407	1.631	1.891	2.192	2.541
1.000	1.344	1.558	1.806	2.094	2.427	2.814	3.262	3.782	4.384	5.082
1.500	2.016	2.337	2.709	3.141	3.641	4.221	4.893	5.672	6.576	7.623
2.000	2.688	**3.116**	3.612	4.188	4.855	5.628	6.524	7.563	8.768	10.164
2.500	3.360	3.895	4.515	5.234	6.068	7.035	8.155	9.454	10.960	12.705
3.000	4.032	4.674	5.418	6.281	7.282	8.442	9.786	11.345	13.152	15.246
3.500	4.704	5.453	6.321	7.328	8.495	9.849	11.417	13.236	15.344	17.788
4.000	5.376	6.232	7.224	8.375	9.709	11.255	13.048	15.126	17.536	20.329
4.500	6.048	7.011	8.128	9.422	10.923	12.662	14.679	17.017	19.728	22.870
5.000	6.720	7.790	9.031	10.469	12.136	14.069	16.310	18.908	21.920	25.411
5.500	7.392	8.569	9.934	11.516	13.350	15.476	17.941	20.799	24.111	27.952
6.000	8.063	9.348	10.837	12.563	14.564	16.883	19.572	22.690	26.303	30.493
7.000	9.407	10.906	12.643	14.656	16.991	19.697	22.834	26.471	30.687	35.575
8.000	10.751	12.464	14.449	16.750	19.418	22.511	26.096	30.253	35.071	40.657
9.000	12.095	14.022	16.255	18.844	21.845	25.325	29.358	34.034	39.455	45.739
10.000	13.439	15.580	18.061	20.938	24.273	28.139	32.620	37.816	43.839	50.821

Nun haben Sie Ihre monatliche Zusatzrente ermittelt, also den Betrag, der Ihrer heute genannten, gewünschten Zusatzrente entspricht. Tragen Sie hier den Betrag ein:

Der Betrag, der meiner monatlichen Zusatzrente von ________ entspricht, also mein persönliches Wunschziel, sieht bei einer Inflation von ________ Prozent so aus: ________________.

Kommen wir nun zu Schritt 2.

Zweiter Schritt: Das notwendige Vermögen

Nun ermitteln wir die Höhe des Vermögens, welches Ihnen dann bei Auszahlung zur Verfügung stehen muss. Hier gehen wir nun von einem so genannten Kapitalverzehr aus, was bedeutet, dass am Ende das ganze Vermögen ausgezahlt ist!

Aus den folgenden Tabellen 11.4 und 11.5 können Sie nun herauslesen, welches Vermögen Sie benötigen werden, bei jeweils unterschiedlicher Verzinsung von 4 bzw. 7 Prozent nominal.

Tabelle 11.4 Ihr notwendiges Vermögen, um sich bei Kapitalverzehr in X Jahren (Kapital am Ende gleich Null) Ihr Wunschziel leisten zu können (Verzinsung in der Entnahmephase durchschnittlich 4 Prozent nominal)

Ihre monatliche Wunschzielentnahme	**Kapitalverzehr in ...**								
	10 Jahren	**15 Jahren**	**20 Jahren**	**25 Jahren**	**30 Jahren**	**35 Jahren**	**40 Jahren**	**45 Jahren**	**50 Jahren**
800	79.016	108.154	132.017	151.562	167.569	180.679	191.416	200.209	207.411
900	88.893	121.673	148.520	170.507	188.515	203.264	215.343	225.236	233.338
1.000	98.770	135.192	165.022	189.452	209.461	225.848	239.270	250.262	259.264
1.200	118.524	162.231	198.026	227.343	251.353	271.018	287.124	300.314	311.117
1.400	138.278	189.269	231.031	265.233	293.246	316.188	334.978	350.366	362.970
1.600	158.032	216.307	264.035	303.124	335.138	361.358	382.831	400.419	414.823
1.800	177.786	243.346	297.039	341.014	377.030	406.527	430.685	450.471	466.675
2.000	197.540	270.384	330.044	378.905	418.922	451.697	478.539	500.523	518.528
2.500	246.925	337.980	412.555	473.631	523.653	564.621	598.174	625.654	648.160
3.000	296.311	**405.576**	495.066	568.357	628.384	677.545	717.809	750.785	777.792
3.500	345.696	473.173	577.577	663.084	733.114	790.470	837.444	875.916	907.425
4.000	395.081	540.769	660.087	757.810	837.845	903.394	957.079	1.001.047	1.037.057
4.500	444.466	608.365	742.598	852.536	942.576	1.016.318	1.076.714	1.126.178	1.166.689
5.000	493.851	675.961	825.109	947.262	1.047.306	1.129.242	1.196.348	1.251.308	1.296.321
6.000	592.621	811.153	990.131	1.136.715	1.256.767	1.355.091	1.435.618	1.501.570	1.555.585
7.000	691.391	946.345	1.155.153	1.326.167	1.466.229	1.580.939	1.674.888	1.751.832	1.814.849

8.000	790.161	1.081.537	1.320.175	1.515.620	1.675.690	1.806.788	1.914.157	2.002.093	2.074.113
9.000	888.932	1.216.729	1.485.197	1.705.072	1.885.151	2.032.636	2.153.427	2.252.355	2.333.377
10.000	987.702	1.351.921	1.650.219	1.894.525	2.094.612	2.258.485	2.392.697	2.502.617	2.592.642
12.000	1.185.242	1.622.306	1.980.262	2.273.430	2.513.535	2.710.182	2.871.236	3.003.140	3.111.170
14.000	1.382.782	1.892.690	2.310.306	2.652.335	2.932.457	3.161.879	3.349.775	3.503.663	3.629.698
16.000	1.580.323	2.163.074	2.640.350	3.031.240	3.351.380	3.613.576	3.828.315	4.004.187	4.148.226
18.000	1.777.863	2.433.459	2.970.393	3.410.145	3.770.302	4.065.273	4.306.854	4.504.710	4.666.755
20.000	1.975.403	2.703.843	3.300.437	3.789.050	4.189.225	4.516.969	4.785.393	5.005.233	5.185.283
22.000	2.172.944	2.974.227	3.630.481	4.167.955	4.608.147	4.968.666	5.263.933	5.505.757	5.703.811
24.000	2.370.484	3.244.612	3.960.525	4.546.860	5.027.070	5.420.363	5.742.472	6.006.280	6.222.340
26.000	2.568.025	3.514.996	4.290.568	4.925.765	5.445.992	5.872.060	6.221.011	6.506.803	6.740.868
28.000	2.765.565	3.785.380	4.620.612	5.304.670	5.864.915	6.323.757	6.699.551	7.007.327	7.259.396
30.000	2.963.105	4.055.764	4.950.656	5.683.574	6.283.837	6.775.454	7.178.090	7.507.850	7.777.925
32.000	3.160.646	4.326.149	5.280.699	6.062.479	6.702.760	7.227.151	7.656.629	8.008.374	8.296.453
34.000	3.358.186	4.596.533	5.610.743	6.441.384	7.121.682	7.678.848	8.135.169	8.508.897	8.814.981
36.000	3.555.726	4.866.917	5.940.787	6.820.289	7.540.605	8.130.545	8.613.708	9.009.420	9.333.510
38.000	3.753.267	5.137.302	6.270.831	7.199.194	7.959.527	8.582.242	9.092.247	9.509.944	9.852.038
40.000	3.950.807	5.407.686	6.600.874	7.578.099	8.378.450	9.033.939	9.570.787	10.010.467	10.370.566
42.000	4.148.347	5.678.070	6.930.918	7.957.004	8.797.372	9.485.636	10.049.326	10.510.990	10.889.095
44.000	4.345.888	5.948.455	7.260.962	8.335.909	9.216.295	9.937.333	10.527.866	11.011.514	11.407.623

Tabelle 11.5 Ihr notwendiges Vermögen, um sich bei Kapitalverzehr in X Jahren (Kapital am Ende gleich Null) Ihr Wunschziel leisten zu können (Verzinsung in der Entnahmephase durchschnittlich 7 Prozent nominal)

Ihre monatliche Wunschzielentnahme	**Kapitalverzehr in …**								
	10 Jahren	**15 Jahren**	**20 Jahren**	**25 Jahren**	**30 Jahren**	**35 Jahren**	**40 Jahren**	**45 Jahren**	**50 Jahren**
800	68.901	89.005	103.186	113.190	120.246	125.224	128.735	131.212	132.959
900	77.514	100.130	116.084	127.338	135.277	140.877	144.827	147.613	149.579
1.000	86.126	111.256	128.983	141.487	150.308	156.530	160.919	164.015	166.199
1.200	103.352	133.507	154.779	169.784	180.369	187.836	193.103	196.818	199.439
1.400	120.577	155.758	180.576	198.082	210.431	219.142	225.286	229.621	232.679
1.600	137.802	178.010	206.372	226.379	240.492	250.448	257.470	262.424	265.918
1.800	155.027	200.261	232.169	254.676	270.554	281.753	289.654	295.227	299.158
2.000	172.253	222.512	257.965	282.974	300.615	313.059	321.838	328.030	332.398
2.500	215.316	278.140	322.456	353.717	375.769	391.324	402.297	410.037	415.497
3.000	258.379	**333.768**	386.948	424.461	450.923	469.589	482.757	492.045	498.597
3.500	301.442	389.396	451.439	495.204	526.076	547.854	563.216	574.052	581.696
4.000	344.505	445.024	515.930	565.948	601.230	626.119	643.675	656.060	664.796
4.500	387.569	500.652	580.421	636.691	676.384	704.384	724.135	738.067	747.895
5.000	430.632	556.280	644.913	707.435	751.538	782.649	804.594	820.075	830.995
6.000	516.758	667.536	773.895	848.921	901.845	939.178	965.513	984.090	997.194
7.000	602.884	778.792	902.878	990.408	1.052.153	1.095.708	1.126.432	1.148.105	1.163.393

8.000	689.011	890.048	1.031.860	1.131.895	1.202.461	1.252.238	1.287.351	1.312.120	1.329.592
9.000	775.137	1.001.304	1.160.843	1.273.382	1.352.768	1.408.767	1.448.270	1.476.135	1.495.791
10.000	861.264	1.112.560	1.289.825	1.414.869	1.503.076	1.565.297	1.609.188	1.640.150	1.661.990
12.000	1.033.516	1.335.071	1.547.790	1.697.843	1.803.691	1.878.357	1.931.026	1.968.179	1.994.388
14.000	1.205.769	1.557.583	1.805.755	1.980.817	2.104.306	2.191.416	2.252.864	2.296.209	2.326.786
16.000	1.378.022	1.780.095	2.063.720	2.263.790	2.404.921	2.504.475	2.574.701	2.624.239	2.659.183
18.000	1.550.274	2.002.607	2.321.685	2.546.764	2.705.536	2.817.535	2.896.539	2.952.269	2.991.581
20.000	1.722.527	2.225.119	2.579.650	2.829.738	3.006.151	3.130.594	3.218.377	3.280.299	3.323.979
22.000	1.894.780	2.447.631	2.837.615	3.112.712	3.306.766	3.443.654	3.540.214	3.608.329	3.656.377
24.000	2.067.032	2.670.143	3.095.580	3.395.686	3.607.382	3.756.713	3.862.052	3.936.359	3.988.775
26.000	2.239.285	2.892.655	3.353.545	3.678.659	3.907.997	4.069.772	4.183.890	4.264.389	4.321.173
28.000	2.411.538	3.115.167	3.611.510	3.961.633	4.208.612	4.382.832	4.505.727	4.592.419	4.653.571
30.000	2.583.791	3.337.679	3.869.475	4.244.607	4.509.227	4.695.891	4.827.565	4.920.449	4.985.969
32.000	2.756.043	3.560.191	4.127.440	4.527.581	4.809.842	5.008.951	5.149.403	5.248.479	5.318.367
34.000	2.928.296	3.782.703	4.385.405	4.810.555	5.110.457	5.322.010	5.471.241	5.576.508	5.650.765
36.000	3.100.549	4.005.214	4.643.370	5.093.529	5.411.072	5.635.070	5.793.078	5.904.538	5.983.163
38.000	3.272.801	4.227.726	4.901.335	5.376.502	5.711.688	5.948.129	6.114.916	6.232.568	6.315.561
40.000	3.445.054	4.450.238	5.159.300	5.659.476	6.012.303	6.261.188	6.436.754	6.560.598	6.647.959
42.000	3.617.307	4.672.750	5.417.265	5.942.450	6.312.918	6.574.248	6.758.591	6.888.628	6.980.357
44.000	3.789.560	4.895.262	5.675.230	6.225.424	6.613.533	6.887.307	7.080.429	7.216.658	7.312.755

Für das Beispiel ergibt sich folgendes: Wer 3000 Euro (3116 Euro gerundet) 15 Jahre lang entnehmen will, benötigt an angespartem Vermögen rund 333768 Euro. Mit anderen Worten: Wer zu Beginn seiner Entnahmezeit 333768 Euro besitzt, kann sich 15 Jahre lang rund 3000 Euro auszahlen lassen.

Tragen Sie hier nun die Höhe des Vermögens ein, das Sie benötigen werden, um sich Ihr Wunschziel über Ihre Entnahmezeit hinweg auszahlen zu lassen.

Ich möchte über ______ Jahre hinweg eine Zahlung von ________ erhalten (Ihre Wunschzielentnahme). Dafür benötige ich am Beginn der Entnahmezeit ein Vermögen von ________ Euro.

Wichtiger Hinweis: Gerechnet wurde mit einem nominalen Zins!

Nun kennen wir folgende Faktoren:

- Höhe der gewünschten Zusatzrente
- Höhe des benötigten Kapitals

Jetzt kommen wir zu der entscheidenden Frage: Was müssen Sie in der verbleibenden Zeit bis zum Beginn der Rentenzeit investieren, um bei Beginn der Rentenentnahmezeit über das notwendige Kapital zu verfügen?

Dritter Schritt: Die notwendige Sparrate

Hier können Sie entscheiden, wie Sie sparen wollen: risiko-, chancen- oder sicherheitsorientiert.

Nehmen Sie nun den aus den Tabellen 11.4 und 11.5 ermittelten Wert Ihres benötigten Vermögens, und schauen Sie nun in den folgenden Tabellen nach, welche Höhe Ihre Sparrate haben muss. Für die Anzahl der Jahre, die Sie zum Sparen zur Verfügung haben, greifen Sie bitte auf die Angabe zurück, die Sie zu Anfang Ihrer Überlegungen gemacht haben. Wählen Sie also die Anzahl Jahre aus, die Ihnen bis zur Rentenentnahme bleiben.

Die folgenden Tabellen bieten Ihnen verschiedene Sparmöglichkeiten. Tabelle 11.6 zeigt ein sicherheitsorientiertes Sparmodell, Tabelle 11.7 eine chancenorientierte, und Tabelle 11.8 eine eher risikoorientierte Anlageform.

Tabelle 11.6 Ihre notwendig gleichbleibende Sparrate in den nächsten Jahren
(Anzahl der Jahre wie in Tabelle 11.1 gewählt!) damit Sie bei 4 Prozent durchschnittlich unterstelltem Zins Ihr Wunschziel sicher erreichen

Not- wendiges Vermögen (Wert aus Tabellen 11.4 und 11.5)	**Spar-Jahre**								
	10	**15**	**20**	**25**	**30**	**35**	**40**	**45**	**50**
60.000	407	244	164	117	86	66	51	40	31
70.000	475	284	191	136	101	77	59	46	37
80.000	543	325	218	156	115	88	68	53	42
90.000	611	366	245	175	130	98	76	60	47
100.000	679	406	273	195	144	109	85	66	52
120.000	815	488	327	233	173	131	102	79	63
140.000	951	569	382	272	202	153	118	93	73
160.000	1.087	650	436	311	231	175	135	106	84
180.000	1.222	731	491	350	259	197	152	119	94
200.000	1.358	813	545	389	288	219	169	132	105
250.000	1.698	1.016	682	486	360	274	212	166	131
300.000	2.037	1.219	818	584	432	328	254	199	157
350.000	2.377	**1.422**	954	681	504	383	296	232	183
400.000	2.716	1.625	1.091	778	576	438	338	265	209
450.000	3.056	1.829	1.227	875	648	492	381	298	236
500.000	3.396	2.032	1.363	973	720	547	423	331	262

Not- wendiges Vermögen (Wert aus Tabellen 11.4 und 11.5)	Spar-Jahre								
	10	15	20	25	30	35	40	45	50
550.000	3.735	2.235	1.500	1.070	792	602	465	364	288
600.000	4.075	2.438	1.636	1.167	864	657	508	397	314
700.000	4.754	2.844	1.909	1.362	1.009	766	592	464	367
800.000	5.433	3.251	2.181	1.556	1.153	876	677	530	419
900.000	6.112	3.657	2.454	1.751	1.297	985	761	596	471
1.000.000	6.791	4.064	2.726	1.945	1.441	1.094	846	662	524
1.200.000	8.149	4.876	3.272	2.334	1.729	1.313	1.015	795	628
1.400.000	9.508	5.689	3.817	2.723	2.017	1.532	1.184	927	733
1.600.000	10.866	6.502	4.362	3.112	2.305	1.751	1.354	1.060	838
1.800.000	12.224	7.314	4.908	3.501	2.593	1.970	1.523	1.192	943
2.000.000	13.582	8.127	5.453	3.890	2.882	2.189	1.692	1.325	1.047
2.200.000	14.941	8.940	5.998	4.279	3.170	2.408	1.861	1.457	1.152
2.400.000	16.299	9.753	6.544	4.668	3.458	2.627	2.031	1.590	1.257
2.600.000	17.657	10.565	7.089	5.057	3.746	2.845	2.200	1.722	1.362
2.800.000	19.015	11.378	7.634	5.446	4.034	3.064	2.369	1.855	1.466
3.000.000	20.374	12.191	8.179	5.835	4.322	3.283	2.538	1.987	1.571
3.200.000	21.732	13.003	8.725	6.224	4.611	3.502	2.707	2.120	1.676
3.400.000	23.090	13.816	9.270	6.613	4.899	3.721	2.877	2.252	1.781
3.600.000	24.448	14.629	9.815	7.002	5.187	3.940	3.046	2.385	1.885
3.800.000	25.806	15.441	10.361	7.391	5.475	4.159	3.215	2.517	1.990

4.000.000	27.165	16.254	10.906	7.780	5.763	4.378	3.384	2.650	2.095
4.200.000	28.523	17.067	11.451	8.169	6.051	4.597	3.553	2.782	2.200
4.400.000	29.881	17.880	11.996	8.558	6.340	4.815	3.723	2.915	2.304
4.600.000	31.239	18.692	12.542	8.947	6.628	5.034	3.892	3.047	2.409
4.800.000	32.598	19.505	13.087	9.336	6.916	5.253	4.061	3.180	2.514
5.000.000	33.956	20.318	13.632	9.725	7.204	5.472	4.230	3.312	2.619
5.200.000	35.314	21.130	14.178	10.114	7.492	5.691	4.399	3.445	2.723
5.400.000	36.672	21.943	14.723	10.503	7.780	5.910	4.569	3.577	2.828
5.600.000	38.031	22.756	15.268	10.892	8.069	6.129	4.738	3.710	2.933
5.800.000	39.389	23.569	15.814	11.281	8.357	6.348	4.907	3.842	3.038
6.000.000	40.747	24.381	16.359	11.670	8.645	6.566	5.076	3.975	3.142
6.200.000	42.105	25.194	16.904	12.059	8.933	6.785	5.246	4.107	3.247
6.400.000	43.464	26.007	17.449	12.448	9.221	7.004	5.415	4.240	3.352
6.600.000	44.822	26.819	17.995	12.837	9.509	7.223	5.584	4.372	3.457
6.800.000	46.180	27.632	18.540	13.226	9.798	7.442	5.753	4.505	3.561
7.000.000	47.538	28.445	19.085	13.615	10.086	7.661	5.922	4.637	3.666
7.200.000	48.896	29.258	19.631	14.004	10.374	7.880	6.092	4.770	3.771
7.400.000	50.255	30.070	20.176	14.393	10.662	8.099	6.261	4.902	3.876
7.600.000	51.613	30.883	20.721	14.782	10.950	8.318	6.430	5.035	3.980
7.800.000	52.971	31.696	21.266	15.171	11.238	8.536	6.599	5.167	4.085
8.000.000	54.329	32.508	21.812	15.560	11.527	8.755	6.768	5.300	4.190

Tabelle 11.7 Ihre notwendig gleichbleibende Sparrate in den nächsten Jahren
(Anzahl der Jahre wie in Tabelle 11.1 gewählt!) damit Sie bei 7 Prozent durchschnittlich unterstelltem Zins Ihr Wunschziel sicher erreichen

Not- wendiges Vermögen (Wert aus Tabellen 11.4 und 11.5)	**Spar-Jahre**								
	10	**15**	**20**	**25**	**30**	**35**	**40**	**45**	**50**
60.000	347	189	115	74	49	33	23	16	11
70.000	404	221	134	86	57	39	27	18	13
80.000	462	252	154	99	66	44	30	21	15
90.000	520	284	173	111	74	50	34	24	17
100.000	578	315	192	123	82	56	38	26	18
120.000	693	379	230	148	98	67	46	32	22
140.000	809	442	269	173	115	78	53	37	26
160.000	924	505	307	198	131	89	61	42	29
180.000	1.040	568	346	222	148	100	69	47	33
200.000	1.156	631	384	247	164	111	76	53	37
250.000	1.444	789	480	309	205	139	95	66	46
300.000	1.733	946	576	370	246	167	114	79	55
350.000	2.022	**1.104**	672	432	287	194	133	92	64
400.000	2.311	1.262	768	494	328	222	152	105	73
450.000	2.600	1.420	864	556	369	250	171	119	83
500.000	2.889	1.577	960	617	410	278	190	132	92

550.000	3.178	1.735	1.056	679	451	305	210	145	101
600.000	3.467	1.893	1.152	741	492	333	229	158	110
700.000	4.044	2.208	1.344	864	574	389	267	185	128
800.000	4.622	2.524	1.536	988	656	444	305	211	147
900.000	5.200	2.839	1.728	1.111	738	500	343	237	165
1.000.000	5.778	3.155	1.920	1.234	820	555	381	264	184
1.200.000	6.933	3.786	2.304	1.481	984	666	457	316	220
1.400.000	8.089	4.417	2.688	1.728	1.148	777	533	369	257
1.600.000	9.244	5.048	3.071	1.975	1.312	888	610	422	294
1.800.000	10.400	5.679	3.455	2.222	1.475	999	686	475	330
2.000.000	11.555	6.310	3.839	2.469	1.639	1.110	762	527	367
2.200.000	12.711	6.941	4.223	2.716	1.803	1.222	838	580	404
2.400.000	13.866	7.572	4.607	2.963	1.967	1.333	914	633	441
2.600.000	15.022	8.203	4.991	3.210	2.131	1.444	991	686	477
2.800.000	16.177	8.834	5.375	3.456	2.295	1.555	1.067	738	514
3.000.000	17.333	9.465	5.759	3.703	2.459	1.666	1.143	791	551
3.200.000	18.488	10.096	6.143	3.950	2.623	1.777	1.219	844	587
3.400.000	19.644	10.727	6.527	4.197	2.787	1.888	1.295	896	624
3.600.000	20.799	11.358	6.911	4.444	2.951	1.999	1.372	949	661
3.800.000	21.955	11.989	7.295	4.691	3.115	2.110	1.448	1.002	697
4.000.000	23.110	12.620	7.679	4.938	3.279	2.221	1.524	1.055	734

Not- wendiges Vermögen (Wert aus Tabellen 11.4 und 11.5)	Spar-Jahre								
	10	15	20	25	30	35	40	45	50
4.200.000	24.266	13.251	8.063	5.185	3.443	2.332	1.600	1.107	771
4.400.000	25.421	13.882	8.446	5.432	3.607	2.443	1.676	1.160	808
4.600.000	26.577	14.513	8.830	5.679	3.771	2.554	1.753	1.213	844
4.800.000	27.732	15.144	9.214	5.925	3.935	2.665	1.829	1.266	881
5.000.000	28.888	15.775	9.598	6.172	4.098	2.776	1.905	1.318	918
5.200.000	30.043	16.406	9.982	6.419	4.262	2.887	1.981	1.371	954
5.400.000	31.199	17.037	10.366	6.666	4.426	2.998	2.057	1.424	991
5.600.000	32.354	17.668	10.750	6.913	4.590	3.109	2.133	1.477	1.028
5.800.000	33.510	18.299	11.134	7.160	4.754	3.220	2.210	1.529	1.065
6.000.000	34.665	18.930	11.518	7.407	4.918	3.331	2.286	1.582	1.101
6.200.000	35.821	19.561	11.902	7.654	5.082	3.442	2.362	1.635	1.138
6.400.000	36.976	20.192	12.286	7.901	5.246	3.553	2.438	1.687	1.175
6.600.000	38.132	20.823	12.670	8.147	5.410	3.665	2.514	1.740	1.211
6.800.000	39.287	21.454	13.054	8.394	5.574	3.776	2.591	1.793	1.248
7.000.000	40.443	22.085	13.438	8.641	5.738	3.887	2.667	1.846	1.285
7.200.000	41.598	22.716	13.822	8.888	5.902	3.998	2.743	1.898	1.322
7.400.000	42.754	23.347	14.205	9.135	6.066	4.109	2.819	1.951	1.358
7.600.000	43.909	23.978	14.589	9.382	6.230	4.220	2.895	2.004	1.395
7.800.000	45.065	24.609	14.973	9.629	6.394	4.331	2.972	2.057	1.432
8.000.000	46.220	25.240	15.357	9.876	6.558	4.442	3.048	2.109	1.468

Tabelle 11.8 Ihre notwendig gleichbleibende Sparrate in den nächsten Jahren
(Anzahl der Jahre wie in Tabelle 11.1 gewählt!) damit Sie bei 9 Prozent durchschnittlich unterstelltem Zins Ihr Wunschziel sicher erreichen

Notwendiges Vermögen (Wert aus Tabellen 11.4. und 11.5)	**Spar-Jahre**								
	10	**15**	**20**	**25**	**30**	**35**	**40**	**45**	**50**
60.000	310	159	90	54	33	20	13	8	5
70.000	362	185	105	62	38	24	15	9	6
80.000	413	211	120	71	44	27	17	11	7
90.000	465	238	135	80	49	31	19	12	8
100.000	517	264	150	89	55	34	21	14	9
120.000	620	317	180	107	66	41	26	16	10
140.000	723	370	210	125	76	48	30	19	12
160.000	827	423	240	143	87	54	34	22	14
180.000	930	476	270	161	98	61	38	24	15
200.000	1.034	529	299	178	109	68	43	27	17
250.000	1.292	661	374	223	137	85	53	34	21
300.000	1.550	793	449	268	164	102	64	41	26
350.000	1.809	**925**	524	312	191	119	75	47	30
400.000	2.067	1.057	599	357	218	136	85	54	34
450.000	2.325	1.189	674	401	246	153	96	61	39
500.000	2.584	1.321	749	446	273	170	107	68	43

Notwendiges Vermögen (Wert aus Tabellen 11.4. und 11.5)	Spar-Jahre								
	10	15	20	25	30	35	40	45	50
550.000	2.842	1.453	823	491	300	187	117	74	47
600.000	3.101	1.586	898	535	328	204	128	81	51
700.000	3.617	1.850	1.048	624	382	238	150	95	60
800.000	4.134	2.114	1.198	714	437	272	171	108	69
900.000	4.651	2.378	1.348	803	492	306	192	122	77
1.000.000	5.168	2.643	1.497	892	546	340	214	135	86
1.200.000	6.201	3.171	1.797	1.070	655	408	256	162	103
1.400.000	7.235	3.700	2.096	1.249	765	476	299	189	120
1.600.000	8.268	4.228	2.396	1.427	874	544	342	216	137
1.800.000	9.302	4.757	2.695	1.606	983	612	385	243	154
2.000.000	10.335	5.285	2.995	1.784	1.092	680	427	270	171
2.200.000	11.369	5.814	3.294	1.962	1.202	748	470	297	189
2.400.000	12.402	6.342	3.593	2.141	1.311	816	513	324	206
2.600.000	13.436	6.871	3.893	2.319	1.420	884	555	351	223
2.800.000	14.469	7.399	4.192	2.497	1.529	952	598	378	240
3.000.000	15.503	7.928	4.492	2.676	1.639	1.020	641	405	257
3.200.000	16.536	8.457	4.791	2.854	1.748	1.088	684	432	274
3.400.000	17.570	8.985	5.091	3.033	1.857	1.156	726	459	291
3.600.000	18.603	9.514	5.390	3.211	1.966	1.224	769	486	309
3.800.000	19.637	10.042	5.690	3.389	2.076	1.292	812	513	326

4.000.000	20.670	10.571	5.989	3.568	2.185	1.360	854	540	343
4.200.000	21.704	11.099	6.288	3.746	2.294	1.428	897	567	360
4.400.000	22.737	11.628	6.588	3.925	2.403	1.496	940	594	377
4.600.000	23.771	12.156	6.887	4.103	2.513	1.564	983	621	394
4.800.000	24.804	12.685	7.187	4.281	2.622	1.632	1.025	648	411
5.000.000	25.838	13.213	7.486	4.460	2.731	1.700	1.068	675	428
5.200.000	26.871	13.742	7.786	4.638	2.840	1.768	1.111	702	446
5.400.000	27.905	14.270	8.085	4.817	2.950	1.836	1.154	729	463
5.600.000	28.938	14.799	8.385	4.995	3.059	1.904	1.196	756	480
5.800.000	29.972	15.327	8.684	5.173	3.168	1.972	1.239	783	497
6.000.000	31.005	15.856	8.984	5.352	3.277	2.040	1.282	810	514
6.200.000	32.039	16.385	9.283	5.530	3.387	2.108	1.324	837	531
6.400.000	33.072	16.913	9.582	5.709	3.496	2.176	1.367	864	548
6.600.000	34.106	17.442	9.882	5.887	3.605	2.244	1.410	891	566
6.800.000	35.140	17.970	10.181	6.065	3.714	2.312	1.453	918	583
7.000.000	36.173	18.499	10.481	6.244	3.824	2.380	1.495	945	600
7.200.000	37.207	19.027	10.780	6.422	3.933	2.447	1.538	972	617
7.400.000	38.240	19.556	11.080	6.601	4.042	2.515	1.581	999	634
7.600.000	39.274	20.084	11.379	6.779	4.151	2.583	1.623	1.026	651
7.800.000	40.307	20.613	11.679	6.957	4.261	2.651	1.666	1.053	668
8.000.000	41.341	21.141	11.978	7.136	4.370	2.719	1.709	1.080	686

Betrachten wir dies noch einmal an unserem Beispiel: Sie wollen nun ein Vermögen von 333768 Euro (aufgerundet auf 350000 Euro) in 15 Jahren ansparen. Bei einer chancenorientierten Geldanlageform (wie in Tabelle 11.7) müssen Sie dafür monatlich 1104 Euro auf die Seite legen.

Tragen Sie nun hier die von Ihnen ermittelte Sparrate ein: Um mein Wunsch-Vorsorgeziel zu finanzieren, muss ich über ________ Jahre monatlich ________ Euro ansparen.

Auf den Punkt gebracht

Nun wissen Sie, wie viel Sie sparen müssen, um Ihr Alter sorgenfrei verbringen zu können. Ich rate Ihnen nun: Handeln Sie! Suchen Sie einen soliden Finanzberater auf, und besprechen Sie mit ihm Ihre persönliche Situation. Denn dieses Buch kann Ihnen zwar Ihren Bedarf deutlich machen und Ihnen Ideen und die nötigen Informationen für Ihre Altersvorsorge geben, doch eine Planung Ihrer Altersvorsorge selbst ist immer eine individuelle, sehr persönliche Angelegenheit, wie Sie bereits in den Praxisfällen sehen konnten. Doch eines ist sicher: Je eher Sie handeln, desto mehr Zeit bleibt Ihnen. Um es noch einmal zu wiederholen: »Spare mit der Zeit, dann hast du in der Not! Oder: Spare in der Not, dann hast du für die Zeit.« Deshalb: Handeln Sie jetzt!

Rentenlüge, Rentenlücke, Finanzberater und FinanzRater®

Wenn wir über die Rentenlüge und die Rentenlücke schreiben, dann bedeutet dies auch für Sie: Finanzplanung ist Lebensplanung! Die alles entscheidende Aufgabe für jeden Einzelnen lautet: Übernehmen Sie GeldverANTWORTung®. Sie alleine müssen wissen, wie Ihre finanzielle Planung aussieht! Bei dieser Finanzplanung wiederum werden Sie mit Profis zusammenarbeiten. Seien es Versicherungsmitarbeiter, Bankmitarbeiter, freie Finanzdienstleister oder freie Makler. Die Frage lautet nun: Wie sieht es mit der Qualität der Finanzberatung aus? Gemeinsam mit dem *Versicherungsmagazin* und *Bankmagazin* testeten wir die Beratungsqualität in der Praxis. Die Ergebnisse sind niederschmetternd. Sie zeigen jedoch auch die großartigen Chancen für qualifizierte, fachlich und rechnerisch souveräne und kompetente Berater und Vermittler.[1]Der Beratungstest:

Seit dem 22. Mai 2007 gilt die europäische Versicherungsvermittlerrichtlinie. Im Mittelpunkt der Richtlinie stehen Begriffe wie Qualifikation, Transparenz und Haftung. In den verschiedenen Medien und Branchenzeitschriften sind wohlklingende Sätze zu lesen wie »Die in der Richtlinie verankerten Pflichten Information, Beratung und Dokumentation...dafür sorgen, dass es...einen Wandel vom reinen Produktverkauf hin zum Beratungsverkauf geben wird«. Das alles klingt wohlfeil. Die Praxis zeigt dagegen ein düsteres, peinliches bis desaströses Bild.

Finanzberater oder FinanzRater®

Die Frage war nun: Wie sieht es mit der Beratungsqualität in der Praxis aus. Zu diesem Zweck testeten Berater des KLÖCKNER-INSTITUT in mehreren Städten Mitarbeiter verschiedener Unternehmen. Auszugsweise sind im Folgenden einige der insgesamt 12 Fragen abgedruckt. Die Testbedingungen waren dabei fair. In allen Fällen wurde im Vorfeld telefonisch um einen Beratungstermin mit einer Expertin/einem Experten gebeten. Ausdrücklich äußerte die Testperson, dass sie verschiedene Fragen zu den Themen Rente, Versicherung, Fondssparen und Kredit habe. Im Anschluss an diese Vorgaben wurde jeweils ein Beratungstermin vereinbart. Den Beratern stand ausreichend Zeit für die Vorbereitung und das Beratungsgespräch selbst zur Verfügung . Selbst, wenn eine Beraterin/ein Berater eine Frage nicht beantworten konnte, und auf eigenen Wunsch weitere Experten um Rat fragen bzw. hinzuziehen wollte, ergab dies keinerlei Abzüge bei der Beurteilung der Beratungsqualität. Es zählte ausschließlich die Antwort. Für die richtigen Antworten auf die leichtesten Fragen gab es die meisten Punkte. Hier nochmals die ersten Worte des Testers zu Beginn einer Beratung »Ich habe einige Fragen zu meiner Finanzplanung. Ich bin allerdings ein sehr kritischer Mensch und plane sehr genau. Daher habe ich mich gut vorbereitet. Wundern Sie sich also nicht. Mir geht es dabei nicht um Steuern.«

Auszug der Testfragen

Lesen Sie die folgenden Fragen. In Kategorie 1 »Rente« sind alle drei Testfragen genannt. In den folgenden Kategorien werden nur die beiden ersten Fragen wiedergegeben. Urteilen Sie aus Sicht eines Kunden bei jeder Frage, ob ein Finanzverkäufer, der sich zuvor als Experte bezeichnet hat, die im Folgenden genannten Fragen beantworten können muss. Eher Ja? Eher Nein?

Fragen zum Thema RENTE

Frage 1 – leicht
Ich bin 45 Jahre und möchte mir mit 60 Jahren eine Zusatzrente von monatlich 1 000 Euro über einen Fondsentnahmeplan auszahlen lassen. Wenn ich während dieser Entnahmezeit von einem effektivem Zinssatz von 5 Prozent ausgehe, mit 30 Jahren Entnahme rechne und am Ende das Kapital aufgezehrt sein kann: Wie hoch ist das notwendige Vermögen?
Frage 2 – mittel
Wie hoch ist das notwendige Vermögen, wenn ich die Inflation bis zum Rentenbeginn berücksichtigt haben will? Also zum Beispiel 3 Prozent Inflation. Das müssen dann ja mehr als 1 000 Euro sein.
Frage 3 – schwer
Ich habe 70 000 Euro aus dem Verkauf einer Immobilie zur Verfügung. Wenn ich mir eine Rente über 30 Jahre auszahlen lassen möchte, angenommen wieder mit 5 Prozent effektivem Zins: Wie hoch ist Rente, wenn ich jedes Jahr eine abnehmende Dynamik von 5 Prozent berechnet haben will? Das Geld kann am Ende aufgebraucht sein.

Beantworten Sie selbst aus Kundensicht:

Sollte ein qualifizierter Vermittler und Finanzberater diese Aufgaben lösen können?
eher Ja ( ) eher Nein ( )

Fragen zum Thema VERSICHERUNGEN (im kapitalbildenden Bereich)

Frage 1 – leicht

Ich will in eine Lebensversicherung sparen mit 20 Jahren geplanter Laufzeit. Angenommen, sie bringt effektiv 4 Prozent Rendite. Wenn ich am Ende der Laufzeit 200 000 Euro brauche, was muss ich monatlich sparen? Bitte rechnen Sie mit 6 Prozent jährlich steigendem Beitrag, also mit Dynamik.

Frage 2 – mittel

Mir wurde ein Angebot gemacht: Eine Fondspolice mit 18 Jahren Laufzeit und 300 Euro Beitrag im Monat. Dabei wurden bei einer prognostizierten Rendite von effektiven 9 Prozent 138 000 Euro ausgewiesen. Alle sprechen von enthaltenen Kosten. Wie hoch ist denn der Kostenanteil pro Monat bei diesem Angebot?

Beantworten Sie selbst aus Kundensicht:

Sollte ein qualifizierter Vermittler und Finanzberater diese Aufgaben lösen können?

eher Ja ( ) eher Nein ( )

Fragen zum Thema »FONDS«

Frage 1 – leicht

Wie groß ist das Vermögen am Ende bei einem Sparplan mit 20 Jahren Laufzeit, monatlichen Einzahlungen von 200 Euro und effektiven Zinsen von 7 Prozent? Und es gibt einen Ausgabeaufschlag bei Fonds. Angenommen dieser beträgt 5 Prozent: Wie groß ist das Vermögen am Ende?

Frage 2 – mittel

Mir hat jemand einen Prospekt gezeigt. Der Fonds hat 400 Prozent Rendite in 20 Jahren erzielt. Wie hoch ist die Rendite umgerechnet pro Jahr?

Beantworten Sie selbst aus Kundensicht:

Sollte ein qualifizierter Vermittler und Finanzberater diese Aufgaben lösen können?

eher Ja ( ) eher Nein ( )

Fragen zum Thema »KREDIT«

Frage 1 – leicht
Ich möchte eine Immobilie zu einem Kaufpreis von 200 000 Euro erwerben und dafür einen Kredit mit 15 Jahren Laufzeit aufnehmen. Wie hoch ist die monatliche Rate bei einem angenommenen variablen effektiven 5 Prozent Zinssatz im Monat?
Frage 2 – mittel
Wenn ich aus steuerlichen Gründen mit einer Tilgungsrate von maximal 1,7 Prozent beginnen möchte, wie hoch sind dann die Ratenzahlungen und die Restschuld?

Beantworten Sie selbst aus Kundensicht:

Sollte ein qualifizierter Vermittler und Finanzberater diese Aufgaben lösen können?
eher Ja ( ) eher Nein ( )

Testergebnisse

Kein einziges Beratungsgespräch brachte einen Erfolg. In keinem Beratungsgespräch wurden alle Fragen beantwortet. Geschweige denn richtig beantwortet. Mal passte die Frage des Testkunden nicht in die Software (häufigste Begründung für die Nicht-Antwort). Dann wiederum erwiesen sich die im Vorfeld als Beratungsexperten angekündigten Berater als völlig überfordert.

Im Folgenden ein Auszug der im Test erhaltenen Antworten beziehungsweise der vom Tester wiedergegebenen Situation:

- »Das ist im Moment nicht berechenbar«
- (Beschreibung des Testers) Bei dieser Frage kam der Chef hinzu und führte das Gespräch weiter. Er stellte sich auch den restlichen Aufgaben. Der Chef rechnete diese Aufgabe im Kopf und kam zu dem Schluss, dass 200 Prozent in 10 Jahren und rund 20Prozent in einem Jahr erzielt werden könnten.
- (Beschreibung des Testers) Der Berater sagte sinngemäß: »400 Prozent in 20 Jahren, dann sind es 200 Prozent in zehn Jahren. Das heißt 20 Prozent durchschnittlich pro Jahr«. Auch auf den Hinweis des Testers, das sei doch zu einfach, wiederholte er sich

und meinte, man müsse wissen, welcher Fonds es ist, dann könne man es besser berechnen.

- (Beschreibung des Testers) Der Berater könne es nicht berechnen, da er keine Dynamik im Programm eingeben kann.
- »Der gewünschte Zinssatz kann im System nicht mit der gewünschten Laufzeit eingegeben werden...«
- »Die Lösung liegt wohl irgendwo dazwischen...«
- »Die gewünschte Sondertilgung hat das System nicht angenommen...«
- »Die Aufgabe kann ich mit unserer Software nicht lösen...«
- »Auch wenn ich Dritte frage, kann ich das nicht lösen...«
- »Mit den von Ihnen gewünschten Angaben kann ich das nicht berechnen. Die Rentenzahlung ist immer lebenslang. Ich kann hier nicht mit einer gewünschten Anzahl von Rentenjahren rechnen...«
- »Das ist ebenfalls mit dem System nicht berechenbar....«
- »Mit Inflation ist das Ganze nicht berechenbar. Das sieht der Tarif nicht vor...«

Testabbruch!

Angesichts der katastrophalen Beratungsergebnisse – es gab zwar einen »Testsieger« mit 12 erreichten Punkten von 100 möglichen Punkten – entschied die Redaktion sich für einen Abbruch des Beratungstests. Die getesteten Unternehmen sind stellvertretend für die übrigen Unternehmen der Finanzbranche. Dabei zeigt das Ergebnis des Tests, dass dringender Handlungsbedarf für die Verbesserung der Beratungsqualität besteht.

Setzen Sie als Verbraucher auf Finanzberater statt FinanzRater®

Die alles entscheidende Botschaft für alle Verbraucher und Kunden lautet: Vergewissern Sie sich, dass Ihr Finanzdienstleister, die Verkäuferin, der Verkäufer, die/der mit Ihnen über Finanzen, Kapitalaufbau sprechen will, Finanzberater ist. Und eben kein FinanzRater®. Merken Sie sich die oben genannten Testaufgaben. Eine Finanzberaterin, ein Finanzberater, die/der den Beruf des

Finanzberaters wirklich beherrscht, wird solche und ähnliche Testaufgaben mühelos, schnell und korrekt nebenbei im Verkaufs- und Beratungsgespräch beantworten können. Hören Sie bei solchen Fragen jedoch Antworten wie oben wiedergegeben, also insbesondere Antworten wie »Das kann ich Ihnen so nicht berechnen« oder »Wir melden uns wieder dazu« und so weiter, handelt es sich im Zweifel um einen FinanzRater®. Und einem FinanzRater® sollten Sie – angesichts der drohenden Rentenlücke – Ihr Geld nicht anvertrauen. Und noch eines: Wieso schreiben wir dieses Kapitel? Viele Finanzdienstleister wissen, dass die Autoren dieses Buches ebenfalls Finanzdienstleister sind. Daher fragen sie sich »Wieso beschmutzen Klöckner und Dütting ihr eigenes Nest?«. Die alles entscheidende Antwort lautet: Je qualifizierter der Beruf des Finanzdienstleisters gelebt wird, je qualifizierter Finanzverkäuferinnen und Finanzverkäufer sind, desto eher gewinnen alle Beteiligten. In erster Linie Kundinnen und Kunden. Weil: Eine qualifizierte, auf den Punkt kommende Finanzplanung ist ein wesentlicher und entscheidender Baustein einer funktionierenden Lebensplanung. Je qualifizierter Finanzdienstleisterinnen und Finanzdienstleister sind, desto besser ist es für die Unternehmen der Finanzbranche. Weil: Umso größer werden die Abschlüsse sein. Zum Wohle der Kunden, wie der Unternehmen. Und drittens ist eine Branche mit qualifizierten Finanzdienstleistern und Finanzverkäufern für diese selbst entscheidend. Weil: Je qualifizierter Finanzverkäufer arbeiten, desto weniger haben schwarze Schafe und schlecht ausgebildete FinanzRater® eine Chance. Und umso mehr werden die verbleibenden, qualifizierten Finanzdienstleister zu tun haben.

Für die Finanzdienstleister unter den Lesern

Selbsterkenntnis & Ehrlichkeit

Die alles entscheidende Botschaft lautet: Die ganze Branche ist gefragt! Ob Versicherungsvermittler, freie Finanzdienstleister, Bankmitarbeiter. Und insbesondere gefragt sind Vorstände und Führungskräfte. Es ist höchste Zeit für ein Umdenken. Gewinner trainieren nach der Klöckner Methode. Die neuen Beratungs-

Richtlinien zwingen alle in der Branche zu einer bislang für die Finanzbranche unbekannten Ehrlichkeit und Selbsterkenntnis. Zu dieser Selbsterkenntnis gehört: Anerkennen und Akzeptieren, dass ein Großteil der Branche wirklich bedarfsgerechte Beratung beim Kunden trainieren und üben muss. Diese Selbsterkenntnis und Ehrlichkeit fällt schwer. Sie ist jedoch die alles entscheidende Voraussetzung für den Erfolg. Für alle, die nun – als Führungskraft oder Vorstand in einem Finanzunternehmen – denken oder sagen »Unsere Leute sind sehr gut ausgebildet! Was soll das mit dieser Selbsterkenntnis«, im Folgenden ein kleiner Test. Und wenn Sie als Leser – angenommen, Sie sind Finanzdienstleister – schon denken »Ich kann das« oder »Meine Leute können das«, dann machen Sie den Test! Rufen Sie als Führungskraft, als Vertriebsverantwortliche/r Vermittler und Berater in ihrer Organisation, in Ihrem Unternehmen an. Stellen Sie die folgende, sehr einfache und in der Praxis immer wieder vorkommende Frage. Geben Sie sich selbst maximal 3 Minuten Zeit zur Beantwortung. Weil: Es ist eine sehr einfache Frage. Geben Sie Ihrem Vermittler, dem Berater Ihrer Organisation, Ihrer Unternehmung, die/den Sie als Führungskraft im Vertrieb anrufen, ebenfalls 3 Minuten. Warum 3 Minuten? Weil die folgende Testfrage in einem Kundengespräch sehr schnell als Frage aus der Praxis gestellt werden könnte und auch dann müssen Sie, müssen die Mitarbeiter Ihrer Organisation sofort antworten, um die Aufmerksamkeit des Kunden zu behalten. Für alle Kunden gilt: Testen Sie Ihren Finanzdienstleister. Stellen Sie die folgende Frage. Wandeln Sie die Zahlen womöglich ein wenig ab. Für den Fall, dass Ihr Finanzdienstleister dieses Buch gelesen und sich exakt auf die Zahlen dieser Testfrage vorbereitet hat.

Wette für Finanzdienstleister

Vorab: Wenn Sie es nicht schaffen, dann ein kleiner Trost. 90 Prozent der Finanzberater und Vermittler werden bei der folgenden Frage sagen »Diese Frage kann ich mit unserem System nicht beantworten«, »Das kann ich Ihnen nicht sagen«. Oder Ähnliches. Sie sind also nicht alleine. Das macht es nicht besser, doch vielleicht ein bisschen leichter. Und sollten Sie sich damit provoziert fühlen, versichere ich Ihnen: Ich meine es wirklich gut! – Nun die

Frage: Sie sind bei einer Kundin/einem Kunden. Sie sprechen, neben verschiedenen Details, auch über die Altersvorsorge und privater Finanzplanung. Ihre Kundin/Ihr Kunde hat bislang – bis auf einen Vorsorgevertrag – noch keine Vorsorge für das Alter getroffen. Ihre Kundin/Ihr Kunde hat jedoch einen Vertrag vor 19 Jahren abgeschlossen. Es ist ein dynamisierter Vertrag von 6 Prozent jährlich. Die Dynamik wurde immer in Anspruch genommen und soll auch künftig in Anspruch genommen werden. Angenommen, der Vertrag erzielt effektiv 4,75 Prozent Rendite auf den Sparbeitrag und wäre heute in 11 Jahren (Gesamtlaufzeit = 30 Jahre) fällig, wie hoch ist die Auszahlung? Sie fragen den Kunden nach dem Beitrag. Er nennt Ihnen 676 Euro, die heute aktuell im 19. Sparjahr bezahlt werden.

Software alleine ist zu wenig!

Der Traum mancher Führungskräfte und Vertriebsvorstände wie den Vermittlern an der Basis, dass es nur eine im Zweifel teure Software braucht, um bedarfsgerechte Beratung leisten zu können, wird sich als Illusion erweisen. Ein viele Jahre alter Spruch lautet: Wer oben Unfug eingibt (in eine Software), erhält im Ergebnis unten Unfug (als Beratungsergebnis). Richtig ist: Eine gute Software ist notwendig und entscheidend, um zu dokumentieren, was der Gesetzgeber verlangt. Dennoch gilt: Finanzberater, die den Titel »Berater« wirklich verdienen, müssen künftig weit mehr bieten als je zuvor. Was passiert, wenn Berater – ohne wirkliche Kenntnis und Ausbildung in Fragen zur privaten Finanzplanung – ausschließlich auf ihre Software vertrauen, zeigt der Beratertest: Peinliche bis katastrophal zu nennende Ergebnisse. Wer sich jedoch diesem Prozess stellt, sei es als Einzelner, als Führungskraft, als Unternehmen, als Vertriebsorganisation, wird in den kommenden Jahren mit überzeugten und wirklich bedarfsgerecht beratenen Kunden mehr Geld verdienen als je zuvor.

Gehirnforschung & erfolgreiches Verkaufen

Gehirnforscher wissen, dass innere Bilder entscheidend sind für erfolgreiche Verkaufsprozesse. Kunden, die innere Bilder haben, verändern sich leichter. Vermittler/Berater, die den Kunden ihre inneren Bilder lassen und so mit ihren Kunden arbeiten, dass deren innere Bilder die Reihenfolge und Vorgehensweise in einem Verkaufs- und Beratungsprozess bestimmen, haben mehr Erfolg. Das alles spricht gegen eine standardisierte Vorgehensweise im ersten Schritt. Das alles spricht für eine andere Vorgehensweise: Vermittler und Berater müssen trainieren und lernen, wie sie in den ersten Minuten bis zur ersten halben Stunde in der (Bilder)-Welt ihrer Kunden bleiben können. Wenn eine Kundin/ein Kunde in dieser ersten Phase eines Verkaufs- und Beratungsprozesses über eine bestehende, dynamisierte Lebensversicherung sprechen will, muss der Vermittler oder Berater es schlichtweg drauf haben. Spricht eine Kundin/ein Kunde andere Themen an, nehmen wir die Frage, ob sich eine bestimmte Investition im Unternehmen lohnt, muss der Vermittler oder Berater sich auch hier als Profi erweisen.

Verwirrung ist Wachstum!

Angesichts der erforderlichen Qualifikation und dem dazu erforderlichen Veränderungs- und Lernprozess, damit ein Finanzberater morgen noch mithalten kann, entsteht bei dem einen oder anderen Vermittler oder Berater Verwirrung. Fachlich bedeutet das: Angewandte, praxisorientierte Finanzmathematik ist ein Muss! Wer zum Arzt geht, verlässt sich darauf, dass ein qualifizierter Arzt sich – frei von jeder vorgegebenen Vorgehensweise – zunächst individuell auf den Patienten einstellt. Kunden von Finanzvermittlern und Finanzberatern dürfen zu Recht den Anspruch haben, dass qualifizierte Vermittler und Berater – frei von jeder vorgegebenen Beratungsabfolge – kompetent und individuell Fragen beantworten können. Solange es in dieser Branche Antworten gibt wie oben genannt »Mit Inflation können wir nicht rechnen« oder »Das sieht unser System nicht vor« und Ähnliches, macht sich eine ganze Branche hinsichtlich Qualifikation selbst etwas vor. Wer als Vermittler oder Berater an der Basis mit diesem Selbstbetrug für sich selbst aufhört, verdient in den kommenden Jahren gutes Geld mit zufriedenen Kunden. Führungskräfte und Vertriebsverantwortliche, die reagieren und dafür sorgen, dass die

Mitarbeiter ihrer Vertriebsorganisation praxisorientierte, angewandte Finanzmathematik immer und immer wieder trainieren, erzielen künftig große Erfolge. Die drei entscheidenden Voraussetzungen für den Zustand Erfolg sind dabei:

1. Rechnerische, finanzmathematische Praxis-Kompetenz – hier: Rechnerische, sprachliche Souveränität und Kompetenz in Verkauf und Beratung.
2. Technische Kompetenz – hier: Einsatz von leistungsfähiger, gehirngerechter unterstützender!! Software.
3. Kommunikative Kompetenz – hier: Vermittler und Berater, die in ihren Gesprächen Wertschätzung und Anerkennung den Kundinnen und Kunden gegenüber spürbar und authentisch leben.

Die alles entscheidende Frage lautet: Wie sehr erfüllen, leben Sie als Vermittler, leben die Menschen in Ihrer Vertriebsorganisation diese drei Kompetenzen? Lautet die Antwort »Wenig« oder »zu wenig«, dann gilt: Ändern Sie blitzartig diesen Zustand! Sorgen Sie so auf diese Weise für den Zustand Erfolg! Es gilt auch: Nutzen Sie das mehrtägige Intervall-Training nach der Klöckner Methode und mit den Inhalten der Verkaufstherapie nach Bernd W. Klöckner. Es ist dabei völlig in Ordnung, dass Sie noch leichte Zweifel haben, ob diese Methode Ihnen zusätzlichen, großen Erfolg bringt, bevor Sie unmittelbar nach dem gemeinsamen Training feststellen werden »Es funktioniert!«.

1 Teilnehmer des mehrtägigen Intervall-Trainings zur Klöckner-Methode trainieren diese fachliche, rechnerische und sprachliche Souveränität und Kompetenz.

Schluss

Bleib ruhig: In hundert Jahren ist alles vorbei.

Ralph Waldo Emerson

Dieses Buch widmete sich in allen Facetten, die dazu gehören, einem einzigen Thema: Der gigantischen Gaukelei hinsichtlich der amtlichen Rentenberechnungen. Politisch getarnt mit allerlei geschickter Propaganda. Das Ergebnis wird – wenn sich nicht sehr, sehr schnell etwas ändert – eine Altersarmut der breiten Masse sein. Rodrigo de Rato, ehemaliger Geschäftsführender Direktor des Internationalen Währungsfonds brachte es einmal auf den Punkt: »Aus dem Netz der sozialen Sicherheit ist in Deutschland längst eine Falle geworden.« Zuvor soll eines nochmals – wie bereits zu Beginn – erwähnt werden: In diesem Buch geht es – auf Grundlage der aktuellen Entwicklung und der aktuell verfügbaren Daten – um die Auswirkungen der Demografie auf die sozialen Sicherungssysteme. Es geht *nicht* um die Auswirkung auf den künftigen Wohlstand in diesem Land.

»Aus dem Netz der sozialen Sicherheit ist in Deutschland längst eine Falle geworden.«

Rodrigo de Rato,
Geschäftsführender Direktor des Internationalen Währungsfonds (IWF), *Euro am Sonntag* 20. Februar 2005

Selbst wenn also die Prognosen, Hochrechnungen und Modellrechnungen Wirklichkeit würden, selbst dann, wenn alles hinsichtlich der demografischen Entwicklung so eintritt wie prognostiziert, heißt das nicht, dass zwangsläufig auch ein grundsätzlicher Wohlstandsverlust die unausweichliche Folge sein muss. Der Kollaps der sozialen Sicherungssysteme kann durchaus damit einhergehen, dass der Wohlstand bei einem Teil der Bevölkerung weiter steigt. Es wäre also falsch, die Alterung der Gesellschaft mit Wohlstandsverlust unmittelbar gleich zu setzen. Wichtig ist hier:

Die Rentenlüge. Bernd W. Klöckner und Werner Dütting

ISBN 978-3-527-50411-4

Gelingt es durch politisch geschicktes Handeln, das Wachstum in diesem Land anzukurbeln, gelingt es dadurch, die Nachfrage nach Arbeitskräften zu erhöhen, dann ist es auch – in einem sehr positivem Szenario – denkbar, dass die Menschen tatsächlich bis zum Alter von 65, 67 oder gar 70 Jahren arbeiten könnten. Tritt eine solche Entwicklung ein, verliert sich jede Dramatik hinsichtlich der negativen Auswirkungen der demografischen Entwicklung.

Die Optimisten können also berechtigt fragen »Und was ist, wenn es einen dauerhaften, über Jahre und Jahrzehnte anhaltenden Wirtschaftsboom gibt!?« Das ist alles. Die Frage bleibt: Und was ist, wenn dieser Boom ausbleibt? Dann wird wiederum vieles von dem Realität werden, wie es in diesem Buch beschrieben ist. Doch zurück zur gesetzlichen Rentenversicherung:

Geht man von den aktuellen Gegebenheiten, auch der derzeitigen wirtschaftlichen Entwicklung aus, so gilt für die sozialen Sicherungssysteme, speziell für die gesetzliche Rentenversicherung und die jährlich versandte Renteninformation: Einerseits gut gemeint, ist die amtliche Renteninformation auf dem jetzigen Stand weitaus nicht das, was Menschen benötigen, um ihre Vorsorge wirklich planen zu können.

Das in diesem Buch erstmals präsentierte Muster einer überarbeiteten Renteninformation beweist: Es wäre möglich, diese zweifelsohne wichtige Renteninformation so aufzubauen, dass die Menschen wirklich wissen, woran sie sind. Wer hier Dinge sagt wie »Wir können nicht ...« sagt in Wahrheit »Wir wollen nicht!«

Und dieses Nicht-wollen, dieses Verheimlichen der in den kommenden Jahren auf uns zurollenden, katastrophalen demografischen Belastungen ist das eigentliche Versagen der politischen Klasse. Die Politik muss den Mut haben, das auszusprechen, was der Nobelpreisträger Paul A. Samuelson einmal ganz klar sagte. Er bezeichnete die umlagefinanzierten Rentensysteme schlichtweg als das, was sie wirklich sind: »the biggest Ponzi Game ever«. Merkmale eines so genannten Ponzi-Spiels ist die ständige Aufnahme neuer Kredite, um notwendige Ausgaben finanzieren zu können. Dabei werden die aufgenommenen Kredite ihrerseits wiederum durch immer wieder neu aufgenommene Kredite zurückbezahlt. Man nennt das ganze auch »Schneeballsystem«. Ein Schneeballsystem ist ein sozialer, besser: ein höchst unsozialer

Prozess. Die zu Beginn teilnehmenden Personen profitieren. Die letzten beißen die dafür vorgesehenen Hunde. Wir meinen und gleichzeitig bitten wir um Entschuldigung, dass wir dies so derb auf den Punkt bringen: Ein solches, staatlich geduldetes Schneeballsystem ist schlichtweg eine politisch verantwortungslose Sauerei! Die Mär von der »sicheren Rente« entpuppt sich als perfides Gesäusel der politischen Klasse.

Tatsache ist auch: Bereits vor vielen Jahren hätte die politische Klasse das demografische Dilemma erkennen können und erkennen müssen. Und fatal ist es, wie aus politischem Opportunismus mit der finanziellen Zukunft der Menschen in diesem Land und insbesondere der heutigen wie künftigen Rentner regelrecht gespielt wird. Kaum hatte die eine Partei den Mut, einen demografischen Faktor einzuführen, kassierte die Nachfolgeregierung aus politischem Kalkül diesen im Grundsatz richtigen Weg, um die Idee später selbst wieder unter dem Begriff »Nachhaltigkeitsfaktor« zu gebären.

Die Belastung der kommenden Generationen scheint bei allem verfügbaren Datenmaterial noch keineswegs vollständig bekannt, geschweige denn vollständig erfasst. Wobei eher davon ausgegangen werden darf, dass die Brisanz des Themas den politisch Handelnden mehr als bekannt ist und sich alles nur um die Frage dreht »Wie sag' ich's meinem Kinde?« Es wäre dringend notwendig, dass die politisch Verantwortlichen sehr, sehr schnell reagieren und das Thema Demografie und soziale Sicherheit mit aller gebotenen Ehrlichkeit ganz oben auf die politische Agenda setzen. Der Staat muss umgehend Maßnahmen ergreifen, wenn die sich ankündigende, dramatische Belastung der Gesellschaft wie der einzelnen Bürger ausbleiben soll. Es ist höchste Zeit, die Themen Familienpolitik und Zuwanderungspolitik zu den wichtigsten Themen zu machen, die in den kommenden Jahren zu bearbeiten sind. Dazu gehört insbesondere auch, dass Familien hinsichtlich der Berücksichtigung von Pflege-, Unterhalts- und Erziehungsleistungen unterstützt und gestärkt werden müssen.

Überhaupt gilt es die Erkenntnis zu stärken und die Voraussetzungen zu schaffen, dass Familie und Beruf zusammen gehören (können). Deutschland scheint hier mental wie von den faktischen Voraussetzungen her immer noch ein Entwicklungsland zu sein.

Wobei auch die mentale Einstellung eine Rolle spielt. Wie viele Mütter und Väter in diesem Land müssen sich, wenn sie die Kleinen bereits mit wenigen Monaten in Kindertagesstätten geben wollen um wieder frei für den – letztlich notwendigen – Beruf zu sein, von Eltern und Schwiegereltern anhören, dass man doch für die Kinder da sein müsse. Ganz anders erlebt man es beispielsweise in Frankreich: Wenn im September jeden Jahres der erste Schultag an der École maternelle (der französische Kindergarten nimmt Kinder ab circa vier Monaten) näher rückt, dann wird nicht bis ins unendliche über die Frage diskutiert, ob Mutter und Vater doch zu Hause bleiben sollten und überhaupt die Kinder zu Hause viel besser gedeihen würden und, und, und ... Es machen sich einfach Hunderttausende von Kindern unter drei Jahren auf den Weg mit dem Ergebnis, dass seit vielen Jahrzehnten diese Form der – frei übersetzt – »mütterlichen Schule« schlichtweg dazu gehört und nahezu alle 3-Jährigen, bis auf wenige Prozent, dieses Angebot auch nutzen. In Deutschland würde ein Aufschrei durch das Land gehen. Und genau hier beginnt, neben der Verantwortung der Politik für eine veränderte Demografie auch die Verantwortung der Menschen in diesem Land. Wie heißt es so treffend: Man muss die Grenzen im Kopf verschieben, damit sich die Grenzen des Handelns verschieben. Wobei das ganze Thema vorsichtig angegangen werden muss: Denn Voraussetzung für eine qualifizierte Ganztagsbetreuung, gleich ob in Kindertagesstätten oder einem Abbild solcher »mütterlichen Schulen« wie in Frankreich, sind qualifizierte, gut bezahlte Erzieherinnen und Erzieher.

Doch kommen wir zurück zur Rentenversicherung: In Zusammenhang mit der Rentenversicherung sind – das zeigen die in diesem Buch genannten Fakten und Zahlen sehr, sehr deutlich – weitere Einschnitte nötig. Wer etwas anderes behauptet, belügt oder beschwichtigt zumindest. Die bisherigen Leistungen wird die gesetzliche Rentenversicherung auf Dauer nicht beibehalten können. Lassen Sie mich an dieser Stelle nochmals die Einschätzung der Rating-Agentur S&R wiederholen. Ohne drastische und einschneidende Sozialreformen in jedem Bereich würde die Bonität Deutschlands auf Ramsch-Niveau abrutschen, und Deutschland als Schuldner auf Ramschanleihen-Niveau (sogenannte Junk Bonds) herabgestuft werden. Daher gilt: Diese Wahrheit ist den

Menschen unmissverständlich – möglicherweise mit Hilfe der in diesem Buch überarbeiteten Renteninformation – immer und immer wieder zu sagen. Niemand sollte eines Tages sagen können »Das habe ich alles nicht gewusst«. Themen wie (erheblich) längere Arbeitszeiten und (erheblich) höhere, notwendige, private Altersvorsorge müssen immer und immer wieder angesprochen und umgesetzt werden. Besonders wichtig: Der Staat, die politisch denkende und handelnde Klasse hat es in der Hand, die Menschen hinsichtlich der demografischen Entwicklungen und denkbaren Szenarien auf dem Laufenden zu halten. Die Diskussion über die demografische Entwicklung muss raus aus den wissenschaftlichen Diskussionskreisen, in die Köpfe und in die Herzen der breiten Masse getragen werden. Die Menschen jeder Klasse und auf jedem sozialen Niveau haben ein Recht darauf, in verständlichen Worten zu erfahren, welche Szenarien möglich sind, welche Szenarien eintreten können. Dann, und nur dann hat jeder Mensch die Möglichkeit, sich selbst zu entscheiden, welche Konsequenzen sie oder er für das eigene Handeln zieht. Der eine wird weiterhin nicht reagieren und eines Tages ein Alter in Armut erleben. Der andere wird reagieren. Wird handeln. Die alles entscheidende Voraussetzung lautet jedoch: Er muss informiert sein, damit er handelt. Bis die derzeitige, oftmals wissenschaftliche Diskussion bei den Menschen angekommen sein wird, werden jedoch wichtige und vielleicht entscheidende Jahre vergehen. Denn es gibt nur eine Formel für den Vermögensaufbau: Zeit mal Geld. Viele Menschen tun sich ohnehin schon schwer, die notwendigen Beträge zur eigentlich notwendigen, privaten Altersvorsorge aufzubringen. Wer diesen Menschen mangels rechtzeitiger (möglicher) umfassender Information noch die Zeit stiehlt, in der sie möglichst frühzeitig handeln könnten, macht sich mitschuldig an der drohenden Altersarmut der breiten Masse.

Die Politik ist weiter gefordert, das Sparen fürs Alter, das Sparen und Investieren für die eigene Zusatzrente immer attraktiver zu machen. Wenn die sozialen Sicherungssysteme in der jetzigen Struktur vor dem – das ganze ist nur eine Frage der Zeit – Kollaps stehen, dann muss dies den Menschen in diesem Land gesagt werden. Die Bevölkerung, die Menschen dieses Landes haben ein Recht darauf, dass ihnen klarer Wein eingeschenkt wird. Klarer

Wein statt die in diesem Buch beschriebene Propaganda und Desinformation über Jahre und Jahrzehnte. Das Eingeständnis, dass die Sozialsysteme heutiger Natur vor einem drohenden Kollaps stehen, wird zwangsläufig für die meisten ein schreckliches Erwachen aus dem ehemals erhofften Rententraum werden. Doch im Anschluss hat jeder die Chance zu handeln. Oder auch nicht! Das ist es, was wir lernen müssen. Angesichts des drohenden Desasters der sozialen Sicherungssysteme muss jeder Einzelne Verantwortung übernehmen. Der Staat tut gut daran, der Bevölkerung zu sagen, was sie möglicherweise erwartet. Tritt die Entwicklung ein wie prognostiziert, hat der Staat, haben die politisch Handelnden bereits heute dafür Sorge zu tragen, zu diesem Zeitpunkt sagen zu können: »Wir haben es zu Eurem Wohl frühzeitig und mit allen Konsequenzen ausgesprochen, was wahrscheinlich geschehen wird!«

Handeln Sie jetzt!

Ihr Bernd W. Klöckner
mail@berndwkloeckner.com
www.berndwkloeckner.com

Ihr Werner Dütting
werner@duetting.com
www.duetting.com

Danke

Von Bernd W. Klöckner®

Wie in der ersten Auflage gilt: Meiner Frau Bianca gehört der größte Dank. In einer Familie mit drei gemeinsamen und alles zusammen vier Kindern ist jede Menge Action angesagt. Da ist es manchmal schwer, wenn ein Partner sich zurückzieht, weil er wieder einmal – aus persönlicher und beruflicher Leidenschaft und Überzeugung zu einem Thema – ein Buch schreiben will. Danke, Bianca. Ich liebe Dich neben den vielen, vielen Gründen, die Du mir jeden Tag schenkst, auch dafür, dass ich mich meinen beruflichen Leidenschaften und Zielen widmen darf, weil Du mir alle erdenkliche Unterstützung gibst. Die zehn gemeinsamen Jahre mit Dir sind die wundervollste Zeit meines Lebens. An Deiner Seite. An der Seite einer wundervollen Frau, Geliebten, Partnerin. Ein ausdrückliches Dankeschön gilt ebenso Werner Dütting, seines Zeichens freier Journalist, mehrfacher Co-Autor der vielen, erfolgreichen Bernd W. Klöckner® Bücher und nun auch Co-Autor dieses Bestsellers. Die Zusammenarbeit mit Werner Dütting ist seit Jahren geprägt von größter Zuverlässigkeit und viel gemeinsamer Freude wie bereits einigen großen Erfolgen. Mit 25 Jahren ist Werner Dütting heute mehrfacher Bestsellerautor. Er ist Freund, Partner und schlichtweg eine Bereicherung in meinem Leben. Mit den Berechnungen in diesem Buch verbunden ist der Einsatz der Software www.beratungsrechner.de. Gründer und Entwickler ist Dr. Claus M. Kriebel. Mit Dr. Kriebel verbindet mich eine persönliche wie berufliche, exzellente Freundschaft. Und die Erfolgssoftware Nr.1 für Finanzdienstleister. Ein letztes Dankeschön gilt meinen Mitarbeitern im *Klöckner-Institut*. Allen voran gilt dieser beruf-

Die Rentenlüge. Bernd W. Klöckner und Werner Dütting

ISBN 978-3-527-50411-4

liche Dank Karin Gerharz. Danke an Dich, Karin! Ohne Deinen Einsatz, den Einsatz Deiner Familie und unser Miteinander wären die heute großartigen Erfolge niemals möglich gewesen. Was Du bis heute geleistet und mir gegeben hast, ist einmalig. Ich hoffe, dass unser Miteinander Dir einen Teil zurückgegeben hat und weiter zurück gibt. Danke ebenso an Mark Birkenstock und Adrian Eckert. Beides sind zuverlässige Mitarbeiter, Freunde und Partner im Hintergrund. Ein Danke geht ebenfalls an das gesamte Team des Wiley Verlages inklusive Lektorat. Zuverlässige, perspektivisch denkende und handelnde Verlagspartner sowie konstruktiv stützende wie unterstützende Lektorinnen und Lektoren sind selten geworden in einer immer hektischeren Verlagslandschaft. Ich freue mich, dass die Entscheidung zu dieser Neuauflage fiel.

Zum Schluss danke ich ausdrücklich noch einmal – ergänzend zur Widmung – den vielen zehntausend treuen Fans und Freunden aus den erfolgreichen Intervall-Trainings zur Klöckner Methode. Es ist das einzige Trainings-System mit dokumentierter Leistungsbilanz. Das Ziel: Sprachliche und fachliche Souveränität. Ein Baustein: Der Finanztaschenrechner BWK Business®. Alle diese Fans, von denen heute viele Freunde geworden sind, haben den großen und großartigen Erfolg der Klöckner Methode möglich gemacht. Dazu kommt eine besondere Frau, Freundin, Partnerin und Trainerin: Ruth Watty. Ruth: Du bist großartig! Die Menschen in den Trainings zur Klöckner Methode lieben Dich. Sie lieben Dich für Deine Professionalität, Deine Kompetenz, Deine Wertschätzung. Deine sprachliche und fachliche Souveränität. Es macht mich stolz, dass ich die letzten Jahre gemeinsam mit Dir das System zur Klöckner Methode an die Spitze in der Trainingslandschaft führen durfte. Danke.

Von Werner Dütting

Mein erster und größter Dank gilt Bernd W. Klöckner. Seit meiner Volljährigkeit ist er ein großartiger Freund, Coach und Mentor. In guten und auch schlechten Zeiten steht er mir bei und pusht mich zu neuen Zielen und Erfolgen. Dir Bernd, für die vergangenen acht Jahre, in denen wir uns kennen, ein herzliches Dankeschön.

Weiter gilt auch dem Team des Klöckner-Instituts ein herzliches Dankeschön. Allen voran Karin Gerharz und Adrian Eckert, die mir gerade bei dieser Neuauflage tatkräftig halfen. Gerade, wenn man in China 9 000 km von seiner Heimat entfernt ist, ist ein Team voller Zuverlässigkeit und Schnelligkeit Gold wert.

Ich danke auch dem Wiley Verlag, allen voran Frau Boldewin. Ich danke dafür, dass ich in diesem Buch Co-Autor bin und die junge Generation vertreten darf.

Weiter gilt allen Personen mein Dank, die uns Ihre Renteninformationen zur Verfügung gestellt haben. Ohne diese wäre es nicht möglich gewesen, die Praxis und mögliche Zukunft darzustellen.

Anmerkung

Die Salami-Taktik der gesetzlichen Rentenversicherer

Während der Arbeit an diesem Buch brachte die damalige Bundesversicherungsanstalt für Angestellte (BfA) zum Jahr 2005 kleine, durchaus im Sinne von Transparenz (insbesondere in Bezug auf das Thema Inflation) begrüßenswerte Änderungen. Im Jahr 2004 hieß noch »... Diese Beträge (die ausgerechneten Renten, Anmerkung des Autors) sind wegen des zu erwartenden Anstiegs der Lebenshaltungskosten nicht mit einem heutigen Einkommen ... vergleichbar.« Im Jahr 2005 und in bester Salami-Taktik – ein Scheibchen Wahrheit nach dem anderen – wurde nun wie folgt formuliert: »Die ermittelten Einkünfte sind wegen des Anstiegs der Lebenshaltungskosten ... nicht mit einem heutigen Einkommen ... vergleichbar ... So werden bei einer Inflationsrate von beispielsweise 1,5 Prozent (angesichts vergangener wie aktueller Inflationszahlen optimistisch, Anmerkung des Autors) zu Ihrem 65. Lebensjahr 100 Euro voraussichtlich nur noch eine Kaufkraft nach heutigen Werten von etwa 74 Euro besitzen.« Liebe Leserin, lieber Leser: Hand aufs Herz! Wenn Sie bereits eine so aktualisierte Renteninformation erhalten haben, wissen Sie dann, welche Rente Sie bei 1 Prozent dauerhafter Rentenkürzung und sagen wir 2 Prozent Inflation zu erwarten haben? Unsere Meinung ist daher: Das Ganze ist sicherlich gut gemeint, jedoch schlichtweg eine miserable Vorgehensweise. Man könnte konkreter werden, viel konkreter, man macht es aber nicht. Diese Salami-Taktik der DRV ist damit die beste Dokumentation für die Notwendigkeit des Ihnen vorliegenden Buches. Statt einfach, klar, wahr und vollständig ab der nächsten Versendung der Renteninformationen alle Versicher-

Die Rentenlüge. Bernd W. Klöckner und Werner Dütting

ISBN 978-3-527-50411-4

ten mit einfachen, auf einen Blick nachvollziehbaren Zahlen zu informieren (beispielsweise mit einer Darstellung wie in diesem Buch vorgeschlagen), belässt man es bei klein gedruckten Hinweisen, die nicht so auf den Punkt kommen, wie es angesichts der katastrophalen finanziellen Lage der gesetzlichen Rentenversicherung möglich und auch wichtig wäre. Für Vermögensaufbau gibt es eine Formel: Zeit mal Geld. Würde die BfA beispielsweise dem in diesem Buch genannten Vorschlag folgen, würden schlichtweg mehr Versicherte aufgerüttelt und zumindest den Faktor Zeit zum Vermögensaufbau und zur privaten Vorsorge nutzen. Sprich: Möglichst früh zusätzlich sparen. Unsere Forderung lautet: Ein Ende der politisch geduldeten Salami-Taktik der gesetzlichen Rentenversicherungsanstalten. Die weitere Forderung ist die nach Transparenz hinsichtlich der versandten Renteninformationen. Sprich: Klarheit, Wahrheit und Vollständigkeit.

Stichwortverzeichnis

Die Rentenlüge. Bernd W. Klöckner und Werner Dütting

ISBN 978-3-527-50411-4

S

Bernd W. Klöckner®

Master of Arts (Univ.), Dipl.-Betriebswirt, MBA

„Zum Glück gibt's Klöckner" – Süddeutsche Zeitung. Bernd W. Klöckner® zählt zu den international gefragten und bestbezahlten Referenten zu den Themen Rente und Altersvorsorge. Er studierte erfolgreich und mit Abschluss Systemisches Management, ferner Erwachsenenbildung an der Universität Kaiserslautern mit Abschluss „Master of Arts". Er ist Diplom-Betriebswirt und absolvierte seinen MBA. Bernd W. Klöckner® gilt als der Ausnahmetrainer und als High-Performance-Coach. Er bietet eine einzigartigen Kombination aus rund 23 Jahren aktiver Verkaufs- und Beratungspraxis, Wissenschaft und Forschung. Er leitet das KLÖCKNER-INSTITUT, ein internationales Institut für Verkaufs- und Kommunikations-Strategien und ist Herausgeber verschiedener Publikationen. Bernd W. Klöckner® erreichte bislang über 50 Mio. Zuschauer durch seine auf den Punkt kommenden, durchaus provozierenden TV-Auftritte in ARD, „Sabine Christiansen", „Anne Will", „Menschen bei Maischberger", ZDF „Frontal 21", BR „Münchner Runde", WDR „Hart aber fair", n.tv „Geld", ZDF „Johannes B. Kerner" und andere. Der vierfache Familienvater ist 42-facher Buchautor und schrieb 17 Bestseller. Seine Bücher wurden bislang in vier Sprachen verlegt und erscheinen unter anderem auch in China. Er ist unter anderem Autor des Bestseller „Die Rentenlüge". Hier bringt er auf den Punkt, wie Millionen von Menschen nicht vollständigen Angaben zu ihrer Rente vertrauen. Bernd W. Klöckner® begründete das in der Finanzbranche einzigartige Verkaufs-, Kommunikations- und Rechen-Training. Er ist Gründer und Urheber der Klöckner-Methode sowie der Verkaufstherapie®. Seine Methode garantiert spürbar und spürbar dauerhaft mehr Erfolg in Verkaufs- und Beratungsgesprächen. Referenzen und Details zu Bernd W. Klöckner® und seinem Team unter www.BWK-International.com. Bernd W. Klöckner® arbeitet zusammen mit Dr. Claus M. Kriebel, Entwickler und Urheber des Beratungsrechners, der Praxis-Software für qualifizierte Finanzberater.

www.BWK-International.com
Kontakt für Trainings: **mail@BWK-International.com**

Rechnen Sie
mit dem Besten!
FAF®
Kompetenz in Finanzen
Kompetent. Souverän. Praxisorientiert.
BWK Business®
Der finanzmathematische Taschenrechner
Bereits das Steuerkreuz lässt erahnen, dass es sich beim BWK Business® nicht um einen gewöhnlichen Taschenrechner handelt. Stimmt. Der BWK Business® ist einzigartig und überzeugt mit umfangreichen Leistungen:
TVM-Berechnung (Time Value of Money)
Dynamikberechnung
Interner und realer Zinsfuß, Nettobarwert, Nettoendwert
Dokumentation (EU-Pflicht)
USB-Schnittstelle
Der BWK Business® ist ein absolutes Muss für jeden, der finanzmathematisch an die Spitze will. Entscheiden Sie sich jetzt für eine berechenbare Zukunft.
Sichern Sie sich Ihr Exemplar! Jetzt bestellen!
T +49 (2 61) 9 63 96 92-0 · F +49 (2 61) 9 63 96 92-5
www.FAF-Verlag.com
In Kooperation mit
Bernd W. Klöckner®
M.A., MBA
www.adhoc-media.de